司法改革の思想と論理

小田中聰樹

はしがき

本書は、題名の示す通り、現在司法制度改革審議会によって進められている司法改革プラン策定の動きを、主としてその「思想と論理」に焦点を当てて批判的に検討した論文や講演・発言を中心に編んだものである。

本書において私が述べていることは、要するに、司法制度改革審議会による司法改革の動きは、政治的・経済的支配層の統治戦略に基づく思想と論理によって貫かれており、人権保障、憲法保障の強化に向け司法の活性化と民主化とを要求している一般市民の要求とは全く異質な、むしろこれと矛盾、対立するものだということである。

このことを、私は数年来主張してきた（拙著『現代司法と刑事訴訟の改革課題』日本評論社、一九九五年、同『人身の自由の存在構造』信山社、一九九九年）。本書においても、同審議会が一昨年から昨年にかけて発表した「論点整理」（一九九九年一二月）や「中間報告」（二〇〇〇年一一月）に即しつつ、さらに具体的に検討を加え、同旨の主張を展開している。なお、内容的に重複やくり返しがあるが、そのままとし、字句修正にとどめた。

本書のこのような分析・批判対象の設定のため、一般市民の民主的司法改革への要求とその動きについては本格的に検討していない。その意味で、私は、この動きを正面から取り上げ分析する書物が本書に続いて刊行される必要を強く感ずる。

それにつけても、一般市民の民主的司法改革の動きが政治的・経済的支配層の司法改革の動きを抑え、これを阻止したうえで、司法の人権保障、憲法保障の強化に向け、歴史的評価に堪え得る成果を上げるよう、本書がそのための一つの「礎石」としての役割を果たせることを心から願っている。

本書に収めた論稿は、民主主義科学者協会法律部会（民科法律部会）司法特別研究会、専修大学助成研究「裁判と国民に関する比較法的研究」（代表者隅野隆徳教授）、日本民主法律家協会、司法改革市民会議、各地弁護士会、各種弁護士組織などにおける多くの方々との討議を通じて啓発され執筆ないし発言したものばかりである。

ことに民科法律部会司法特別研究会には、渡辺洋三先生、江藤价泰先生、清水誠先生をはじめ全国の多数の研究者や弁護士が参加し、一〇回余に及ぶ濃密な討議を重ねてきた。その共同研究の成果は、本書とほぼ同時に刊行される予定の同部会機関誌『法の科学』三〇号記念増刊・特集『だれのための「司法改革」か――「司法制度改革審議会中間報告」の批判的検討』（日本評論社）にまとめられているので、本書と併せてぜひ読んで下さるよう読者にお願いする。

なお、この特集に私も「中間報告の全体像――司法制度改革審議会の思想と論理の発現・貫徹状況――」を執筆している。この論文は、内容的には本書第四編の冒頭にくるものであるが、刊行時期がほぼ同時だという事情もあり、本書に収録しなかった。

振り返れば、刑事訴訟法の歴史的研究に没頭していた私が、一九七〇年前後から深刻化した司法の危機的状況に関心を抱き、その現状分析に取り組み始めてから三〇年の歳月が経過した。この間に司法の問題について論究した主なものは、次の著書に収めてある。『現代司法の構造と思想（正・続）』（日本評論社、一九七三年・一九八一年）、『治安と人権』（共著）（法律文化社、一九七四年）、『国民のための司法』（共著）（新日本出版社、一九八三年）、『日本の裁判』（共著）（岩波書店、一九九五年）、『現代司法と刑事訴訟の改革課題』（前掲）、『自由のない日本の裁判官』（共著）（日本評論社、一九九八年）、『人身の自由の存在構造』（前掲）の八冊である。また、『地方自治・司法改革』（共著）（小学館）も近刊の予定である。今回これらに本書を加えることとなった。司法制度改革審議会の動きに対する強い危機感の中で二一世紀初頭に急いで刊行することになったことに、ある種の複雑な感慨を覚えるが、その一端は本書第四篇第一章に記した。

そんな感慨も含め、私は本書を中学時代（盛岡市立下小路中学校）の恩師　君成田七三先生に捧げたいと思う。先生は、戦後民主教育、とりわけ歴史教育に情熱のすべてを傾け、深くインスパイアして下さった。私が戦後民主主義及び憲法の理念に強い人生的共感を覚えるのは、中学時代に受けた歴史教育に負うところが大きく、深い感謝の気持を抑えることができない。お元気に卒寿を迎えられる君成田先生の、なお一層の御健勝と御長寿をお祈り申し上げる。

最後になるが、快く本書刊行の労をとって下さった信山社　村岡侖衛氏に対し、心から謝意を表したい。

二〇〇一年一月二六日

小田中　聰樹

司法改革の思想と論理　目　次

序章　二〇世紀の日本の司法を振り返る

一　戦争と環境破壊の二〇世紀と司法

間もなく二〇世紀が終わろうとしている。この時点で二〇世紀の日本の司法制度を振り返り、二一世紀のそれを展望するに当たり、思い切って視点を絞ってみたい。これは紙数の関係からである。

まず二〇世紀を特徴づけるものは何かを考えるとき、すぐに頭に浮かぶのは、戦争と環境破壊の構造化現象である。巨大な利潤を追求し、権力的手段とイデオロギーとによって国民を操りながら、国民の民族的感情や物質的欲望を煽りたて、戦争や環境破壊を次々にひき起こしてきた政治的・経済的システムとその運動――このような人間の生存そのものを脅かす動きに対し、司法がいかなる役割を果たしてきたのかを省察することは、二一世紀の司法を展望する上で必要不可欠な作業だと私は思う。そもそも司法というものは、人間が理性的社会を形成・維持し、平和的に共生・共存していくために必要な、最低限の法的規範の実現を固有の任務とするものだからである。

二　戦前の天皇制司法

一　明治憲法下の戦前司法は、一口にその特質を表現すれば天皇制司法であった。このことは、明治憲法の「司法権ハ天皇ノ名ニ於テ……裁判所之ヲ行フ」（第五七条）という条文によく表現されている。裁判官は、天皇の属僚であり代理人であって、天皇制統治に奉仕すべきものであり、司法権は行政権の「一支派」「一部」にすぎなかったのである（伊藤博文『憲法義解』）。

このような特質の現れとして、天皇制司法は、裁判権の範囲が民刑事事件に限られ、行政事件は行政機関（行政裁判所）に委ねられていた。違憲審査権も持たなかった。司法行政権は司法大臣＝司法省が握り、裁判官は身分を一応保障されていたとはいえ「或程度ニ迄政府ノ勢力ニ支配セラルルコトヲ免レズ」（美濃部達吉『憲法撮要』）という状態に置かれていた。司法大臣（司法省）は、各種の会同や訓示等を通じて裁判官を意のままに統制した（家永三郎『司法権独立の歴史的考察』）。

弁護士会も司法大臣（司法省）の監督下に置かれていた。訴訟手続は、民刑事ともに職権主義の性格が強く、とくに刑事では警察及び判検事が一体となって被疑者・被告人を糾問するシステムがとられた。一九二三年に陪審法が制定されたが、陪審答申に拘束力がないなど欠陥の多いものだった。

二　このような特質及び制度的特徴を持つ天皇制司法は、自由民権運動を弾圧し、その「屍」の上に聳立した天皇制統治に対し批判的な動きを示す一切の営みを、容赦なく弾圧した。その最もよい例は大逆事件判決（一九一一年）であるが、治安維持法事件裁判もまたそうであった（とくに一九二八年以降）。

周知のように治安維持法は、「国体」（天皇制）及び私有財産制度（資本主義組織）に対し批判的な結社・運動を取り締まる目的で一九二五年に制定された。そして、一九二八年改正によりその取締対象は「目的遂行ノ為ニスル行為」（目的遂行行為）にも拡大され、とくに満州事変（一九三一年）後は、中国大陸侵略やファッショ的天皇制統治に異を唱え、これを批判する一切の動きに対し適用された。とりわけ目的遂行行為に対する処罰規定は、特高警察や思想検察のみならず、裁判所によっても拡大解釈が施され、猛威を振るった（拙著『治安政策と法の展開過程』）。

三　このようにして天皇制司法は、侵略戦争とファシズムに反対する一切の営みを弾圧し、戦争に積極的に協力・加担した。このことは日本の司法にとって拭うことのできない歴史的汚点であり、その戦争責任は重大である。

三　戦後の民主司法

一　第二次大戦後、新しく制定された憲法は、フランス革命など市民革命を通じて宣明された近代法の理念に、第二次大戦の歴史的体験を踏まえ世界理念となった反戦・反ファシズム・福祉の理念で裏打ちして現代的意義を与え発展させ、その実現・確立をめざした。

これに伴い、司法も、民主・人権・平和・福祉（生存）の憲法理念の実現・確立に対し積極的な役割を果たすべく、独立性を強化され、その権限も拡大強化された。

すなわち、裁判官は、「良心に従ひ独立してその職権を行」うべきものとされ、良心の自由と職権の独立が強く保障された（第七六条第三項）。特別裁判所や行政機関終審制が禁じられ、裁判所に違憲審査権が付与された。また裁判所には規則制定権が付与された。これに伴い司法行政権も裁判所に与えられることとなり、しかもその主体は裁判官会議とされた。裁判官は、政治的自由をはじめとする市民的自由が保障された。

裁判所から検察機関が機構的・組織的に分離された。弁護士（会）も行政庁の監督・統制から解放され、「基本的人権を擁護し、社会正義を実現することを使命とする」（弁護士法第一条第一項）法律家として、完全な自治権を獲得した。刑事手続についても被疑者・被告人の権利強化が行われた。

このようにして、戦後司法は、「（強力ニシテ独立ナル司法府ハ）人民ノ権利ノ保塁」（マッカーサー憲法草案第六八条第一項）へと変革を施されたのである。

二　とはいえ、戦後司法は陪審制度を欠くなど、民主的性格が弱かっただけでなく、このような民主的変革を担うべき実践主体が、ごく一部を除いては当時の法曹界には存在しなかった。

判検事は、思想検事を除いて戦争責任を問われることなく、戦後もそのまま職にとどまった。それどころか、満州国において天皇制司法の移植を強行した判検事たちが、帰国後も枢要な部署に配属され、重要な役割を果たした（上田誠吉『司法官の戦争責任』）。

こうして、戦後司法は、理念面においても制度面においても抜本的に変革されたとはいえ、戦争責任の問題を明確にしないままに、戦前司法の負の遺産を抱えてスタートした。そして今に至るもその清算・反省はなされていない。その好例は、横浜事件再審請求に対し裁判所がとっている態度である。

横浜事件は、戦争末期に特高警察が良心的ジャーナリストに対して凶悪な拷問を加えてフレームアップした治安維持法違反事件であり、その冤罪性は明らかである。ところが戦争末期の裁判所は有罪判決を言い渡した。それだけでなく、敗戦直後その訴訟記録が司法官憲の手により焼却された。

そして戦後も裁判所は、事件関係者からの二次にわたる再審請求に対し、訴訟記録不存在を理由として再審開始を拒否してきた（第一次再審請求に対する最高裁特別抗告棄却決定は一九九一年三月一四日。また第二次再審請求に対する最高裁特別抗告棄却決定は二〇〇〇年七月一一日）。

このように裁判所は、治安維持法の適用において犯した誤り（誤判）を自ら匡すことをせず、戦争責任を自省する機会を放棄しているのである。

それだけではない。戦後の日本の裁判所は、戦争放棄、軍事力不保持を明記する憲法のもとにあっても、これを侵害する事態の進行（安保条約・自衛隊）を黙認・容認する態度をとりつづけている（砂川事件最高裁判決一九五九年一二月一六日、長沼事件最高裁判決一九八二年九月九日）。

三　しかし、このような流れとは全く違う流れもあることに注目しなければならない。安保条約に基づく米軍駐留を違憲とした砂川事件第一審判決（東京地裁一九五九年三月三〇日）や、自衛隊を違憲と断じた長沼事件第一審判決（札幌地裁一九七三年九月七日）がその例である。

これらの判決の背後に、国民的規模で展開された平和運動があることはいう迄もないが、それと同時に平和憲法の理念に深く共鳴し、その実現・確立に法律家としての使命を見出した裁判官や弁護士が、層として存在し活動していたことが見落されてはならない。憲法理念の研究・普及を目的とする法律家団体の一つ、青年法律家協会（青法協）に所属していた法律家たちがその例である。一九七〇年代初頭には、この団体に所属していた裁判官は約三〇〇名を数えたのである（守屋克彦『法服とともに』）。

このような動きに対し最高裁（事務総局）は、「裁判官の政治的中立性」や「公正らしさ」なるものを持ち出して抑圧・排除しようとし、青法協脱会を強要し、宮本康昭判事補再任拒否を強行した。一九七〇年前後に生じた「司法の危機」とは、実は戦後司法の積極的な担い手たらんとする裁判官層を押し潰そうとする動きだったのである（拙著『現代司法の構造と思想』）。

四　一方、二〇世紀後半、とりわけ一九六〇年代以降の公害・環境破壊は、遂に人間のみならず地球の生態系の存立そのものを脅かすところ迄深刻化している。その根源が、高利潤を追求し無軌道的に展開する企業活動と、これを庇護する国家活動とにあることは、否定し得ない事実である。

このような危機的な事態の出現に直面し、民主・平和と並んで人権・福祉（生存）を理念とする憲法のもとの司法は、どのように対応してきたのだろうか。

一九七〇年代に続出した公害関係の先進的判例（その代表的なものはいわゆる四大公害訴訟に関する判決である）は、被害者の救済に大きな役割を果たした。のみならず、公害対策立法の展開を促した。ところがやがて裁判所は、住民や弁護団の懸命な努力にも拘らず、環境権や、これに基づく差止請求を認めることについては消極的な態度を示した（大阪空港訴訟最高裁一九八一年一二月一六日判決など）。また原子力発電所設置許可に対する取消請求訴訟などについても消極的対応を示すなどしてきた（伊方原発訴訟など）（もっとも、二〇〇〇年一月三一日、尼崎公害訴訟第一審判決において神戸地裁は、大気汚染物質排出に対し一部差止を認める判決を出すなど、新しい動きも生じ始めている）。

五　では、このような裁判所の硬直的・官僚的対応は、なぜ生じたのだろうか。私は、その原因は、最高裁事務総局を中心とする司法行政当局（司法官僚）の裁判官統制・裁判統制にあると考える。

最近も後掲の別稿で指摘したところだが、現在裁判所では少数の特権エリート的な、司法行政に熟達した一部裁判官（司法官僚）が司法行政上も裁判上も重要なポストに配置され、上命下服、上意下達的な官僚制ヒエラルヒーを形成し、一般裁判官を司法行政面（人事や研修など）でも、裁判面（会同・協議会での指示や判例追随慫慂など）でも強く統制・管理している。

その権力の原泉は何か。それは、政治的・経済的権力層への接近・癒着から生ずる政治力と情報力であると思う。司法官僚は、権力層と密着して素早く統治政策の動向を掴んで政策や法的イデオロギーを組みたて、これを一般裁判官に伝達するとともに、人事権を通じてこれへの追随を促すのである。

その結果、司法権は、政治的・経済的権力層との同化傾向を強める一方、独立性が弱化する傾向を示す。裁判官は、自主的・創造的思考力が低下し、その市民的感覚・常識も鈍くなる。憲法第九条問題や環境問題にみられる裁判所の前述のような消極的対応を生み出す深因は、司法官僚制にあるというべきである。

なお、これと類似の状況は検察にも見られる。検察は、法律家として本来持つべき独立性を、対内的にも（対上司）、対外的にも（対政府、対警察など）衰退させてきた。そのため、その権威は低下し、弱体化しつつある。

四　憲法的司法の充実強化か衰退か

一　このようにみてくると、二〇世紀の日本の司法は、戦前にも戦後にも政治的・経済的権力層の司法代理人としての立場を克服・脱却できずに推移してきたように思われる。個々の法律家の使命感や気概にも拘らず、である。

この状況がもしこれからも続けば、司法の存在意義の衰退・後退につながることは不可避である。これは国民にとって悲劇である。この悲劇を回避するためにはどうすればよいか。

そういう問題意識で改めて二〇世紀の司法を振り返ってみれば、そこに無限の歴史的教訓を発見できるように思う。あの苛烈な天皇制司法下にあっても、屈することなく人権擁護に向け多彩な活動を展開した弁護士や裁判官がいた（労農弁護団事件や赤化判事事件をみよ）。

戦後この流れは、憲法的正当性を与えられて飛躍的に強まり、憲法理念に即した優れた判例を生み出す原動力となり、高い成果を上げてきた（自由法曹団『憲法判例をつくる』、「『労働法律旬報』の五〇年」労働法律旬報一四七一～七二号など）。

二　この歴史的教訓に深く学びつつ、前述のような司法の機能不全状況を克服すべく、司法の憲法的原則に立脚し、司法を充実・強化する課題に取り組まなければならない。

例えば、裁判官の独立と自由を保障し、裁判所自治を実質化しなければならない。その阻害となる司法官僚制を根本的に改革・解体しなければならない。裁判機構を人的にも物的にも拡充強化するとともに、訴訟当事者及び被疑者・被告人の権利の保護を強め、公正な裁判を保障しなければならない。行政訴訟手続をもっと実効性のあるものに変えなければならない。

司法の民主的基盤強化のため、最高裁裁判官国民審査制度を改善するとともに、陪審制や民主的法曹一元の導入に踏み切らなければならない。民主的法曹養成に向け司法試験や司法修習を改善しなければならない（司法修習生の自主的研修活動の自由化など）。

このような改革が行われた場合、司法は、民主・人権・平和・福祉（生存）の憲法理念の実現・確立に積極的に寄与し得る力能を持つに至るであろう。

三　このことと関連し、現在司法制度改革審議会が行っている改革プラン策定作業が関心をひく。私のみるところでは、その作業が憲法的司法の充実強化とは反対の方向に向っているのではないか、との危惧の念が深く持たれるからである。

その詳しいことは、別稿の「司法制度改革審議会の思想と論理」（梶田英雄判事・守屋克彦判事退官記念論文集『刑事・少年司法の再生』現代人文社）及び「司法制度改革審議会『中間報告』の評価基準」（渡部保夫先生古稀祝賀論文集『誤判救済と刑事司法の課題』日本評論社）（本書収録）において述べたのでここでは省略するが、次のことだけは述べておきたい。

それは、司法制度改革審議会が、司法権の独立を阻害し司法の機能不全状況を生み出している司法官僚制の改革に殆ど関心を持っていないこと、それどころか逆にその温存を図ろうとしていること、これ迄司法の人権擁護力能の喪失を防ぐことに大きく貢献してきた弁護士層に競争原理・市場原理を強引に持ち込み、その業務を、営利追求の単なるビジネスへと変質せしめようとしていることである。

しかし、この種の改革の先にあるのは、司法の憲法・人権擁護機能のいっそうの衰退・弱化であり、司法の固有の存在意義の後退・喪失である。このことも歴史的教訓として銘記しておきたいと思う。

（書斎の窓二〇〇〇年一一月号。原題「二〇世紀の日本の司法」）

第一篇　司法制度改革の思想と論理を批判する

第一章　司法制度改革論議の基本的視点と方法論（覚書）

一　司法制度改革の現状況

一　政府レベルの司法制度改革の動きが本格的に始まった。去る一九九九年七月二七日、司法制度改革審議会の第一回会議が開かれたが、各委員が意見と抱負を述べたのち、佐藤幸治氏（京都大学教授）を会長に選出し、同年九月二日の第二回会議以降月二回のペースでまず有識者からのヒアリングを中心に開催することや、会議議事要旨のインターネット公開、議事録（委員名記載）の後日公表などを合意したのみで、審議の対象とすべき項目ないしテーマについては審議に入らなかった。(1)

周知のように、今回の司法制度改革（以下、今次司法改革という）の動きが財界や自民党を中心ににわかに具体化し始めたのは、一九九〇年代中葉のことであり、その尖兵の役割を演じたのが経済同友会の提言『現代日本社会の病理と処方 ―― 個人を活かす社会の実現に向けて ――』（一九九四年六月）であった。もっとも、この財界団体の動きに先立って日本弁護士連合会（日弁連）は、一九八九年五月、一九九一年五月、一九九四年五月の三回にわたり、『司法改革に関する宣言』を発し、司法の市民的改革に向けて取り組むことを宣言していたが、この動きと本質的に対立し否定しつつこれを呑み込もうとする動きが財界団体により始められたのである。

そして、この財界団体の動きは、規制緩和のかけ声の下に推進された行政改革の動きの一環に巧みに組み入れられていった。その後の主な動きを関連文書発表を中心に年表風に列挙するならば、次の通りである。

行政改革委員会『規制緩和の推進に関する意見（第一次）――光り輝く国をめざして』（一九九五年一二月）、同『規制緩和の推進に関する意見（第二次）――創意で造る新たな日本――』（一九九六年一二月）、経済同友会『グローバル化に対応する企業法制の整備を目指して――民間主導の市場経済に向けた法制度と立法・司法の改革――』（一九九七年一月）、自民党司法制度特別調査会中間報告『司法制度改革の基本的な方針――透明なルールと自己責任社会へ向けて――』（一九九七年一一月）、行政改革委員会『最終意見』（一九九七年一二月）、内閣（閣議決定）『規制緩和推進三ヵ年計画』（一九九八年三月）、経済団体連合会『司法制度改革についての意見』（一九九八年五月）、自民党司法制度特別調査会最終報告『司法制度特別調査会報告――二一世紀の司法の確かな指針――』（一九九八年六月）、経済戦略会議中間とりまとめ『日本経済再生への戦略』（一九九八年一二月）、同最終報告『日本経済再生への戦略』（一九九九年二月）。

このような財界・自民党の司法改革の動きは、別稿で既に詳しく述べたように、規制緩和戦略に基づく司法の抜本的改造であり、その基本的な方向は、市場原理導入による弁護士間競争の強化及び企業・警察主導型司法（ビジネス司法、警察司法）の造出、「自己責任法理」＝「弱肉強食」原理及び治安強化の貫徹システムとしての司法機能の強化と、この方向に沿う制度的基盤の拡大とである(2)。これは、政治改革及び行政改革に続く統治機構の大改造であり、前述のような入念な準備作業を積み重ね、今回の司法制度改革審議会の設置・発足に至ったのである(3)。

二　このように、司法制度改革審議会発足の背景と準備期作業には巨大な政治的、経済的な狙いがこめられている。このことは、同審議会のメンバーの特異な構成にも表れている。そのほとんどが政府関係の審議会や機関に関与しており、その意味では純粋の一般市民的立場に立つと見得る者はほとんど見当たらないといっていいからである[4]。そしてこのような特異な審議会構成は、これまで財界団体や自民党、さらには政府や最高裁判所を中心に準備的に検討されてきた改革プランが、二年間という短い限定的な審議期間の圧力の下でさしたる検討や討議を経ずに一気に答申化される事態を予想させる。

もっとも、それらのプランについて統一的な合意が細部にわたり形成済みだというわけではない。それだけでなく相互間に対立や矛盾を抱えている[5]。とりわけ、日弁連を始めとして広汎な市民層からも多種多様な司法改革要求がまとめられつつあり、これらが直接・間接に司法制度改革審議会に持ち込まれ、その審議の推移に大なり小なり影響を与えるであろう。その意味では、司法制度改革の基本方向は未だ決せられていないともいえよう。

このような複雑な状況を踏まえ、司法改革問題を論議するに当たり最低限必要と思われる「基本的視点と方法論」について、改めてこの時点（すなわち司法制度改革審議会発足の時点）で確認しておく必要があると考えるが、この点について一九九九年五月二五日参議院法務委員会において参考人として意見を陳述したことがあるので、その速記録をここに掲記することとしたい[6]。

なお、当初の心づもりでは、この速記録に大幅に手を入れ加筆して論文化するつもりであったが、身辺の事情と不手際とにより、若干の字句修正を除き速記録そのままを掲載し、これに若干の補足を覚書風に附け加えるものとせざるを得ない事態となった。学恩を深くこうむった井戸田侃教授の古稀を記念する論文集には内容、体裁ともにふさわしくないものになってしまったことにつき、深くお詫びする。

二　司法制度改革論議の基本的視点と方法論

――参議院法務委員会における参考人陳述――

私が本日述べたいと思ってまいりましたのは、三点であります。

第一点は、司法制度改革論議を行うに当たって最低限共有されるべき基本的な視点及び方法論についてです。第二点は、この基本的な視点及び方法論に基づいた場合に本法案に対して生ずる疑問についてです。第三点としては、憲法的司法制度充実強化に向けての課題についてです。

まず第一点から申し上げたいと思います。

一　司法制度改革論議を行うに当たって最低限共有されるべき基本的視点とは何か。これは改めて申すまでもないかもしれないのでありますけれども、司法及び司法制度の基本的な任務、理念、原則を憲法に則しながら徹底的に論議して、そしてその認識を共有するということです。この作業がなぜ重要であるのかということについてですが、それは司法という国家作用の持っている特殊な本質からくるものと考えます。

(1)　司法の本質については改めて説くまでもないかと思いますが、立憲民主国家のもとにあっては、まず基本的人権の保障という基本的任務を持っているわけであります。そして、その任務に基づいて行政権及び立法権から独立してその権力作用を抑制するとともに、法及び適正な手続に基づいて公正な裁判を実現するということであります。この任務は極めて規範的、普遍的な性格を持っております。

したがって、それは時として党派的な、あるいは部分的な、あるいは現実的な利益の実現を追求する政治的な作用とは全く本質を異にしますし、また効率性とか経済性とか利潤性を追求する経済活動とも全くその本質を異にするわけであります。

この司法の本質というものを担う司法制度でありますけれども、これもまた今申したような本質に由来する次のような諸原則、諸理念を持っているように思います。

まず制度理念としては、これまた再度繰り返すようですが、基本的人権の保障であります。そして制度的原則としては、司法権の独立です。これは単に裁判所及び裁判官に関する規範であるだけではなくて、弁護士の自治というものも含んだ概念だと理解されます。さらには、手続的な原則として、公正な裁判を受ける権利の保障であります。

(2)　以上の点を確認した上で、さらにこれを論ずる方法論についても一言申しておきたいと思います。以上のような司法及び司法制度の基本的理念と原則に立脚しながら、司法制度改革の必要性についての認識を正確な現状分析に基づいて共有することが必要だというふうに思います。

まず現状分析を入念に、多面的に、多角的に行う必要があるように思います。そして、その現状分析というものは、単に大量的な分析だけではなくて、さまざまなケースを分析する必要があるように思います。そのケースには、成功しなかったケースだけではなくて成功したケース、この両ケースを比較しながら分析を施すことが必要であるように思います。

また、上からのデータだけではなくて、下の現場からのデータを丹念に集めることが必要です。これには第一線の司法関係者、これは単に裁判官、検察官、弁護士だけではなくて、さまざまな職員が働いておられるわけですが、そういう方々も含めた司法関係者の意見やデータ、またもちろん当事者の意見やデータ、さらには当事者の背後にあるさまざまな関係者、この中にはさまざまな市民運動的な救援活動などもあるわけでありますし、また一般市民の声、データもあるわけであります。

それらを総合して分析することが必要であり、しかもその現状分析というものは、歴史的な推移を踏まえて正確に分析される必要があると思います。そして、その分析結果に基づいて司法の機能阻害要因を析出する。しかもその阻害要因の析出は、単に制度面だけではなくて、政策面、運用面、意識面、さまざまなレベルで行う必要があると思います。

その結果として出てくる対策でありますけれども、この対策もまた総合的な対策、個別的な対策、抜本的な対策、対応的な対策、長期的な対策、緊急的な対策などに区分しながら、きめ細かに策定する必要があるように思います。しかも、その対策の策定にあたり最も重要なことは、憲法理念、憲法原則との整合性、適合性を厳密に検討すること、現実的な効果、影響やあるいは弊害などについて丹念に分析を施しながら慎重に政策を策定していくという作業が必要であろうと思います。

恐らくこのような作業の中から、以下は私の全くの私見でありますけれども、例えば裁判官不足の問題であるとか、あるいは裁判所の中に根強く存在している裁判官に対する統制の問題であるとか、あるいは被疑者国公選弁護制度の欠如の問題であるとか、法律扶助制度の貧弱さの問題だとかが、緊急に解決を要する問題、しかも個別的に解決することの可能な問題として認識されていくことになるだろうというふうに思います。

そして、この制度的な解決に伴う形で、法曹一元の問題とか陪・参審の問題、さらには法曹人口の問題、弁護士遍在の問題などが具体的な問題性を持つ解決課題として浮かび上がってくるように思います。

(3)　これまで述べてきたことは余りにも当然過ぎる自明のことであって、今さらここで述べるまでもないような事柄のようにも思えます。しかし、今この法案が参議院にかかっているという、ある意味ではかなり最終的な段階に来ているこの時点で、敢えてこれらのことを改めて述べるには、やはり一つの問題意識があるわけであります。

それは何かといいますと、今まで述べてきたような自明とも思われるような基本的視点や方法論を踏まえたとは必ずしもいえないような思考方法が、司法制度改革に積極的に関心を持つ層の間にかなり根強くあるように思うからであります。

例えば次のような考え方があるようです。

司法制度改革は個人の自律性の確立を目指すものであって、自律的個人を中心とする自由で公正な社会を形成するために必要だというのであります。ここで示されているのは、〝自律的な個人が対等な立場で争い、相互に調整を図る場としての司法を形成するための改革〟というイメージであり、そのイメージに基づいてさまざまな改革提案を考えるという思考であります。

確かにそれも一つの考え方ではありましょう。しかも、この考え方が仮に憲法第一三条を根拠とする形で主張されているとするならば、それはあたかも憲法的な原理・原則に基づいているかのような印象を与えることは否定できないと思います。

しかしながら、憲法は、これまで述べてきたところによれば、個人の自律性の育成ではなくて基本的人権の擁護という、より具体的で明確な任務を司法に与えているのであります。そして、その任務に即して制度論というものが組み立てられなければならないということを要求しているというふうに思います。自律的個人の確立という観点は、このこととの整合性が弱いのではないか。なぜかといえば、自律的個人の確立というものは、およそ多義的であり、しかも一般的に過ぎるからであります。

それだけではなくて、この考え方では、個人と国家との対抗的な関係における司法の役割や権力抑制における司法の役割というものが正しく捉え切れない、という弱点を持っているように思います。そして、この弱点は、司法制度改革の構想自体を基本的人権擁護、司法権の独立、そして公正な裁判を受ける権利の実現・充実・強化という観点に基づく具体的な改革構想を展開する場合とは違って、司法制度改革の方向を極めて恣意性の強いものとする危険を持っているように思います。実はこれと類似の問題性が本法案には附着しているように思われるのであります。

二　そこで、以下、第二点の本法案についての問題点を述べてみたいと思います。

(1)　この法案が前提としている司法制度改革の必要性の認識と改革の方向づけは何か。それはこの法案の第二条に示されております。それによりますと、まず、「二十一世紀の我が国社会において司法が果たすべき役割を明らかにし、国民がより利用しやすい司法制度の実現、国民の司法制度への関与、法曹の在り方とその機能の充実強化その他の司法制度の改革と基盤の整備に関し必要な基本的施策について調査審議する。」となっております。

注目すべきは、二一世紀の我が国社会なるものをまず設定し、そこからその社会に適合的な司法の役割を導き出しているということであります。そして、そこから司法制度改革の構想を導き出すこと、策定することを改革審議会に要求しているわけであります。

ここでは、司法制度改革の論議がまず踏まえなければならない先ほど申したような基本的視点、そして方法論というものが必ずしも十分に踏まえられているとはみえないのであります。それどころか、憲法論抜きの生（なま）の二一世紀社会論、社会像なるものを出発点として司法改革を行うという方向性が明示されているのであります。

しかし、これには次の点で疑問があるように思います。

まず、その社会論なるものが憲法論抜きであることであります。これは司法というものの持っている前述のような本質からみますと大変に疑問があるところであります。しかも、この二一世紀社会像なるものをよく考えてみますと、それはそもそも所与のものとしてあるわけではないわけであります。それは単なる予測、客観性を必ずしも持ち得ないような、したがってコンセンサスもなかなか生じ難いような、そういう予測の形でしか構成し得ないものであります。したがって、主観性、恣意性が強いという本質を本来的に持たざるを得ないものであります。それはあたかも日本人論と同じであります。したがって、司法制度改革審議会としては、この二一世紀社会像、社会論なるものについて理性的、科学的に、あるいは法律的なレベルで論じ、合意を形成することはかなり難しいのではないだろうか、という印象を持ちます。

そうだといたしますと、恐らく強大な勢力が持つ二一世紀社会論なるものが改革審議会に持ち込まれ、これについて理性的な合意が形成されがたい場合には最終的には数によってある種の決着をつけるという形にならざるを得ないかもしれません。

そして、現に本法案の提出者側は、ある具体的な二一世紀社会論とこれに適合的な司法の役割論というものを既に用意しているようにみえます。すなわち、提案理由及び与党や経済団体の司法制度改革関連の文書によれば、規制緩和により事前規制型社会が事後チェック型社会に変わり、司法が国家の基本的なインフラとなったというのであります。

(2)　周知のように、この規制緩和なるものは、市場原理、自己責任、透明なルールによる事後チェックというものと三位一体的な形で構成されております。このことを考えますと、二一世紀社会論なるものは、規制緩和のもたらす社会的変化の動きを市場原理、自己責任、透明なルールによる事後チェックというコンセプトで構成し、これを社会論の中心に据えようとするわけであります。

しかし、その実態についてはさまざまな批判があります。一般に指摘されているところを拾ってみましても、例えばそれは大企業優位の市場原理による生き残り競争の激烈化とこれに伴う弱肉強食的な結果をもたらすのではないかとか、さらにはその結果として社会連帯とかあるいは共同性というものを破壊するのではないかとか、あるいは国家、行政の公共性の後退をもたらすのではないかとか、あるいは社会的な矛盾の激化をもたらしその結果として抑圧体制強化の必要性を生み出すのではないかとか、そのような批判がかなり強く広く加えられているのであります。

ところで、このような規制緩和のつくり出す社会に適合的な司法とはいかなるものか。与党や経済団体等の関連文書などによりますと、その主なものは次のようなもののようであります。

司法への市場原理の導入であります。具体的には、例えば弁護士間への競争原理の持ち込み、その条件づくりとしての弁護士人口の急増、あるいは法曹資格の緩和、あるいは弁護士自治に対する制限といったようなものなどであります。また司法による事後的な監視と予防法務活動の促進であります。また、準司法的な解決システムの発展、活用であります。いずれも透明なルールによる自己責任の追求のシステムとして、であります。

このような構想に対して、その中身に立ち入って議論する前に、このような問題の立て方、課題の立て方が果たして正しいかということに私は疑問を抱くのであります。

第一に、確かに規制緩和は現在政治、行政、経済、社会の各分野で着々と実行に移されております。そして急激な社会変化をもたらしているわけであります。しかし、これに対しては強い批判があり、規制緩和の生み出す社会が、果たしてその規制緩和政策の想定するような二一世紀社会として確立し定着していくかは決して予断を許さないものがあるように思います。また、自己責任とかあるいは自律的な個人なるものを強調する考え方に対しても、前述のような批判が考えられるだけではなくて、むしろ逆に社会的な連帯性、共同性をいかにして回復させるべきかという営みが各方面で始まっているわけであります。

いってみればこのようなカオス的な状況があるわけでありまして、それにもかかわらず二一世紀社会論あるいは社会像なるものをあたかも自明であるかのごとく、あるいは所与のものであるかのごとく制度改革の出発点に据えることに対し、私は深い疑問を抱くわけであります。

さらに第二に、規制緩和社会に適合的な司法の構築のために、司法制度に市場原理、競争原理を導入することについての疑問であります。なぜならば、司法制度というものは、そもそも市場原理、競争原理とは全く異質の理念、原則に立脚しております。このことは冒頭に確認したとおりです。したがって、競争原理の導入というものにはおのずと大きな制限があらざるを得ないのであります。

このように考えてきますと、二一世紀社会なるものを設定して、これに適合的な司法制度改革案の策定を行うことには根本的な疑問があり、その点で私は本法案に深い疑問を覚えるのであります。

三　第三点について簡単に述べておきたいと思います。

今まで私はさまざま述べてまいりましたが、とはいえこの司法の現状の中に深刻な問題がある、しかもそれは憲法的な司法理念、司法制度原則に照らして深刻な問題状況が存在することは深く認識しております。

例えば、裁判官の独立の観点に立つときに、裁判所における官僚的な人事統制、裁判統制というものが裁判官の独立に対する深刻な侵害状況を生み出していることとか、あるいは行政権、立法権に対する権力抑制の観点に立つときに、行政訴訟の非活性的な状況とか、あるいは違憲立法審査権の不活性状態とか、それらは重大な状況だと思います。

さらに、ある意味ではもっと重大かもしれないのですが、公正な裁判を受ける権利の実現という観点からみましても、例えば法律扶助制度の貧弱さ、被疑者国公選弁護制度の欠如などに代表されるような権利保障の弱さというものは致命的であります。このような現状は、国民の基本的人権に対する重大な侵害状態を生ぜしめており、その放置は許されないと思われます。したがって、その充実強化の方策が早急に講ぜられる必要があると私は思います。

そして、これらの課題は、二一世紀における司法のあり方論から切り離して、憲法の司法理念、司法制度原則の充実強化という観点から早急に取り組まれる必要があるように思います。このような改革こそが二一世紀の課題だというべきでありまして、今回の司法制度改革への動きがこの方向に向かうように、参議院が高い識見を持ってオリエンテーションされることを強く期待したいと思います。

以上です。

三　補足として若干のこと

――佐藤幸治教授の司法改革論への疑問――

一　私が前掲参考人陳述の際に批判的に言及した「司法制度改革は個人の自律性の確立をめざすものであって、自律的個人を中心とする自由で公正な社会を形成するために必要だ」という考え方は、佐藤幸治教授が一九九九年五月一八日の参議院法務委員会において参考人として述べた意見の中で披瀝した考え方である。当日の会議録に基づいて佐藤教授の主張の大要を紹介すれば次の通りである(7)。

①　司法改革の目的は、ⅰ個人の自律的生を支える社会システムとしての司法、「統治客体意識に伴う行政への過度の依存体質に訣別し、自律的個人を基礎とし、国民が統治の主体として自ら責任を負う国柄へと転換することに結びつく」(行政改革会議最終答申)社会システムの整備、ⅱ内閣の機能強化に当たり必要なチェック・アンド・バランスのシステムの確立、ⅲグローバル化する国際社会に対応した国家のあり方、国民の生活の態勢(国際社会でルールを作り有効に使う積極的、能動的な生き方)を支える司法の確立、である。

②　二一世紀に向け目指すべき「自律的個人を基礎とする自由で公正な社会」は憲法一三条を出発点とするものであり、それを創出・維持するのが政治のフォーラムとしての国民主権と法原理のフォーラムとしての法の支配とである。

③　国民の行政依存体質強化に伴う行政の肥大化、硬直化を打破し、国家の減量を図り政府の統治能力の質を高めなければならないと同時に、個人の自律的生を助ける司法を身近で利用しやすく頼り甲斐のあるものとするため人的、制度的整備を図る必要がある。

④　そのため司法容量の拡充、法曹人口増大を、将来の需要の掘り起し、法曹一元、法曹養成と大学教育との関連等を視野に入れつつ検討すべきである。

右のような佐藤教授の主張は、既に執筆・発表していた論文「自由の法秩序」（佐藤ほか編『憲法五十年の展望Ⅱ』有斐閣・一九九八年八月）における論旨を司法制度改革の目的および具体的課題と関連させつつ敷衍したものであって、司法制度改革審議会第一回会議および会長選出後の朝日新聞のインタビュー[8]でもくり返し述べられている。

二　しかし、佐藤教授の主張は最低限次の四点で根本的な疑問があり、憲法との適合性、整合性を欠くきらいがあるように思う。

第一に、基本的人権擁護の発想の稀薄性である。右にみたように佐藤教授は〝自律的個人の自律的生の支援システムとしての司法〟という発想に基づいて司法改革論を展開するが、そこでいう自律的個人なるものは、「国民が統治の主体として自ら責任を負う国柄」の基礎単位であり、「積極的、能動的な生き方」をし「主体的に努力して相互の共生を図る」個人なのであり「行政への依存体質」を持たない個人だというのである。このような説明からも明らかなように、佐藤教授のいう自律的個人とは、行政に対し責任を問う権利主体ではなく、能動的に自ら責任を引き受ける責任主体なのである。

このような発想に立つ佐藤教授が基本的人権擁護という司法固有の憲法的任務に一切言及しようとしな

いのは必然の成行きとはいえ、憲法論としては致命的弱点だと思う。

第二に、権力抑制的観点の脆弱性である。右にみたように佐藤教授は、一方で内閣機能（統治能力）の強化（＝総理大臣の指導性強化）を説き、他方でそのカウンターバランスとして法の支配、司法の拡充発展によるチェック・アンド・バランスのシステムの確立を説くので、むしろ権力抑制的観点が強固であるように一見みえる。(9) しかし、注意しなければならないのは、佐藤教授が、行政改革により「国民は行政への過度の依存体質と訣別し、統治の主体として自ら責任を負う」べき存在へと転換したとしていることである。つまり、自律的個人たる国民は、統治作用の主体たる内閣（＝内閣総理大臣）に対しても行政部（＝官僚）に対しても権利を主張し責任を問う存在とはされていないのである。

このような存在たる自律的個人の支援システムとされる司法に、果たして真の意味で権力抑制の機能を期待できるのであろうか。答えは明らかであると思う。

第三に、現実認識の偏頗性、一面性である。佐藤教授は、国民の行政への依存体質を強調し、これが行政の肥大化、硬直化を帰結したという。しかし、この認識は、巨大企業を中心とする財界と政界及び官僚集団との相互癒着構造についてのみ、しかもそれも部分的にのみ妥当するにすぎない。地域や個人のレベルでみるならば、そこには、支配・従属、統治・被統治の関係が支配的であり、依存体質なるものはこの関係の部分的で歪んだ一現象形態であるにすぎない。

しかるに国民の行政依存体質なるものを一面的に重視し、その打破のみに行政改革、ひいては司法改革の目的を設定するのは、右の実態に目を蔽うものであって、改革論の出発点として妥当でないように思う。

第四に、司法改革の具体的課題設定の恣意的傾向である。佐藤教授は、前にみたように司法容量の拡充、法曹人口増大を最優先的課題として掲げる。しかし、法曹人口の急激な大幅増大は、司法制度の拡充の先行的措置が伴わない限り弁護士間競争を不当に激化させ、弁護士間の「弱肉強食」的現象、巨大ローファームによる系列化、弁護士の人権擁護力能の低下を招く危険が大きい。

ところがこの点についての懸念ないし配慮が佐藤教授にみられないのは、理解し難いところである。

(1) 第一回議事概要、日弁連速報審議版一号（一九九九年七月二七日）、一九九九年七月二八日付朝日新聞（一三版）等による。
(2) 拙著『現代司法と刑事訴訟の改革課題』（日本評論社、一九九五年）一四九頁以下、同『人身の自由の存在構造』（信山社、一九九九年）三一三頁以下。
(3) 久保田穰「政治課題化した司法制度改革――自民党司法制度改革提言の意味するもの――」法と民主主義三三五号（一九九九年）四頁以下、本間重紀「統治戦略の新たな段階と対抗軸――競争社会と『司法改革』――」法と民主主義三三八号（一九九九年）三頁以下、戒能通厚「『司法制度改革審議会設置法案』への若干の提案」同上一一頁以下参照。
(4) 日民協「司法制度改革審議会通信4」法と民主主義三四〇号六〇頁参照。
(5) 前掲拙著『人身の自由の存在構造』四一〇頁参照。
(6) 第一四五回国会参議院法務委員会会議録一三号（一九九九年五月二五日）一頁以下。
(7) 第一四五回国会参議院法務委員会会議録第一一号（一九九九年五月一八日）一七頁以下。
(8) 朝日新聞一九九九年七月二九日一三版。
(9) 佐藤幸治「日本国憲法と行政法」『京都大学法学部創立百年記念論文集第二巻』（有斐閣、一九九九年）参照。

（井戸田侃先生古稀祝賀論文集『転換期の刑事法学』、現代人文社、一九九九年一〇月）

第二章　司法制度改革審議会の思想と論理
――「論点整理」についての批判的覚書――

一　改革審の審議状況

一　一九九九年七月に発足した司法制度改革審議会（以下、改革審という）の司法改革プラン策定作業は、同年一二月二一日第九回会議における「論点整理」の作業を経て本格化している。本稿執筆の二〇〇〇年四月末の段階において、既に各論点項目に関する担当委員のレポート及び意見交換に基づく形をとって次々に各論点の具体的な検討方向が確認され、秋頃に予定されている中間報告の骨格が「論点整理」に沿い急ピッチで固められつつある。

その骨格ないし基本的方向を予測的に約言すれば、司法官僚制を中核とする官僚司法温存と、その枠組内における司法ビジネス化推進及び刑事司法強化である。この骨格ないし基本的方向においても最も中心的な改革課題とされているのは弁護士のあり方であり、弁護士人口の大幅増員、弁護士業務の「公益性」重視及びビジネス化・多様化推進、弁護士自治制限に向けた改革がその焦点を形成している。また弁護士改革と関連する形で法曹養成制度改革及び法曹一元も改革の焦点を形成している観を呈しているが、前述のような官僚司法温存の枠組に強く規定され、法科大学院における法曹養成の部分的分担や裁判官給源の部分的多様化に落ち着くことが予想される。

もしこの予測ないし予想が当たるとした場合、いかなる事態が司法に生ずるだろうか。司法官僚制を中核とする裁判所、人的・物的、権限的に強化された法務・検察当局、人権擁護理念を弱化し、一方では「公益性」をテコに政治的統治層に取り込まれ、他方では「ビジネス化」をテコに経済的統治層に包摂された弁護士層、そして効率・迅速至上主義的な紛争解決システムのもとにおける弱者への「自己責任」負担化と効率的な刑事罰賦科――多少の修正や粉飾を剥ぎ取ってみればそのような司法が出現する危険が大きいのである。

二　このような変革を司法にもたらしかねない司法改革の動きの背景と本質とについては、私としては既にこれまでも何度も指摘したところであるが、(1)先に述べたような改革審の審議状況を踏まえ、本稿では改革審の思想と論理そのものについて批判的検討を加え、その危険な反（脱）憲法的、反（脱）人権的本質を指摘したいと思う。

その検討の主な素材としては、改革審が第九回会議で確定した文書「司法制度改革に向けて――論点整理――」（以下、「論点整理」という）を取り上げる。それは、この文書が単なる論点項目の整理作業を超え、改革の思想と論理をかなり露わに提示し、その後の審議を強く枠づけ方向づける役割を果たしているからである。(2)

なお、検討を始めるに当たり、中間報告が未だまとめ上げられておらず、むしろ論点項目についての本格的審議が始まったばかりの現時点で、しかも改革審の内外で司法改革の方向性や具体的内容について、政界、財界、最高裁、法務省、日弁連、さらには各方面の諸団体やマスコミの思惑、提言、運動が複雑に交錯している状況のもとで、司法改革の舞台となっている改革審の思想と論理を分析、批判することの意味について、私の考えを予め述べておきたい。

私の見るところでは、もともと改革審は、政財界及び官界（最高裁、法務省も含む）の統治戦略的意図に基づき設置され構成されたものであり、その審議方向は設置当初から決定されていたといっていい。しかし、その一方で司法には積年の弊害とこれに対する不満が限界点に達しつつあるという事情があり、司法の人権保障機能の強化に向けた改革要求が弁護士層や一般市民の間に高まっている。改革審はこの状況を逆利用する形をとりつつ明確な一定の統治戦略的意図に基づいて設けられ発足したのであるが、一般市民やマスコミのみならず、かなり多くの弁護士（弁護士会）や学者の間にも、改革審が一般市民の改革要求を反映しそれを実現する方向に向かうのではないかとの期待がかなり強く抱かれてきた。この期待は、一般市民の間に司法への不満や改革要求が根強く存在し、しかもそれが改革審設置を契機として表面化し運動化されつつある現状をみるとき、一定の現実的、客観的基礎を持っており、その意味では改革審の審議方向を現時点で確定的に断定することは早計に失するといえなくもない。

とはいえ、このような一般市民の要求に立脚し司法を基本的人権及び憲法の砦として充実、強化していこうとする動きは、統治層の統治戦略的動きに比べ政治的力能が弱いことは否定できない。このことは改革審の人的構成が端的に示すところでもある。このような政治力学的状況をリアルに見抜き、一方では憲法的原則に依拠しつつ一般市民の改革要求の動きを強めつつも、他方では改革審に対する過度の期待を抱くことなくその本質的動向を分析、批判し、その問題性の認識を一般市民の間に拡げる努力を怠ってはならない。これを怠り改革審に対する本質的批判抜きにその審議状況の推移に局所的に対応することは、結果として一般市民に対し改革審に対する誤った評価、期待を抱かせたまま改革審を歯止めのない逆改革へと赴かせる危険を生ぜしめかねない。この危険を少しでも防ぐことこそが本稿の問題意識であることをここに敢えて書き記しておくこととしたい。

なお、覚書の性格上、私見を誤解を恐れず率直に感想風に記すとともに、注記をできるだけ省略する。

二　「論点整理」の検討（一）――総論部分について――

一　改革審は、一九九九年一二月、それまでの参考人ヒアリングや各委員意見書及びこれらに基づく若干の意見交換を踏まえ、「論点整理」を作成した。この文書は、まず初めに「Ⅰ　司法制度改革審議会の設置と審議」において改革審設置の経過、趣旨、審議経過等について述べた後、「Ⅱ　今般の司法制度改革の史的背景と意義」と「Ⅲ　今般の司法制度改革の要諦」とについて述べ、最後に「Ⅳ　今後の審議に向けて」において改革案の提示のみならず改革実現の具体的スケジュール、推進体制のあり方についても提言する旨の「不退転の決意」を表明し、別紙として二十数項目に及ぶ「論点項目」を提示している。

そこで本稿は、まずⅡの総論部分を検討することとする。

二　(1)「論点整理」は、Ⅱの総論部分の初めにおいて、司法改革の史的背景について「近代日本と現在」

と題して一定の歴史認識及び現状認識を開陳している。その歴史認識とは、明治憲法（大日本帝国憲法）の制定と諸法典の編纂とによって明治国家は近代法治国家の体裁を整えた後、半世紀間に戦争を経験し、国民主権、基本的人権の尊重、法の支配をうたう現行憲法を制定して統治構造・法制度の抜本的変革を行い、戦後復興と経済的豊かさという成果を上げた、とするものである。そして現在を「膨大な財政赤字と経済的諸困難あるいはある種の社会的閉そく感を抱えつつ新しい世紀を迎えようとしている」とみる見方を述べた後、司法改革の歴史的課題性を「行政改革等に続く『この国のかたち』の再構築の一つの支柱」であることに求め、「一国の法がこの国の血肉と化し、『この国のかたち』となるために一体何をなさなければならないのか」という一三〇年にわたる歴史的な根本的課題に取り組むことが二一世紀社会の展望を開くうえで必要だ、という現状認識を表明している。

(2)　このような歴史認識及び現状認識は、行政改革をはじめとする諸改革及びその一環である司法改革を、明治憲法による「近代的法治国家」確立以来の第二の国づくり（「この国のかたち」の再構築）であるとする見方に基づくものであり、司法改革の根本的課題は「法の血肉化」だとする見方もここから発している。しかし、この見方は、一見して国家主義的な色彩の濃いものであることが明らかであるが、それだけでなく歴史的事実無視の感を免れないものである。その主要な点を列挙すれば次の通りである。

第一に、この見方は、明治憲法下の国、法、司法の本質が天皇制統治という絶対主義的性格を強く持つ点で特異なものであったことを無視している。このことと関連しとくに指摘しておきたいのは、「論点整理」が「近代的法治国家」とする戦前天皇制国家のもとで、司法が治安維持法をはじめとする天皇制支配貫徹のため法の積極的運用・適用を行ったこと、その意味で天皇制司法は「法の血肉化」の役割を見事に果たしたことについて、「論点整理」が全く意を払うことなく、「法の血肉化」こそが一三〇年にわたる司法の課題だとする驚くべき歴史的事実無視の認識を表明していることである。これは、実は、単なる叙述不足とか見落しとかに起因するのではなく、次に指摘するような一定の意図に基づくのである。

第二に、前述の見方は、第二次大戦後の現行憲法制定の意義、統治構造の根本的変革、そしてさらにはその一環として行われた司法改革など、一連の戦後改革の歴史的意義の軽視ないし無視と内的に連動している。既に膨大な研究が明らかにしているように、戦後改革は天皇制統治構造を変革し、国民主権原理に立脚し、基本的人権、民主主義、平和主義、福祉の理念と原則とからなる民主的統治構造への変革を遂行した。もっとも、この変革は、当時の国際的、国内的諸条件に規定され、不徹底な面を残した。司法についても事態は同様であった。天皇の統治権行使の一形態として独立性の極めて脆弱な人権抑圧的な天皇制司法は、独立性、自治性、民主性の強い「人権の砦」としての司法へと憲法上も制度上も変革されたが、その一面で司法制度民主化の不徹底や、天皇制司法を担った司法官勢力に対する戦争責任追及の不徹底などのため、独立、自治、民主、人権の原則にそう制度運用がなかなか定着しなかった。とはいえ、戦後司法は、人権運動や民主主義運動の高まりを背景とする弁護士層の実践や、これに積極的に応えようとする良心的裁判官層の努力に支えられながら、一九五、六〇年代には徐々に司法の憲法的制度原則の定着へと向かう動きを示したのである(3)。

ところが、「論点整理」は、現行憲法制定及び統治構造、法制度の変革に一応は触れてはいるものの、戦後司法改革の歴史的意義については全く触れようとしない。しかも、統治構造・法制度の変革後に生じた社会現象として、戦後復興と経済的繁栄という、統治構造や法制度の変革とは直接的関連性の薄い、ましてや司法とは一層関連性の薄い、その意味で非本質的な経済的現象のみを挙示している。これらのことから推察すると、実は統治構造、法制度、司法の戦後改革の歴史的意義を認識しているとは到底いい難いのである。それはおそらく「論点整理」の視点が、戦後改革を推進・支持した人権、民主主義など一般市民のそれとは全く異なり、これを否定ないし消極評価する衝動を持つ統治層のそれだからであり、その意味で意図的、意識的なものなのである。そしてこのことは、次に指摘する第三の問題点とも関連している。

第三に、「論点整理」の現状認識は、歴史的経過を抜きにした唐突さと、経済的危機とこれに伴う社会的閉塞感のみに着眼した偏頗性、一面性とを持つ。そもそも膨大な財政赤字にせよ経済的諸困難にせよ、それらは大企業保護の財政政策、経済政策の失敗、もっと本質的にいえば統治政策の構造的欠陥に基づくものであって、現在統治層が進めている諸改革の実体は、このことから生じた危機的現象を、その根本的原因や責任の所在を曖昧化し隠蔽したままで一般市民へ負担・犠牲をしわよせすることによって打開しようとするものなのである(4)。現象の深部に存在するこのような現実について「論点整理」が全く関心を持とうとしないのは、その視点が徹頭徹尾、統治層のそれであって一般市民のそれではないからである。

第四に、「論点整理」が、司法改革の根本的課題を、行政改革をはじめとする一連の統治構造改革戦略にそう「法の血肉化」による「この国のかたちの再構築」に求めることの、司法外在的な政治性の露骨さである。今までみてきたところからも明らかなように、「論点整理」は、統治構造、法制度、司法の戦後改革の意義については勿論のこと、その問題状況の推移や現状についても、人権や民主主義という視点からは一切取り上げようとしない。それだけでなく突如として前述のような政治性の強い、司法とはおよそ異質な根本的課題なるものを持ち出すのである。

そもそも司法改革を論ずるのであれば、司法の憲法的制度原則に立脚し、司法の独立・自治、公正な裁判を受ける権利、人権保障などを充実・強化するという観点に立って現状を分析して問題点を発見し、改革の根本的課題を探り当てることから始めなければならない。ところがその作業を一切抜いて「法の血肉化」などという統治層的発想に立つ、曖昧で政治的性格のつよい観念を持ち出して改革の根拠とするのは、誤りというほかない。

三　(1)　次に「論点整理」は、上述のような史的背景なるものを踏まえつつ、「日本社会の変容と司法の役割」と題して今回の司法改革の意義について大要次のように述べている。

すなわち、まず「論点整理」は、戦後の国土復興、経済・社会発展が国民の関心や行動様式の多様化をもたらし、従来の社会・経済システムに問題を生ぜしめ、共生・協同の新しい基盤づくりが重要課題となるとともに、従来の肥大化・硬直化した制度・組織が「不透明かつ無責任な体制」となり、国の活力が枯渇する事態になりかねない、という危機感を表明する。その上に立って「論点整理」は、「国民一人ひとりが、統治客体意識から脱却し、自律的でかつ社会的責任を負った統治主体として、互いに協力しながら自由で公正な社会に参画していくことが、二一世紀のこの国の発展を支える基盤である」とする認識を共有する政治改革、行政改革、地方分権推進、規制緩和等の諸改革を、「この国が豊かな創造性とエネルギーを取り戻すため」のものとして礼讃し、司法改革を、「その最後のかなめ」として位置づけている。

(2)　このように国民に「統治客体意識からの脱却」及び「統治主体」化を求める諸改革の「最後のかなめ」として司法改革が必要だとする「論点整理」の考え方は、一見すると国民中心の民主的、市民的な考え方のようにみえる。しかし、それは二重、三重に統治者意識、支配者意識に基づく政治的発想で貫かれている。

第一に、その前提をなす危機感、危機認識は、危機が前述のように統治政策の失敗に起因することに目を蔽い、その責任を政治、社会、経済のシステムと制度・組織の「無責任性」とに求め、しかもその「無責任性」を「国民一人ひとりの統治客体意識」に帰着させるという、二重にマヌーバー的な論理の積み重ねの上に組み立てられている。

第二に、権力を掌握しあらゆる抑圧手段やマヌーバー的技術を駆使して国民を統治の客体として扱い支配しようとしてきたのは、政治的、経済的、社会的支配力を持つ統治層であって、国民自らが進んで統治客体化してきたのではない。このことは、憲法運動、人権闘争、民主主義運動、平和運動などの形をとって展開されてきた諸運動の歴史をみれば明らかである。この歴史的事実を無視し、国民を統治客体意識の持主として描き出すのは、「論点整理」が専ら統治層の視点に立っているからである。

第三に、ではその視点の蔭にひそむ真の意図は一体何か。それは、戦後における憲法的人権保障システムや民主主義的統治構造の構築をめざして展開されてきた諸運動、諸闘争と、その背景にある統治層の権力掌握、国民支配の実態の隠蔽である。そして、この隠蔽を通じて人権問題、人権概念を相対化する一方で、国民の自己統治への「社会的責任」や「自己責任」によって司法の人権保障機能をも相対化し後退させることである。実に司法の人権保障機能の相対化こそ、司法改革に諸改革の「最後のかなめ」という政治的な性格のつよい課題を与えるための布石の意味を持っているのである。

(3)　次いで「論点整理」は、国民は自律的存在であるためには司法（法曹）の協力が必要であり、司法（法曹）は国民の「社会生活上の医師」の役割を果たすべき存在だ、という。その上でこの点をさらに次のように敷衍する。

行政改革や規制緩和等を通じて行政の不透明な事前規制を廃し、「透明な法的ルール」に基づく司法の事後監視・救済型社会への転換を図りつつあり、弱者保護、人権保障、政治部門活動監視のため「法の支配」を貫徹すべき司法（法曹）の役割は重大だ、と。

(4)　右の考え方は、規制緩和後の事後監視・救済型社会における司法の役割を、弱者救済、人権保障、政治部門監視という司法本来の役割に求めているかにみえ、一見説得的である。しかし、この考え方は、政治的性格の極めて強い諸改革を肯定的、積極的に評価し推進することを前提とし、それらの諸改革をさらに推進し補完する「かなめ」として司法改革を位置づける立場に立っている点で既に政治的、司法外在的との否定的評価を免れないが、さらに立ち入ってみれば次のような疑問があり、支持し得ない。

①　第一に、「論点整理」は、政治改革、行政改革、地方分権、規制緩和等の諸改革を「創造性とエネルギーを取り戻すため」のものであり「より自由な社会を目指」すものだとして手放しの積極的、肯定的な評価を加え、これを推進する態度を示す。しかし、既に広く指摘されているように、少数意見切捨てと多様な意見の一元化とによる国会の空洞化、人為的に作り出された相対的な政治的多数派による権力の集中・壟断、生活関連行政（福祉、厚生、労働、家族、教育、文化、農漁業、中小企業保護など）の縮小・切捨て・営利化・地方押しつけ、少数官庁への権限集中、内閣総理大臣（官邸）の権限強化、大企業の独占的営利活動の保護・放任こそがこれら諸改革の実体であり、比喩的な表現を混じえていえば、「強権的統治」「弱肉強食」「弱者切捨て」こそが諸改革の狙うところである。

このようにして、敢えていえば諸改革は人間及び人間社会そのものを解体・破壊しつくす危険性を大きく孕んでおり、人間の尊厳、基本的人権尊重、民主主義、平和主義、福祉実現をめざす憲法及び憲法的原則に立脚する司法の理念や論理とは真向から対立するものである。ところがこの対立に目を覆い、一方で人権破壊を讃美しながら、他方で人権尊重（司法強化）を説くのが「論点整理」のとっている立場なのである。

②　このようにみてくると、「論点整理」には人権を扱う司法の改革問題を審議するに当たって必要な、

人間尊重及び人権保障に対する思想的、論理的な一貫性と誠実性とに欠けているところがあるといわざるを得ないが、それだけでなく、「論点整理」が弱者救済、事後救済・監視、基本的人権保障、政治部門監視などの役割を司法に期待し、司法改革すべしとすることの本当の意味は一体何か、という疑問を抱かせる。それは、〝「統治主体」「自律的存在」として「社会的責任」を負う国民は自由な市場社会で競争に敗れた場合には当然に自己責任を負うべきものであり、司法はそのことを「公正かつ透明な法的ルール」に基づき迅速に明らかにする仕組みとして整備されなければならない〟ということを意味しているのではないか、ということである。そう考えてこそ「論点整理」が司法改革を諸改革の「最後のかなめ」としたことの本当の意味が理解できる。換言すれば、「論点整理」の文脈においては、司法改革は、先行する諸改革のカウンターバランスやセーフティネットの構築として位置づけられているのではない。それは、字義通りに諸改革の「かなめ」であり、完成装置なのである。その意味では「補完」と表現することすら本質を衝いていないといわなければならない。

再度くり返すことになるが、「論点整理」が立論の出発点に措定する「自律的で社会的責任を負う統治主体」なるものの実体は、自己責任の名のもとにしわよせ、負担、不利益を負わせられる存在であり、権利の被侵害者であり、統治層の操作対象的存在なのであって、決して人権の主体ではない。

③　第三の疑問は、「論点整理」が司法（法曹）を国民の「社会生活上の医師」とすることへの疑問である。この点については、単なる比喩的表現であって厳密な法的定義でないので拘泥する必要がないようにもみえる。しかし、同一の定義的表現が中坊公平委員のレポート「弁護士制度改革の課題　――その一――」（第一三回会議陳述）や、このレポートを踏まえて確認・作成された「『弁護士の在り方』に関し今後重点的に検討すべき論点について」（第一五回会議決定）などにおいても使われ、弁護士改革や法曹養成制

度改革を論じる「視点」として取り入れられていることからみて、看過することが許されない意味を帯びつつあるように思われる。

この定義的表現は、一見分かりやすく説得力を持つようにみえる。しかし、これは、司法が権力作用を持ち、法曹がこの権力作用に裁判官、検察官、弁護士の立場で直接・間接に関わりを持つという本質的な点を無視している点で決定的な誤りを含んでいる。このことは裁判官や検察官と原告・被告（人）など一般市民との関係を考えるときは一目瞭然である。医師と患者との関係はフラットな契約関係であって、権力的契機は存在しない。これに対し裁判官や検察官と一般市民との関係には、権力的契機が本質的に存在する。そしてこの契機は、弁護士と依頼者との関係の場合にも、裁判官や検察官と依頼者との現実的、可能的関係に媒介されつつ、複雑な形で存在、現象化し、時によっては反権力的な形をとることがあるのである。

ところが「論点整理」は、法曹（とりわけ弁護士）を国民の「社会生活上の医師」とすることにより権力的契機は勿論のこと、これに伴い反権力的契機をも一切捨象してしまうのである。

四　(1)「論点整理」の総論部分の最後は、「国際化と司法の役割」と題し、日本が国際社会において積極的な貢献を果たすことが期待されていること、司法（法曹）が国民の権利の実現や国際的ルールの形成、運用に関わっていく必要が大きいこと、政府のやることには限界があり社会自体が国際社会と交流することができるようになるべきこと、そのためにも「人的諸関係に過度に依存しがち」で「安易に行政に依存しがち」な個人一人ひとりのありようを反省し、「自律的個人が共生するためのルールの在り方」について自覚的に取り組むべきこと、その取組みに当たり司法（法曹）への期待が大きいことなどを述べている。

(2)　この部分でも特徴的なことは、国民の行政依存性解消及び個人の自律性強化への取組みの重要性と、その取組みに当たっての司法（法曹）の役割とが強調されていることであり、これまでの主張への補強が行われているが、紙数の関係もあり、これ以上論及しないこととする。

三　「論点整理」の検討（二）――各論部分について――

一　(1)「論点整理」は、Ⅲの「今般の司法制度改革の要諦」と題する各論部分の冒頭において、「司法の現状と改革の方向」についておよそ次のように述べている。

わが国の司法制度は現在機能不全の状態に陥っており、「司法（法曹）の具体的な姿、顔が見えにくく、身近で頼りがいのある存在とは受けとめられていない」。そこで、臨時司法制度調査会意見書（以下、臨司意見書という）（一九六四年）の実現への努力や一九八〇年以降の制度改革の動きの成果を踏まえ、①国民が容易に司法にアクセスでき、適正、迅速、実効的な司法救済が得られることと、②適正な刑事司法手続を通じて犯罪の的確な検挙・処罰が行われることとの二点に対する国民の期待に応え得る司法の制度的・人的基盤の抜本的拡充・強化を図ることが、今回の司法改革の要諦である、と。

(2)「論点整理」の右のような現状認識は、極めて一面的、表面的なものであるだけでなく、最も重要な核心的問題に触れることを避けた不当なものである。

①　第一に、「論点整理」は、前記観点に立ち、国民の司法への不満が、敷居が高く温か味に欠ける、利

用しづらい、迅速性や専門性の点で不十分だ、行政へのチェック機能が不十分だ、などの点にあるとしている。これらの点は、司法の現状の一端に触れており、とくに行政へのチェック機能の不十分さの点は司法の深刻な機能不全状況の重要な局面を形成しているが、その他の点は司法の現状の根本問題の発現態様であることが指摘されなければならない。

では司法の現状の根本問題とは何か。それは、(a)司法が、憲法の保障する基本的理念・価値、すなわち基本的人権、民主主義、平和主義、福祉の保障に関し消極的、抑圧的なこと、そして立法や行政によるこれら基本的理念・価値への侵害を免責・放任する傾向がつよいこと、(b)このような深刻な現状を生み出している主要な直接的要因が、政財界、官界などに迎合・追随・依存・癒着している司法官僚制の強固な司法支配（裁判官統制、裁判統制、司法機構合理化など）であることである。国民の最も強い不満は、実は直接・間接にこれらの点に向けられているのである。[5]

ところが「論点整理」は、司法の現状のこの根本問題にはほとんど全く目を向けようとしない。これは致命的欠陥のある現状認識というべきである。

② 第二に、このような致命的欠陥があるにせよ、「論点整理」は司法の機能不全状況を一応は指摘するが、しかしその状態が一体どのようにして生じたのかについては検討しようとしない。そして、この状態を克服する作業を、臨司意見書及びこれを踏まえて一九八〇年代以降展開された司法制度改革への努力と成果とを踏まえて行うべきことを言明する。しかし、これは全く見当違いである。

そもそも臨司意見書は、司法官僚制強化＝司法統制及び司法合理化のマスタープランを打ち出したものであり、その強引な実施こそ今日の司法の機能不全状況を作り出したのである。現に一九七〇年代以降強化された裁判官及び裁判の統制は、裁判官の職権及び良心の独立を弱化し、司法の人権保障、憲法保障の機能を衰退させてきた。また一九八〇年代以降展開された簡易裁判所および地家裁支部の大幅な統廃合は国民から身近な裁判所を奪い、裁判官増員抑制は裁判官を過重負担に陥れて訴訟遅延や手抜き的審理へと追いやってきた。さらに司法試験改革（若年者優遇特別枠の設置）や司法修習改革（修習期間の半年短縮）は、法曹の早期・拙速養成に向かっている。その意味で臨司意見書の政策的路線の実施こそ今日の司法の不活性状態、機能不全状況を生み出した最大の要因なのである。(6)

このことは、歴史と現実とを直視する限り否定することはできない。ところが「論点整理」は、この歴史と現実とに目を向けようとしない。それどころか逆に臨司意見書の政策的路線を「踏まえる」ことを宣言するのである。

ではこのように歴史と現実とを無視する言明を改革審が行う意図は一体どこにあるのだろうか。私は主として次の二点だと思う。

第一に、司法の機能不全状況を作り出してきた司法政策主体（司法官僚と、これをバックアップしてきた統治層）の責任を不問に付す反面、臨司意見書に反対し司法機能の活性化を要求して運動を展開してきた弁護士層に対し逆に責任を転嫁し、その変容・再編を強行することである。

第二に、その司法政策主体たる司法官僚制を温存し、改革審の打ち出す司法改革の政策主体として利用することである。

③　以上のようにみてくると、「論点整理」の現状分析や改革方向づけが、総論部分の強い政治性、すなわち司法改革を諸改革の「最後のかなめ」として位置づけるという政治性に見事に照応していることが理解できるが、このことを確認したうえで、第三として、「論点整理」が示す「司法改革の要諦」なるものの本質が司法の反（脱）憲法化、反（脱）人権化であり、その意味で正に「逆改革」であることが指摘され

なければならない。このことを示す徴表として、ここでは次の二点を挙げておきたい。

第一に、「論点整理」が司法改革の要諦となるべき指導理念として「法の支配」なる概念を重視する反面、人権保障の司法理念や、司法（権）の独立（裁判官の職権・身分の独立、弁護士の独立・自治）、公正な裁判を受ける権利などをはじめとする司法の憲法的制度原則についてはほとんど全く意を払おうとしないことである。

改めて説くまでもなく現行憲法は、人権保障及びこれを中核とする憲法保障の任務を司法に託し、この任務を果たすうえで必須不可欠な制度的原則として前述のように司法の独立をはじめとする原則を定立している。司法機能の活性化に向けて改革を行おうとする場合、現状分析においても改革プラン策定においてもまず真先に「要諦」とされるべきは、これらの司法の憲法的理念であり憲法的制度原則でなければならない。そして、特に司法官僚制による司法支配（裁判官統制・裁判統制、司法合理化）こそ司法機能の不全状況を生み出している最大の要因であることに鑑みれば、司法（権）の独立をはじめとする司法の憲法的制度原則の現代的意義は極めて大きい。ところが、先に指摘したように、「論点整理」は、このことを一切顧慮せず、司法へのアクセスの拡充と犯罪検挙・処罰の的確化とに改革の焦点を絞り、その改革理念を「法の支配」に求める。

では「論点整理」のいう「法の支配」の理念とは一体何かといえば、「一国の法がこの国の血肉と化し『この国のかたち』となる」ことであり、「法の下においてはいかなる者も平等・対等である」という理念のことだとされているのである。しかし、このように捉えられた「法の支配」は、法の内容的正しさ（その基本的人権と民主主義である）から切り離された、国家主義的性格と空虚な形式主義的性格との奇妙な混合物であって、人権と民主主義を原理として扱う司法の改革・改善方向を探究する際の指導的理念となり

得るものではない。(7)

第二に、「論点整理」の打ち出す司法改革の「逆改革性」は、弁護士層の人権擁護者性の解体及びビジネスマン化と、刑事司法における検挙・処罰機能の強化とに顕著に表われているが、その点は後述することとする。

二　(1)　次いで「論点整理」は、まず「制度的基盤」に関する四つの問題を取り上げ（後掲①〜④）、次に「人的基盤」についても三つの問題を取り上げ（後掲⑤〜⑦）、最後に「その他」として国際化等の問題を取り上げ（後掲⑧）、それぞれについて現状分析と改革方向とを述べるとともに、次のような「論点項目」を提示している。

①　「国民が利用しやすい司法の実現」に関するもの――弁護士のあり方。法律扶助制度の拡充。裁判手続外紛争解決手段（ＡＤＲ）のあり方。司法に関する情報公開・提供のあり方。

②　「国民の期待に応える民事司法の在り方」に関するもの――裁判所へのアクセスの拡充。民事裁判の充実・迅速化。専門的知見を要する事件への対応。民事執行制度のあり方。司法の行政に対するチェック機能の充実。

③　「国民の期待に応える刑事司法の在り方」に関するもの――新たな時代に対応し得る捜査・公判手続。刑事裁判の充実・迅速化。被疑者・被告人の公的弁護制度のあり方。

④　「国民の司法参加」に関するもの――陪審制・参審制。既存の司法参加制度のあり方。

⑤　「法曹人口と法曹養成制度」に関するもの――法曹人口の適正な増加。法曹養成制度のあり方。

法曹論理。

⑥「法曹一元」

⑦「裁判所・検察庁の人的体制の充実」

⑧「その他」として――司法の国際化への対応。司法関連予算の確保。

(2) 右のような構成を持つ「論点整理」の論点項目説明について、一読するだけでも生ずる疑問や批判的感想を記せば次の通りである。まず「制度的基盤」に関するものを取り上げてみよう。

①「論点整理」が、司法の現状にとって最も強い規定要因となっている司法官僚制及びそのもとにおける裁判官統制、裁判統制、司法合理化の問題を取り上げることなく、まず「国民が利用しやすい司法の実現」という項目を立てて、国民の司法へのアクセスの問題に第一義的な重要性を与え、しかもこの問題を弁護士へのアクセスの問題（弁護士の人口不足、地域偏在、報酬予測困難性、執務態勢、専門性未発達、広告規制など）として組み立てている。

しかし、そもそも司法の根幹は国家的裁定機関たる裁判所であり、国民の司法への要求、期待、ニーズ等は裁判の内容（質）と裁判を受ける権利の保障度とに規定されている。そして弁護士業務といえども窮極的にはこれらに規定されていることは否定できない。その意味で裁判所こそ司法の第一義的な「制度的基盤」であり、司法改革を論ずる際には何よりもまず裁判所の現状分析を行い、検討課題を措定する作業を行わなければならない。このことは当然すぎるほど当然な理である。しかも歴史と現実の教えるところによれば、一九七〇年代から系統的に展開されてきた司法官僚制による司法支配、その具体的政策としての裁判官統制、裁判統制、司法合理化こそが、司法を質的にも機能的にも不活性状態に陥れ、国民の権利状態を劣悪化させ、その発展を阻んできたのである。

ところが「論点整理」は、そのような思考作業の手順を全く無視し、国民が司法へ容易にアクセスできるようにするためには「まず何よりも」弁護士へのアクセスを拡充しなければならないとし、弁護士こそアクセス阻害の主因だとするのである。そして後述するように弁護士人口大幅増員の方向をほとんど論証なしに打ち出す。これは、司法官僚制温存、弁護士層変容に向けて行われた意図的な問題設定であり、司法を扱う審議会に相応しくない政治的手法である。

しかもさらに問題なのは、弁護士へのアクセスの改善方向として、弁護士人口の大幅増員をはじめとする競争体制づくり、競争原理導入を打ち出していることである。この方向の実現に向けての改革審の作業は、第一五回会議（二〇〇〇年三月一四日）決定の「『弁護士の在り方』に関し今後重点的に検討すべき論点について」において、詳細に具体化されている。その詳しい検討は別の機会に行いたいと考えているが、(8)この決定においては、「五～六万人程度」の弁護士人口を目指すべしとする中坊委員の考え方が特記され、「目安」（佐藤幸治会長）とされるとともに、弁護士広告解禁、弁護士評価制度導入、法律事務所の大型化（共同化、法人化、総合化など）のみならず、競争原理導入の貫徹のネックとなる弁護士自治についても「弁護士会の運営に第三者の意見を反映させる」ことなどを含む制限方策導入の方向が示されている。

それだけではない。この決定は、競争原理導入により弁護士業務のビジネス化を推進する一方で、弁護士の活動領域を独立的な訴訟活動、法律相談活動から官庁、議会、政党、国際機関、民間企業、ＮＰＯなどの領域にも拡げ、しかも兼業形態を認めることにより独立性を後退、修正するとともに（弁護士法第三〇条改正へ）、弁護士の「公益性」なるものを強調する考え方に基づき、弁護士の人権擁護使命を相対化（ひいては否定）しようとしている（弁護士法第一条改正へ）。

このようにみてくると、改革審が行おうとしている弁護士改革の実相は、人権擁護使命を理念的中核とする自治・独立性のつよい弁護士の増員ではない。それは、人権擁護という理念を投げ捨て、「競争原理」によって大企業を始めとする社会的・経済的強者に癒着・依存し、また「公益性」を通じて統治権力を掌握する政治的・社会的強者に従属する、自治・独立性を失った弁護士の大幅増員なのである。

右の弁護士問題のほかに、「論点整理」が、「国民が利用しやすい司法」の実現策として、ADR拡大の方向を打ち出している点にも疑問がある。本来、法的紛争は、たとい軽微にみえるものであっても裁判機構を充実・強化することによって対処すべきものであり、これが「裁判を受ける権利」を憲法が保障していることの意味である。この観点を抜きにしたADR拡大は、国民に権利実現を阻害する危険を孕む。

② 「論点整理」は、「民事司法」のあり方について検討するに当たり、全体として訴訟の迅速化の重視に傾斜している印象を受ける。そして「裁判所の人的・物的体制の強化」についても検討が必要なことを述べているが、弁護士改革に関し注がれている異様なほどの熱意に比べれば通り一遍との印象を免れない。このことは、裁判官の増加や専門家の活用には触れているものの、肝心要めの簡裁、地家裁支部の増設（統廃合の見直し）については一切触れようとしないことにもよく表われている。

また「論点整理」は、「行政・立法に対するチェック機能を充実させる」方策の検討を提唱している。周知のように司法はこれまで行政や立法に対しチェック機能を果たしてこなかった。この現状を踏まえると き、改革審が行政・立法に対するチェック機能充実を打ち出したことは当然のことである。問題は、改革審がこの点について本気で取り組み有効な改善策を打ち出すかどうかである。この点について私は消極的予測を持っているが、その根拠は次の二点である。(9)

第一に、このチェック機能の強化は、前述のように司法改革を諸改革の「かなめ」＝完成装置と位置づける「論点整理」の基本的立場と整合しない。このことについては既に説明したところなのでくり返さない。

第二に、このチェック機能を強化しようとするのであれば、この機能の不全状態が何故生じているかについて検討を加えなければならないが、その主要な要因の一つに司法官僚制の問題があることは明らかな事実である。ところが、これまで何度もくり返し指摘したように、「論点整理」には司法官僚制についての問題意識は全くみられない。

③ 次に「刑事司法」について「論点整理」が打ち出している改革方向について検討してみよう。それは、一口でいえば犯罪の検挙・処罰機能の強化である。

ではその基礎にある「論点整理」の現状分析と問題意識とはどういうものか。犯罪の複雑化、凶悪化、組織化、国際化に対し刑事司法は十分に対応し切れず機能不全状況にあるので、新たな時代に対応した捜査・公判のあり方を検討すべきだ、というのである。このことが示している具体的な改革方向は、捜査権限の拡大強化と公判の効率化・迅速化とである。

しかし、「論点整理」のこのような問題意識と改革方向は、最低限次の四点で重大な疑問があり、今回の司法改革の逆行性を端的に表わしている。

第一に、「論点整理」には、現在多発化、表面化、問題化している捜査機関による違法捜査及び人権侵害や、重大な誤判及びこれを生み出す公判審理の形骸化現象、さらには誤捜査・誤判を発見し是正するメカニズムの不作動状態（とくに上訴・再審の不活性状態）についての問題意識が全くみられない。これは恐らく意図的、意識的なものと思われるが、その現状無視の態度は、見解の相違を超えて強く批判されなければならない。

第二に、現在刑事司法が犯罪動向に対し権限に制約があるため対応できず機能不全に陥っている、との認識に誇張があることである。現在次々に露呈し問題化している警察の人権侵害や腐敗事象は、警察が、犯罪動向に対応するためと称して組織面でも権限面でも巨大化の一途を辿ってきたなかで、当然なすべき職権行使を怠ったり違法な職権濫用を恣しいままにして人権を侵害し、冤罪すら作り上げて平然としている組織に化しつつあることの表れである。そして、捜査機関として刑事司法の重要な一角を占める警察のこのような実態に対し、検察や裁判所は、持てる抑制権限を行使しようとせず放任し、それどころかこれにほとんど無批判的に依存してきたのである。この実状の認識に基づく改革方策の模索こそ刑事司法改革の出発点でなければならず、この出発点に立とうとしない「論点整理」の改革方向が「逆改革」に向かうことになるのは当然である。

第三に、改革審における水原敏博、井上正仁両委員の論点整理に関する意見書（第六回会議提出）や、水原委員の「『国民の期待に応える刑事司法』について（論点整理）」と題するレポート（第一八回会議提出）などからみて、有罪答弁制度、免責証人制度、参考人出頭強制制度などの導入や起訴前証人尋問制度、おとり捜査などの拡大が模索されるとみられる。しかし、これらは人権擁護の面からも誤判防止の面からも余りにも問題が多く、その弊害が極めて大きいものであり、その逆行性は顕著である。

第四に、「論点整理」は、被疑者・被告人の権利保護の方策として刑事弁護体制整備の必要を説き、公的弁護制度の整備の方向を打ち出しているが、しかしその目指すところは当番弁護士制度の公的制度化といった単純なものではなく、三重、四重に枠をはめる条件付きであることが注目される。その枠づけないし条件とは、第一に迅速な裁判の実現に資するものであること、第二に「適正な弁護」であること、第三に被告人国選弁護のあり方の見直しとワンセットであること、第四に弁護士人口大幅増員や弁護士執務態勢改革（例えば法人化・共同化）を前提とすることなどである。さらには、公営法律事務所導入や弁護士の

「公益性」強調とも関連づけられているようにみえる。

このように三重、四重に枠づけられ条件付けられた公的弁護制度の導入が、黙秘権や無罪推定をはじめとする被疑者・被告人の人権を保護する意味をどこまで持ち得るかに深い懸念と憂慮が持たれる。

④「国民の司法参加」について「論点整理」は、多元的な価値観や専門知識を司法に取り入れるため陪審・参審制度について「導入の当否」を検討すべきだとし、陪参審に一応関心を示すが、しかし「その歴史的・文化的な背景事情や制度的・実際的な諸条件に留意」すべきことを明示し、むしろ消極的にさえみえる慎重なスタンスを示している。このスタンスは、「自律的」な国民を中心に「この国のかたち」を再構築する支柱として司法改革を位置づける「論点整理」の総論部分との強いズレを感じさせるとともに、総論部分の一種のマヌーバー的性格を浮彫りにしているように思う。

三　(1)「論点整理」は、「人的基盤」の強化策の第一の課題として法的需要の多様化、高度化に応える法曹人口の「適正な」増加を挙げているが、その際に欧米諸国の法曹人口数を列挙することにより暗に「大幅」増員の方向を示している。その意味で「適正な」という一見限定的に感じさせる文言は、実際にはほとんど限定的意味を持たない修飾にすぎない。このことは、第一五回会議で確認された前掲『「弁護士の在り方」に関し今後重点的に検討すべき論点について』が、中坊委員のレポートを踏まえる形で、「法曹（弁護士）人口の大幅増員の必要性」について認識が一致したことを記すとともに、「望ましい法曹（弁護士）人口に関しては、様々な考え方がありうるが、一つの目安として、本審議会において、中坊委員から『隣接法律専門職種等との関係を検討することを留保しつつ、五～六万人程度の弁護士人口を目指す』との考え方が提示されており、今後更に議論されることとなる」ことを確認していることからも明らかである。

このようにして改革審は、現人口（約二万一〇〇〇人）の約二・五倍ないし三倍の五〜六万人という大幅増員を事実上目安として打ち出すことにより市場原理の導入に踏み切ろうとしている。市場原理に基づく弁護士人口の急激な大幅増員が弁護士の業務と意識の変容・変質を惹起し、人権擁護力能を層として衰退させていくであろうこと、そしてこのことが一般市民の人権にとって如何に重大な危機的状況をもたらすかということについては、別に論じたことがあるのでここではくり返すことはしないが[10]、ここで指摘しておきたいのは、この危険について改革審が問題意識なり危惧感を持っている形跡がほとんどみられないことである。これは改革審の人権無視の根本的発想に由来することとはいえ、驚くべきことである。

その上で「論点整理」は法曹養成の問題を取り上げ、大学の責務の重要性を説き、「法曹養成のプロフェッショナルスクール設置」に積極的姿勢を示している。ここで注目されるのは、「古典的教養と現代的社会に関する広い視野」と「専門的職業人としての自覚と資質」とを備えた人材の育成に向けた法学教育の充実のためのプロフェッショナルスクール（いわゆる法科大学院ないしロースクール）設置が論証抜きで積極的に意義づけられていることである。

しかし、法学部を中心とする法学教育と司法研修所を中心とする実務教育との組合せを基本とする現行法曹養成制度がいかなる理念に基づき制度化され、その制度のもとでどのような運用がなされてきたか、その実態が理念に照らしどのような問題を抱えているのか、その問題を解決するうえでロースクール的な制度が有効かどうか等の点について綿密な検討をしたうえでなければ、積極的な方向づけをすることはできない筈である。その意味で改革審のロースクール問題の取り上げ方は、法曹人口の急激かつ大幅な増加を実現するための方便的発想に基づくとの印象を受ける。

そもそも法曹養成制度の基本は、市民の間にある多様な階層と価値観とに対し「平等」に開かれ、法曹三者に共通すべき人権擁護への強い使命感とこれを支える高度の理論と技術とを「統一」的かつ「公正」に教授・育成し得る制度であるべきだ、ということである。その意味で、統一、平等、公正を理念としている現行の法曹養成制度は、部分的欠陥はあるものの、その基本においてはかなり優れたものである。もっとも、運営の面では、理念から大きく離反する傾向が強まってきており、とくに司法試験の技術化傾向に伴う受験生の司法試験予備校への依存化傾向、司法試験の若年者優遇制度（別枠制）などによる差別化傾向、司法修習内容の規格化、司法修習生規制の強化などは、司法修習生の使命感、理論的能力、技術の発達を阻害している。そうだとすれば、法曹養成制度の改善を検討するに当たって真先に必要なのは、このような実態の正確な把握と、これを生んでいる運営面の歪みを匡す方策の検討とでなければならない。ところが「論点整理」にはこのような問題意識はみられず、論証抜きでロースクール構想に関心を示し検討着手を言明するのである。

このような取組み方に基づき、改革審は第一八回会議において、井上正仁委員のレポート「法曹養成制度改革の課題」（第一四回会議）等に基づき、文部省（大学関係者・法曹三者も参画）に専門的・技術的見地からの検討を委託することを決定するとともに、「法科大学院（仮称）に関する検討に当たっての基本的考え方」をまとめ、「留意」を求めることとした。その要点は、①適正な教育水準の確保、②全国的に適正な配置、③学部での法学教育との関係の明確化、④高度の専門的教育、⑤実務との融合、⑥実務修習を別に実施することを前提とする、司法試験・司法修習との有機的連携、⑦実務との密接な人的連携、⑧公正・透明な評価システムの構築などである。

ここから浮かび上がってくるのは、「実務的色彩の濃い専門教育を主軸とする法科大学院→司法試験（但し簡易化?）→実務修習中心の司法修習」という新法曹養成システムを従来のシステムに併設するプランのように思われる。このようなシステムの併設がいかなる問題状況を法曹養成面及び研究・教育面において作り出すかについては、改革構想がもう少し具体的な形をとって明らかになった時点で検討を加えてみたいと考える。

(2)　また「論点整理」は、法曹一元につき、法曹一体感を基礎とするものであり、裁判官任用にとどまらず、法曹人口、法曹養成、弁護士業務など司法制度の全般に関わる重大問題であるとし、次のように述べている。

「臨時司法制度調査会の意見書の趣旨とその後の努力の成果を踏まえ、活力に満ちた我が国社会の裁判官に必要な資質、能力とは何か、そのための人材をどのようにして確保するか、裁判官の独立をいかにして保障するか等について『国民の視点』に立って幅広く検討することが必要である」、と。

このように法曹一元を取り上げたこと自体については高く評価する見方があるが、しかし取り上げ方には問題が多い。

第一に、法曹一体感を強調したうえで臨司意見書及び「その後の努力の成果」を踏まえるべきことを強調していることからも明らかなように、臨司意見書以降の司法官僚制強化の路線を否定せず、むしろこれを積極的に肯定・受容し、その路線上で法曹一元導入を志向していることである。

しかし、そもそも法曹一元は、キャリアシステムを利用しつつ作り上げられてきた司法官僚制——即ち一部の特権的裁判官層による司法行政権の掌握・壟断、裁判官統制、裁判統制——を打破し、裁判官をして良心の自由と職権の独立とにのみ従う存在たらしめる制度として、優れて現代的な意義を持ち得る制度である。ところがこのことを顧慮せず、逆に司法官僚制をむしろ肯定・受容するかにみえる「論点整理」は、法曹一元を司法官僚制の補完装置とする方向に向かう危険性を示しているようにみえる。

第二に、「論点整理」は、前述のように市場原理導入による弁護士層の変容・変質に主な狙いを定めるとともに、この変容・変質した弁護士層をより積極的に司法官僚制に取り込むためのシステムとして法曹一元を位置づけているということである。そうだとすると、法曹一体感の強調とあいまってその実体が「逆一元化」になりかねない危険を持つのではないか。

第三に、「論点整理」が法曹一元との関連で裁判官の独立を検討する方針を打ち出していることの問題性についても指摘しておきたい。この点につき、法曹一元を司法官僚制のもとで職権・身分の独立及び市民的自由を制限されている裁判官の状態を抜本的に改善する最大の方策として意義づける立場からみれば、この方針に無条件に積極的意味を見出すことになる。

しかし、「論点整理」は、くり返し指摘したように、司法官僚制による司法支配の問題状況に関心を向けずその温存を図るとともに、弁護士層の変容・変質を積極的に作り出し、その独立及び自治の後退のうえに立って「公益性」概念を利用して取込みを図るという全体的構想を持っている。この枠内で、法曹一元との関連において裁判官の独立を検討するとすることの現実的意味は一体何か。この点を考察するには現時点では資料が不足しているが、私のさし当たっての考えを記せば次の通りである。

法曹一元を官僚司法の補完装置として導入する場合、一元裁判官とキャリア裁判官とが併存・混在する状態となるが、前者（一元裁判官）の場合には後者（キャリア裁判官）の場合よりも独立や自由の規制に困難さが大きいだろう。前歴や出身の多様さに応じ意識・思想・行動に多様性が生じるだけでなく、外部との結びつきも多様化するであろうからである。そしてこのことはキャリア裁判官にも影響を与えるであろう。予測されるこのような事態に対し改革審がいかなる方向を打ち出すかは今のところ不明だが、司法官僚制の温存という枠組みで議論する限りでは従前からの上からの官僚的規制に加えて（またはこれに代えて）横からの社会的規制のシステムを用意することに向かうことになるのではないか。このように考えてくると、法曹一元との絡みで裁判官の独立を検討することに危険性を覚えるのである。そしてこの危険性は、実は、改革審が憲法の最も重視する司法の制度的原則たる司法（権）の独立（裁判官の職権・身分の独立と良心の自由）の深い意義を無視していることと深く関連しているのである。

(3)　裁判所・検察庁の人的体制の充実、その他についても指摘すべき点が多々あるが、紙数の関係上省略することとする。但し、一点だけ述べたいことがある。それは、「人的体制の充実」という課題が職員の数の問題に矮小化され、人権擁護の府に相応しい職員の自発的意欲を発揮できるような職場環境づくりをいかにして進めるかという問題意識が欠如していることである。

結びに代えて——憲法的司法の充実強化こそ改革課題——

一　これまで述べてきたところを踏まえつつ改革審の思想と論理の特徴を結論的な形で表現するならば、政治性、非実証性、反歴史性、反（脱）憲法性、反（脱）人権性ということになろう。

この特徴が今後の審議のストレートに反映、貫徹されるか、それとも批判的動きによってどの程度屈折を余儀なくされその貫徹を阻まれるに至るかは、今の段階で断定することはできない(11)。

そのことを考慮しつつ、本稿を次の発言で仮に締め括ることにしたい。この発言は第一回の司法改革市民会議（二〇〇〇年二月二六日）において行ったものである(12)。

二

日本の司法は、戦前は端的に言えば、天皇制の侍女としての司法でした。それが戦後の日本国憲法の下では大きく改革されて、「基本的人権の砦としての司法」という理念を与えられました。

この言葉は、私がここで文学的な表現として述べているのではなくて、実は一時期、日本国憲法草案の中にあった言葉です。「強力ニシテ独立ナル司法ハ人民ノ権利ノ堡塁（bulwark）」、すなわち司法は基本的人権の砦であるという条項が、司法の章の冒頭に記されていた時期があったのです。その条項は削られ姿を消しましたが、その理念はまさに現在でも日本国憲法が固持している理念であると思います。

このように基本的人権の砦としてスタートとした日本の司法がよりよく機能するためには、何と言っても、司法が独立でなければならないのは当然です。もちろん裁判官は独立でなければならないと同時に、検察官あるいは弁護士も含めて、およそ法曹はあらゆる権力、あらゆる勢力から独立した存在でなければならない、そして良心にのみ従う存在でなければならない、ということであります。

そのような理念を与えられてスタートした日本の司法でしたが、一九四〇年代と五〇年代においては、裁判官も検察官も、戦争責任の問題はあまり深刻には取り上げられず、追及されませんでした。

そういうこともあって、四〇年代、五〇年代は、日本の裁判所が憲法の理念通りに基本的人権の砦として生まれ変わるためには、いろいろな悪条件が重なりました。が、それにもかかわらず、国民の中に澎湃として起きたさまざまな運動、というと松川運動や労働運動がすぐに頭に浮かびますが、それだけではなくてさまざまな人権運動、裁判運動が展開されました。

そういう運動が裁判所に直接、間接に持ち込まれるにしたがって、日本の裁判所あるいは日本の司法は変わらざるを得なかった。その端緒的な動きが六〇年代から始まっていきます。

ところがこれに対して弾圧、抑圧しようとする動きが起きます。それが七〇年代における司法反動といわれる動きです。これは端的に言えば、青年法律家協会という民主的な裁判官、弁護士、学者、当時は検察官もおりましたが、そういう法律家の団体を裁判所から徹底的に排除する動きでした。

それが何を狙ったかと言えば、究極的には裁判官統制であり裁判統制です。裁判官の会議や会同を頻繁に開いて、裁判の内容を細かく詰めて、それを現場の裁判官に流していく。人事統制をバックとする裁判統制のもとで、裁判官は判断の独立性を失っていき、良心の命ずるままに裁判する良心的な存在ではなくて、上からの声、それは主として最高裁ですが、その最高裁の声に従って裁判する動きを強めました。では、最高裁はどうかといえば、政財界等の声を聞きながら、これに従属しつつ自らの声を形成し、それを下級審の裁判官に流していったのです。こういう裁判統制が七〇年代に始まります。

それと同時に、裁判所は徹底的な合理化を進めました。簡裁や地家裁の支部を統廃合していくわけです。そのため簡裁などもかなり数が減っていきますが、これが八五年ごろから始まります。

したがって、現在、裁判所が国民あるいは市民の立場から見て、われわれの人権を擁護するような存在になり得ていないのは、七〇年代から始まった裁判統制政策と、八〇年代半ばからの合理化政策とが系統的に展開されてきたことの結果であり、その産物なのです。

このような司法政策を主として担ったのは、もちろん最高裁の官僚たちですが、その背後に黒子として存在していたのが政財界であったということを、私たちはきちんと見抜かなければなりません。

このような司法の憂うべき現状に対し、一九八〇年代末から日弁連などにより改革を求める動きが始められますが、一九九三、四年ごろからは、政財界も司法改革の動きを示し始めます。この政財界の動きは、司法を、弱者切捨ての行政改革なり規制緩和の動きに適合的な司法に作り変えようとする動きです。それまでの司法官僚中心の司法では、非能率的、非効率的で、規制緩和あるいは行政改革には必ずしも適合的ではない、使い勝手が悪いということで、これに部分的な修正を加えるとともに、弁護士層を取り込み、政財界、そして官僚の代理人に仕立て上げていこうというのがこの動きの狙いです。

弁護士層は、一九六〇年代から、戦争時代における弁護士のあり方を反省して、弁護士会の民主化を進め、人権擁護の理念を掲げ、各地でさまざまな人権運動、裁判運動を担ってきました。そしてこの運動は、公害や情報公開をはじめとして大きな成果を上げてきたのですが、しかしこの動きは、日本の司法を政財界の使い勝手のいい司法、規制緩和や行政改革の補完物としての司法にするうえで大きな障害物になります。そこで政財界は、弁護士層にターゲットを定め、競争原理を導入し、弁護士層をビジネスマン化し、その人権擁護力能を弱めようとしています。

現在の動きはそういう複雑な状況にあると思いますが、私たちが見誤ってはならないのは、真の司法改革の問題は決して弁護士改革の問題ではなくて、われわれ国民の立場から見て、司法、とくに裁判所と検察が基本的人権擁護の装置として、憲法の理念や原則通りに動いていないということが問題なのだ、ということです。

そうだとすれば、司法を憲法の理念や原則に従って人権擁護の制度として再活性化させることこそ、われわれの基本的課題です。司法を政財界の道具化し、規制緩和や行政改革の補完装置化しようとする動きとは厳しく対決し、人権擁護理念を固守しその発展をめざす弁護士層と連帯しつつ、司法を民主的に改革していくことに全力をあげて取り組まなければならないと思います。

（1）拙著『現代司法と刑事訴訟法の改革課題』（日本評論社、一九九五年）一四九頁以下、同『人身の自由の存在構造』（信山社、一九九九年）三一三頁以下、拙稿「司法制度改革論議の基本的視点と方法論」（井戸田侃先生古稀祝賀論文集

『転換期の刑事法学』現代人文社、一九九九年）（本書収録）、同「憲法的司法の充実・強化を──民主的司法改革運動の課題と目標──」法と民主主義三四五号（二〇〇〇年）（本書収録）などを参照のこと。

（2）「論点整理」を検討したものとして、月刊司法改革編集委員会「徹底分析『司法制度改革に向けて──論点整理──』」月刊司法改革二〇〇〇年一月号、司法改革市民会議「意見書（第一回開催二〇〇〇年二月二六日）」法と民主主義三四八号（二〇〇〇年）、村松弘康「司法改革の方向性」月刊司法改革二〇〇〇年五月号などがある。なお、民科司法特別研究会「司法制度改革審議会ウォッチング（連載）」法律時報二〇〇〇年一月号以下、就中、今関源成「法曹三者の意見聴取と『論点整理』」法律時報同年二月号、平田和一「『論点整理』をめぐって」法律時報同年三月号をも参照のこと。

（3）拙著『現代司法の思想と構造』（日本評論社、一九七三年）一頁以下を参照のこと。

（4）講座『現代日本』全四巻（大月書店、一九九六年）等を参照のこと。なお、規制緩和については、本間重紀『暴走する資本主義』（花伝社、一九九八年）の分析が極めて有益である。

（5）渡辺洋三・江藤价泰・小田中聰樹『日本の裁判』（岩波書店、一九九五年）を参照のこと。なお、この点を鋭く衝くのは、前掲司法改革市民会議意見書（第一回）である。

（6）前掲拙著『現代司法の構造と思想』、同『続現代司法の構造と思想』（日本評論社、一九八一年）、風早八十二ほか『国民のための司法』（新日本出版社、一九八三年）等を参照のこと。

（7）小沢隆一「『国家改造』と『司法改革』の憲法論──佐藤幸治氏の所説をめぐって──」法律時報二〇〇〇年一月号がこの点に鋭い分析を加えている。

（8）民科司法特別研究会（近藤充代）「司法改革における弁護士制度改革の位置づけ」法律時報二〇〇〇年五月号が簡潔ながら鋭い批判的検討を加えている。

（9）平田和一「『司法改革』と行政訴訟」法律時報二〇〇〇年一月号が同じ問題意識を持って行政法学の見地から鋭い批判を加えている。

(10) 前掲拙著『人身の自由の存在構造』三六一頁以下。
(11) 拙稿「司法制度改革審議会『中間報告』の評価基準」(渡部保夫先生古稀祝賀論文集『誤判救済と刑事司法の課題』日本評論社、二〇〇〇年)(本書収録)を参照のこと。
(12) 法と民主主義三四七号(二〇〇〇年)一四頁以下。
(梶田英雄判事・守屋克彦判事退官記念論文集『刑事・少年司法の再生』、現代人文社、二〇〇〇年一一月)

第三章　司法制度改革審議会「中間報告」の評価基準

一　司法改革審議会の審議状況

1　司法改革審議会の審議状況

一　一九九九年七月に設置された司法制度改革審議会（以下、改革審という）は、二〇〇〇年八月一〇日現在、合計二七回の審議と三日間（八月七、八、九日）の夏の集中審議を行ってきた。とくに一九九九年一二月二一日第九回会議において「論点整理」をまとめてから以降は、論点項目にそって急ピッチで「中間報告」作成に向け審議を急いでいる。本稿が公刊される頃（二〇〇〇年一一月）には、既に「中間報告」をまとめて上げ公表し、その反応をみながらそれを補修する作業を始めていることであろう。

改革審の審議は、議事録・議事要旨の公開、全国各地での公聴会開催、各種のヒアリング・アンケート実施など、一見オープンなスタイルをとっている。しかし、その審議経過を具さに検討すれば、改革審設置に当って政財界及びこれに基本的に同調、追随する官界（主として法務省や最高裁）や一部弁護士層、さらには一部ジャーナリズム等が敷いた路線にそって策定した「論点整理」に基づいて、殆ど本質的な議論を行うことなく次々に意見集約を図っているという憂うべき実態が浮かび上ってくる。

このように言うのは決して誇張でも歪曲でもない。その詳細な実証的検討は他日行ってみたいと思うが、ここでは改革審が司法権の独立（裁判官の職権・身分の独立、及びこれを支える裁判官の市民的自由）という近代司法のエッセンシャルな原則の存在状況（現状）や現代的意義・重要性について、全くといっていいほど議論の対象としていない事実を指摘するにとどめることにしよう。

二　このような審議を経てこれ迄にまとめ上げられている意見集約的ないし意見誘導的な文書の主なものを、決定月日順に列挙すれば、次の通りである。

① 「弁護士の在り方」に関し今後重点的に検討すべき論点について（二〇〇〇年三月一四日第一五回会議）
② 司法の人的基盤の充実・強化の必要性について（同年四月二五日第一八回会議）
③ 法曹養成制度の在り方に関する審議の状況と今後の審議の進め方について（同右）
④ 「法曹一元」について（参考説明）（同右）
⑤ 塩野宏教授の説明――司法の行政に対するチェック機能の在り方について――（同年六月二日第二一回会議）
⑥ 「国民が利用しやすい司法の実現」及び「国民の期待に応える民事司法の在り方」に関する審議結果のとりまとめ（同年七月一一日第二五回会議）
⑦ 水原敏博委員のレポート――「国民の期待に応える刑事司法の在り方」について――（同年四月二

五日第一八回)、「国民の期待に応える刑事司法(審議用レジュメ改訂版)」(同年七月二五日第二六回会議)

また、八月七、八、九日の夏の集中審議において法曹養成、法曹人口、弁護士のあり方、法曹一元等についての審議が集中的になされており、とりまとめに向けての意見集約の作業が急ピッチで行われた。その際に作成、配布された文書の主なものは、次の通りである。

⑧ 検討会議における議論の整理(同年八月七日・法科大学院(仮称)構想に関する検討会議)
⑨ 適正な法曹人口を検討する上で考慮すべき事項として考えられるもの(集中審議用レジュメ)
⑩ 法曹一元その他関連する問題について(集中審議用レジュメ)
⑪ 日本国憲法が想定する司法とは(佐藤幸治会長)

2　本稿の問題関心

一　右のような「中間報告」のとりまとめ寸前という緊迫した局面を迎えて、私は、司法に関する憲法的理念及び憲法的原則(基本的人権擁護、司法権独立、違憲審査権、公正な裁判を受ける権利、裁判公開、裁判官選任の民主性など)の充実・強化という憲法的観点に立つことの現代的意義を改めて確認しつつ、目前に迫っている「中間報告」を検討、評価するに当たって採るべき基準を明確化する作業をしておくこととしたい。

この作業を始めるに当たり、「中間報告」が発表される前にこの種の予備的、準備作業を行うことの必要性ないし意義について述べておきたい。既にいくつかの別稿で指摘したように、改革審設置は、政財官界を中軸とする統治層の、アメリカの圧力を背景とする一定の明確な統治戦略に基づくものである。その統治戦略とは、「規制緩和により、無規制的な利潤追求活動の自由を与えられた大企業に奉仕し、自己責任の名の下に犠牲、負担を一般市民に負わせる司法」（民事）、「有事立法とあいまって、憲法的規制を無視して拡大強化される警察・検察活動を追認、補強する司法」（刑事）、「有事立法を始めとする憲法違反の悪法立法と、基本的人権や公共性を侵害する行政とを放任、免責する司法」（憲法・行政）への司法改造である。(1)

このことは、統治層のくり出す司法改革向け文書や改革審関係者の諸発言、さらには改革審が作成した諸文書（とりわけ「論点整理」）が多少の粉飾を施しつつも自からかなり露わに表明しているところであり、否定し得ない事実である。にも拘らずこのことをここでも改めて強調したいと考えるのは、〝改革審の動きを生み出した要因として上述の統治戦略もあるが、そのほかにこれに先立って一般市民の司法改革要求があり、これら二つの要因の絡み合い（矛盾、対立、葛藤、せめぎ合い）の過程として司法改革の動きを捉えるべきであり、統治戦略的要因のみを取り上げその自己展開過程として捉え、その危険性のみを強調するのは一面的で誤りだ〟とする考え方が、司法改革に関心を抱き、統治戦略的な動きに対し批判的な層にかなり広く拡がっているからである。

私は、このような考え方が一定の現実的基礎を持っていることを認め、かつ司法の憲法的充実・強化に向け国民的運動を組織しスティミュレイトする機能を持つことも認める。しかし、問題は、これら二つの要因、とくに統治戦略的要因の本質をどう見抜き、それらの絡み合い方をどういうものとして捉えるか、即ち本質的に矛盾・対立的なものとみるか、それとも部分的な矛盾・対立を含みつつも両立・協力の可能なものとみるか、である。私は本質的に矛盾・対立的なものとみるが、前述のような考え方は必ずしもそうはみない。このように両要因の関係の捉え方に相違が生じるのは、敢えて単純化していえば、統治戦略が「市民的」擬態をとっているからである。

別稿で詳しく述べたように、統治層は、一九九〇年代中葉から、一般市民の間に充満しつつある司法の機能不全的状況（とくに人権保障機能の弱化状況）に対する不満と改革要求とを掬い上げようとするかのような擬態を示し、イデオロギー的「幻想」を振り撒きながら、政治改革、行政改革、規制緩和など諸改革の「最後のかなめ」としての司法改革に着手したのである（その画期をなしたのが、一九九四年の経済同友会の文書『現代日本社会の病理と処方』における司法改革の提唱であった）。

統治層の司法改革構想は、「規制緩和↓行政縮小↓事後監視・抑制型社会への転換↓司法の役割増大↓大きな司法↓弁護士の人口増大と自由競争化」というロジックで組み立てられ、あたかも規制緩和及び生活関連行政縮小後退によって構造的に生み出される「弱肉強食」的事態の拡大に歯止めをかけ、「弱者救済」＝人権保障機能・行政コントロール機能を強化するために司法を改革するかのような擬態を示し、「幻想」を振り撒いてきた。しかし、その実態ないし本質は、くり返しになるが、「弱者救済」どころか、逆に自己責任の名のもとの「弱者への犠牲・負担のしわ寄せ」であり、大企業や行政へのコントロール機能の強化どころか、逆に大企業や行政の無責任体制の拡大強化の法的正当化促進をめざすものなのである。(2)

このような実体ないし本質は、一九九〇年代に入り実施に移された統治層の巨大な統治戦略からくるものであり、一般市民の要求に根ざす憲法的司法改革の動きとは矛盾・対立するものであるが、巧妙に「市民的」な擬態ないし偽装を施されていたため、前述のようにかなり広い部分に共通性や協力可能性への願望的評価を生んだ。しかし、改革審における審議の推移は、改革審が統治戦略的論理の赴くところにストレートに従い、「市民的」な擬態ないし偽装を捨てて本質を露わにしつつある現実を示している。「論点整理」及びこれにそって次々に打ち出されている前掲諸決定がこのことを明らかにしている。

後にも確認するように、改革審は、①司法の人権保障機能不活性状態作出の最大装置である司法官僚制には改革のメスを殆ど入れることなくこれを温存する反面、人権擁護の担い手層たる弁護士層に対し人口大幅増員及び自由競争原理持込みによるビジネス性強化と公益化とを迫り、これを司法官僚制（ひいては統治層）の補完勢力とし、②民事事件の迅速処理体制の強化と、その周辺部分のアウトソーシング（ADR活用など）を図り、③行政訴訟改革を先送りにし、④刑事手続の効率化・強権化を追求し（捜査権限拡大、アレインメント導入、免責証人制度導入、審理の強権的促進など）、⑤法科大学院創設による法曹養成制度改編により、早期選別的で、国家にとって安上がりの、大量かつ実務優位の法曹養成制度を創出し、⑥法曹一元に終止符を打ち、⑦陪審も棚上げ同然とする方向に向かいつつあるのである。

もっとも改革審は、法律扶助制度の充実強化のみならず、公的被疑者弁護制度の創設をも打ち出そうとするなど、一般市民の要求に応える改革にも取り組む姿勢を示している。しかし、これとても後述のように刑事弁護活動規制システムの整備と抱き合わせであることが注目されなければならず、手放しの積極的評価を行うことはできない。それどころか刑事弁護空洞化の危険すらある。

二　以上、縷々述べてきたが、要するに私の問題意識は、改革審が「市民的」擬態ないし偽装を捨て、統治戦略にそって着々と改革プランを策定し「中間報告」を打ち出そうとしているという緊迫した局面に当たり、統治戦略に由来する改革案の反憲法的、反人権的本質について一切の「幻想」や願望的期待を排して直視し、その批判に全力を挙げるべきだということである。そして、そのために緊急に必要なのは、まず「中間報告」の内容を予測的にせよ迅速に掴み分析することである。そして、その評価基準をできるだけ具体的な形で打ち樹てておくことである。

このような問題意識に立って、私は先に論文「司法制度改革審議会の思想と論理――『論点整理』についての批判的覚書――」（梶田英雄判事・守屋克彦判事退官記念論文集『刑事・少年司法の再生』現代人文社）（本書収録）において、改革審の思想と論理を分析し、その政治性、非実証性、反歴史性、反人権性を批判する作業を行った。そして、「司法を憲法の理念や原則に従って人権擁護の制度として再活性化させること」こそ私たちの基本的課題であり、「司法を政財界の道具化し、規制緩和や行政改革の補完装置化しようとする動きとは厳しく対決し……司法を民主的に改革していくこと」を主張した。

本稿は、右と全く同じ主張を、改革審の審議状況の進展に則し、より具体的な形で敷衍しようとするものであり、前掲論文の続編の意味を持つものである。従って前掲論文を併せて読んで下さるよう読者にお願いしたい。

なお、紙数の関係上、注記を殆ど省略することとする。

二　「中間報告」の予測される内容

二〇〇〇年八月初旬段階における改革審の審議状況を踏まえ、若干の予測を混じえつつ、「中間報告」の主要な内容を「論点整理」の論点項目になるべくそう形で順次摘記し、その主な問題点を付記してみれば、次の通りである。

1　制度的基盤

一　「国民がより利用しやすい司法の実現」

(1)　弁護士のあり方

弁護士のあり方について、改革審では中坊公平委員によるレポートが二度にわたり行われ（二月八日第一二回会議、二月二二日第一三回会議）、意見交換の後、「『弁護士のあり方』に関し今後重点的に検討すべき論点について」（以下、「弁護士論点」という）（三月一四日第一五回会議）が決定された。また、夏の集中審議第二日（八月八日）において石井宏治、吉岡初子、北村敬子各委員からのレポートに基づく意見交換が行われた。さらに八月二九日第二八回会議では日弁連（日本弁護士連合会）等からのヒアリング及び審議を行い、九月一日第二九回会議において取りまとめることが予定されているが、前掲「弁護士論点」をみると、その骨格部分について合意形式が既に終わっていることが窺われる。その要点は次の通りである。

(イ)　弁護士のあり方は司法制度について決定的意味を持つこと。

(ロ)　弁護士改革を論じるに当っては、第一に「一国の法がこの国の血肉と化し、『この国のかたち』となるために一体何をなさなければならないのか」、第二に国民の統治客体意識脱却、統治主体化のためにどのような司法改革が必要か、第三に法曹が「国民の社会生活上の医師」の役割を果たすためにどのような司法改革が必要か、の三点を踏まえるべきこと。

(ハ)　法曹（弁護士）人口の大幅増員が必要であること（中坊委員から五〜六万人程度を目指すとの意見が

出されていること）。

(ニ)　弁護士業務が公益的側面をも持つことを重視し、その適正化方策をとるべきこと。これとも関連し弁護士の使命（弁護士法第一条第二項）、弁護士の法律事務独占（同第七二条）、弁護士の兼職・営業制限（同第三〇条）等の見直しを検討すべきこと。

(ホ)　弁護士の活動領域拡大（民間企業、公的機関、国際機関、NPOなどへの進出）のためにも、兼職・営業制限の見直しを検討すべきこと。

(ヘ)　弁護士隣接法律専門職種の一定の法律事務取扱の許容及びそれとの協働化。

(ト)　法律相談活動の充実、弁護士費用の合理化、弁護士広告の解禁、弁護士事務所の共同化・法人化・総合化。

(チ)　弁護士自治の見直しなど。

右のような具体的内容を持つ弁護士改革のポイントは、自由競争原理導入によるビジネス化(ハ)(ニ)(ホ)(ヘ)(ト)(チなど)、公益性強調を媒介とする統治層への抱込み(ニ)(ホ)(チなど)の二点であり、その目指す方向は人権擁護性の弱化である。

(2)　法律扶助制度の拡充

改革審が六月二七日第二三回会議において決定した「『国民がより利用しやすい司法の実現』及び『国民の期待に応える民事司法の在り方』」（以下、「司法・民事司法のあり方」という）は、改革審の提言を受ける形をとって制定された民事扶助法により民事扶助事業が法律上の根拠が与えられたこと、なお一層の充実が必要であることを指摘するとともに、後述の被告人国選弁護及び公的被疑者弁護の制度と抱き合わせる形で「運営主体の中立公平」の確保に向け措置すべきことを示唆している。このことの持つ現実的意味は弁護活動への公的介入・規制システムの整備であるが、このことについては後にも触れる。

(3)　裁判手続外の紛争解決手段（ADR）のあり方

前掲「司法・民事司法の在り方」は、多様な法的ニーズに対応するメニューの一つとしてADRの拡充・活性化（民事・家事調停の拡充、労働委員会・建築工事紛争審査会など行政型ADRの拡充、弁護士の仲裁センターの拡充、民間ADRの拡充）を打ち出すとともに、裁判手続との連携、相互移行、人材交流、ノウハウ供与等の整備の方向を打ち出している。

このようなADR拡大は、紛争解決手続の多様化、柔軟化、専門化、安価化などをスローガンとしながら進められようとしているが、その現実的効果は、紛争解決における法的基準及び司法的公正さを相対化・弱化し、社会的弱者への負担しわ寄せシステムを拡大することであり、一般市民の「裁判を受ける権利」の侵害・剥奪を意味しかねない危険を持つ。

(4)　司法情報公開・提供のあり方

前掲「司法・民事司法のあり方」は、判例情報、事件情報、一般情報をインターネット・ホームページ等を活用して即時、的確に公開・提供することが、紛争の防止・解決や司法利用にとって重要であることをうたっている。

問題はその公開情報が公正に選択・提供されるシステムをどう作るかであるが、この点に関する検討は十分とはいい難い。

二　「国民の期待に応える民事司法のあり方」

前掲「司法・民事司法の在り方」は、概要次のような取りまとめを行っている。

(1)　裁判所へのアクセスの拡充

(イ)　提訴手数料につきスライド制維持とその低額化とを行うとともに、簡裁の少額訴訟につき定額制導入を考慮すること。また訴訟費用額確定手続を簡素化すること。

(ロ)　弁護士報酬につき、その合理的金額の敗訴者負担制度を基本的に導入するが、労働訴訟や少額訴訟など一定種類の訴訟はその例外とすべきこと。

この敗訴者負担制度は、訴訟利用促進の効果をねらうものとされている。しかし、現実には社会的・司法的弱者の訴訟利用行動（提訴）を抑制し萎縮させる効果を持つことは必至であるが、それだけでなく、その応訴活動をも抑制し萎縮させ、請求認諾ないし和解へと赴くことを余儀なくさせる効果をも持つであろう。

(ハ)　裁判所の管轄・配置など。

人事訴訟等の家裁移管、簡裁の事物管轄拡大（訴額上限の引上げ）、少額訴訟の上限額の引上げを行う一方、簡裁・地家裁支部の統廃合（一九八八年・一九九〇年）による裁判所へのアクセス障害については、一般的な不断の見直しの中で処理すべきこと。

これらのうち、家裁（家庭裁判所）への人事訴訟等の移管は家裁固有の司法福祉的な特色・特性の消滅を促進し、また簡裁（簡易裁判所）や地家裁支部の統廃合の一般的見直しは、事実上は統廃合を一層促進しかねない危険性を持つ（逆見直し!!）。

(ニ)　懲罰的損害賠償制度・クラスアクション・団体訴権制度の導入については意見が分かれていること。

これは、消費者団体等からの導入論につき、改革審が消極的姿勢をとるであろうことを示している。

(2)　民事裁判の充実・迅速化

(イ)　手続の進行過程を計画的に定める計画審理の実施を定着させること。そのための協議の義務化、証拠早期収集手段の拡充などを行うこと。また計画に従わない場合の制裁や、審理期間又は開廷間隔の法定についても検討すること。

この計画審理なるものは、審理期間の一層の短縮化に向け強権的な審理促進体制の拡充を図ろうとする。しかし、審理開始時に樹てられる審理計画は、そもそも個々の事件の持つ個性や訴訟の持つ流動性に本質的になじまず、かえって訴訟当事者（とりわけ司法的弱者）の訴訟活動の自由を不当に制限する危険が大きい。また、計画審理は、改革審がその必要的前提となるべきディスカバリーについて必ずしも積極的姿勢を示していないこと（後述）からみて、審理開始時に当事者間に存在する攻撃力・防禦力間の格差（証拠の偏在）を固定化し、大企業や行政側など司法的強者に有利な一方的審理と化しめる危険がある。

(ロ)　地裁（地方裁判所）への簡易迅速処理手続の新設については意見が分かれていること。

(ハ)　証拠早期収集手段の拡充。

ディスカバリー制度導入の可否については意見が分かれていること。

これは、改革審が消極論に赴くことを示唆しているようにみえる。

(3)　専門的知見を要する事件への対応

(イ)　鑑定人推薦システムを強化すること。

(ロ)　専門委員制度を導入すること。

(ハ)　専門参審制についてさらに検討すべきこと。

(ニ)　知的財産権関係事件につき、専門部拡充、調査官集中投入、専門委員または専門陪審制の導入を行うこと。

(ホ)　労働関係事件についての裁判外紛争解決手段のあり方、労働委員会の救済命令に対する司法審査のあり方、固有の裁判機関・裁判手続の要否については、さらに検討すること。

(ヘ)　医療過誤、建築瑕疵、その他事件への対応強化。鑑定制度改善とともに、早期段階からの専門家関与方策を講じ、裁判所執務体制を整備すべきこと。

ここでは、両訴訟における専門参審制の導入について積極・消極両意見のあることが記されている。その帰趨は確定的には予測できないが、当事者の一方が専門家であるこの種の訴訟について、同種の専門家が裁判機関に加わることとは、中立・公平な専門参審員を調達し難いことからみて、偏った「専門家裁判」を出現せしめる危険が大きい。そもそも専門家の知見・知識は、鑑定人の鑑定ないし証言という形で提供され、当事者の反対尋問等による証拠吟味にさらされる仕組みが確保されるべきなのである。

(4)　民事執行のあり方

債務者の履行の促進方策、債務者の財産の把握方策、占有屋等による不動産執行妨害への対策、家裁の履行確保制度の実効化などを行うこと。

これらの方策を〝司法の「社会的弱者への犠牲・負担のしわ寄せ」システム化〟という上述の基本的改革方向と重ね合わせるとき、それが何を意味するかは一目瞭然であろう。

(5)　司法の行政に対するチェック機能の充実

改革が不可避であるが、その具体的あり方については「別途検討」することになったこと。

これは、改革審の統治戦略的な「思想と論理」の当然の帰結である（前述）。とはいえ、改革審は、これ迄少なくとも表向きは、〝規制緩和後の事後監視・抑制型社会における立法・行政に対する司法のチェック機能の充実・強化〟ということを司法改革の積極的意義づけの根拠として掲げてきた。その改革審が、一般市民の批判が強い行政訴訟の改革を「別途検討」として棚上げないし見送り同然の態度をとることは、不見識かつ不誠実極まりない態度として厳しく批判されなければならない。

なお、このことと関連し、(イ)改革審は、六月二日第二一回会議において、塩野宏東亜大学通信制大学院教授の説明「司法の行政に対するチェック機能の在り方」を受け若干の質疑応答を交わしたのみで、意見交換を行わなかったこと、(ロ)塩野説明は、日本の行政訴訟の特色（国民の権利・利益の法的救済制度への純化〔主観訴訟と客観訴訟との峻別〕、行政庁の第一次判断権の尊重〔取消訴訟中心主義〕）及び現状（原告適格、処分性、訴えの利益の狭さ、裁判所の審査密度の薄さ〔手続的コントロールの未成熟、実体的コントロールへの逡巡〕、個別法の未発達、受理件数・却下率・勝訴率の低さなど）を踏まえ、問題点として裁判管轄、出訴期間、被告適格、裁判所態勢、現代型訴訟、取消訴訟中心主義、挙証責任、国家賠償との役割分担などの問題があることを認めつつも、司法の行政チェック機能充実については立法政策上も憲法論上も「慎重な考慮が必要」だとして、次のような改革手順を提示していることに注目したい。即ち、行政手続法、情報公開法、行政不服審査法改正、行政専門部設置、運用動向、個別立法などの動きを見極めながら「段階的改革」を行う（改善できるものは速やかに実施し、基本構造にかかわる時間のかかるものは休まず検討を進める）、という手順である。そして塩野教授は、改革審に一石を投じることを「期待」している。しかし、これは、逆にみれば、改革審が一石を投じること以上のことをすることに対し釘をさして牽制したことを意味するともみられるのであり、「別途検討」の方針はここから生じたようにみえる。

(6)　以上のような民事司法改革の具体的プランを通観すれば、民事紛争の訴訟化の押え込みと、「弱者への犠牲・負担のしわ寄せ」に向けての迅速・効率的処理にシステムの強化が志向されていることが看取される。

しかも、改革審は、司法改革のよりどころとして自ら掲げた司法の行政チェック機能強化を事実上棚上げないし見送りしようとしているのである。

このようにして「中間報告」の民事司法改革部分には、規制緩和及び行政改革の補完装置化をめざす改革審の司法改革の本質が見事に顕現しているのである。

三　「国民の期待に応える刑事司法の在り方」

刑事司法については、二〇〇〇年七月末迄に水原委員（四月二五日第一八回会議）、高木剛委員（七月一二日第二五回会議）、山本勝委員（同上）の各レポート、法務省、日弁連、最高裁からのヒアリング（七月二五日第二六回会議）及びこれらに基づく意見交換が行われ、さらに八月四日第二七回会議においてその取りまとめに向け意見交換が行われた。この際に〝被疑者段階で公的刑事弁護制度を導入するという基本的な方向では意見の一致が見られるが、問題は導入の方式や導入の条件をどう考えるかにある〟旨の確認が行われている。

この意見交換に当たって重要な役割を果たしているのは、「国民の期待に応える刑事司法（審議用レジュメ改訂版）」（二〇〇〇年七月二五日）（以下、「刑事司法レジュメ」という）である。この文書は、論点整理の名目で行われた水原委員のレポート（四月二五日第一八回会議）をベースにして作成されたものであり、「1　刑事司法に対する国民の期待――その使命・役割――」「2　刑事裁判の充実・迅速化」「3　被疑者・被告人の公的弁護制度の在り方」「4　新たな時代における捜査・公判手続の在り方」の四項目を主な柱として具体的な検討項目を列挙している。これらの具体的な検討項目や意見交換から浮かび上ってくる審議方向を摘記すれば、次の通りである。

(1)　「公共の福祉の維持」「事案の真相解明」「適正・迅速な刑罰権の実現」「社会秩序維持」「国民の安全な生活確保」の強調など、刑事司法の被告人処罰機能の第一義的重視と、人権侵害及び冤罪への無関心。勿論、基本的人権の保障や公正な手続についても一応は触れているが、第二義的、飾り文句的に扱っている。このことは、改革審が、現実に続発し構造化している人権侵害や冤罪・誤判の根絶に対しては殆ど全く関心を持たず無視していること、次の(2)によく表われているように犯罪事件の迅速処理という権力的関心に同化していることを示している。

(2)　刑事裁判迅速化の異常なほどの強調と、権力的方策の提言。

一般事件については「おおむね迅速に運営されている」としつつも、特定の複雑重大事件のなかに長期継続しているものがあり正義実現を阻害し信頼を傷つけているとし、具体的対策として、刑事弁護の「公営化」とも評すべき構想を示すとともに（公設弁護人事務所制度導入、公的刑事弁護運営主体雇用の常勤弁護士制度導入など）、第一審審理期間・公判期日開廷間隔の法定、争点整理手続強化、部分的証拠開示のルール化、訴訟指揮権実効化のための法廷侮辱罪設置、アレインメント導入などについても検討を求めている。

ここで注目すべきは、ごく一部の特定の事件で審理が長期化していることを、その原因、理由、責任の所在を抜きにして問題視し、しかもその解決策を刑事弁護の「公営化」、審理期間・開廷間隔の法定化、訴訟指揮権の強化などによる被告人側防禦活動（弁護活動）の押え込みに求めようとする強権的方策が露骨に打ち出されていること、前述のように一方で真相解明（真実発見）を重視しながら他方でアレインメント導入を検討せよとする一種の権力的御都合主義がみられることである。これは、刑事手続を権力的見地に立って強化しようとするものであるが、同様の傾向は次の被疑者・被告人の公的弁護制度の扱い方にもみられる。

(3)　弁護人の援助を受ける権利（弁護権）の実効的担保よりも事件処理の迅速化を重視する権力的観点に立ち、弁護活動を権力的にコントロールするシステムと抱き合わせて公的被疑者弁護制度を導入する方向の追求。

具体的には、(イ)導入方式として、国選弁護制度型、法律扶助制度型、公設弁護人事務所制度型のいずれとするか、(ロ)制度の運営主体として、国の直接運営型、公的法人型のいずれとするか、(ハ)導入条件として、公的弁護士事務所の設置（公設弁護人事務所制度、公的刑事弁護運営主体雇用の常勤弁護士制度など）、公費投入に見合った弁護活動の評価・コントロールシステムの整備（適正を欠く弁護活動への対処システムなど）、(ニ)導入範囲（重大事件、身柄事件に限定するか、障害者・年少者等の扱い）、などについての検討を提唱している。

ここで注目すべきは、全体として刑事弁護の「公営化」とも評すべき権力的発想が、導入方式、運営主体、導入条件など、全ての面で看取されることである。この発想は、刑事事件の迅速処理、迅速処罰という前述の基本的発想と深く結びついており、弁護権の侵害・空洞化への危険なモチーフを内蔵している。

改めて説くまでもなく、刑事弁護の基本は、被疑者・被告人の基本的人権の擁護にあり、そのために必要とあらば、局面に応じ憲法・刑訴法に依拠しつつ捜査機関・検察機関・裁判所などの権力機関に対しレジストして闘うことにある。この基本を踏まえた刑事弁護活動が自由に展開されてこそ、刑事司法は初めて正当性を得る。その意味で、その自由の保障のための弁護士自治が不可欠であり、公的被疑者弁護制度の運用は、被告人国選弁護制度と同様に弁護士会の自主的運用に委ねられなければならないのである。

右の観点に立つとき、改革審が公的被疑者弁護制度導入に当たってとっている前述の如き発想は、刑事弁護の本質に反するものとして厳しく批判されなければならない。

(4)　犯罪の複雑化・凶悪化・組織化・国際化に対応する形をとった捜査権限拡大強化の提唱。

具体的には、刑事免責制度、参考人の勾引ないし出頭強制の制度、起訴前証人尋問制度の拡大、おとり捜査の拡大などである。

ここで留意すべきは、これらの諸方策が果たして憲法に適合するかどうか、立法化の必要が本当にあるのかであるが、それとともに、近時露呈されている警察の構造的腐敗（人権侵害の日常化、政治権力や暴力組織との癒着など）とこれらの諸方策とが結びついたときにいかに恐るべき事態が生ずるかについての深い洞察が必要だということである。このことは刑事免責制度やおとり捜査の例を考えればよくわかる。これらの方策は、警察があらゆる地域や組織にスパイ網や情報提供者を秘密に配置することを促進するが、これにより警察の構造的腐敗は一層深刻化するであろうからである。

(5)　代用監獄の廃止、起訴前保釈、接見交通の自由化、令状審査手続の改善、取調の可視化（弁護人立会、録音、録画、取調過程書面記録義務化）等に関する消極的な姿勢。

ここで注目すべきことは、捜査手続の改善に向けた形をとって右のような具体的な方策が検討事項として取り上げられてはいるが、取調過程書面記録の義務化を除いては、法務省から強い反対意見が表明されていることからみて（七月二五日第二六回会議）、前向きのまとめがなされることを期待できないことである。

(6)　以上に概観したところからも看取され得るように、改革審の審議は、刑罰権の迅速な実現による治安維持強化に向けて強力に方向づけられている。公的被疑者弁護制度導入もこの脈絡で位置づけられ、刑事弁護の「公営化」とも評すべき方向に向かっているのである。

四　「国民の司法参加」

陪参審制については、前述のように医療過誤・建築瑕疵訴訟についての専門参審導入の方向性が示唆されているほかは、藤田耕三委員のレポートがなされたのみで（四月一七日第一七回会議）、その本格的審議は九月中旬以降に廻されている。

このことと関連し注目すべきは、自由民主党（自民党）が陪審制採用に消極的な意見を打ち出したことである。即ち、自民党司法制度調査会が二〇〇〇年五月一八日に採択した報告書「二一世紀の司法の確かな一歩」（以下、「自民党・一歩」という）は、「国民の信頼を確保できるのか、我が国の国民が、陪審員の重責を受け入れこれを果たすことができるのか」などの点で問題があるとして、慎重な検討を改革審に求めている。その一方でこの報告書は、参審については専門参審に限ることなく導入を検討せよとしている。

自民党のこの動きを反映し、改革審が陪審につき消極的結論を出すことはほぼ確実といえよう。また参審については、少なくとも前述のように専門参審を導入する方向を打ち出す公算が強い。

2　人的基盤

一　「法曹人口と法曹養成制度」

(1)　法曹人口の増加

法曹人口問題について、改革審は「論点整理」において「適正な増加」の方針を早々と打ち出し、これを敷衍・展開する形で中坊委員が弁護士のあり方との関連で取り上げた。その結果、「法曹（弁護士）人口の大幅増員の必要性」については「（改革審の）認識が一致」し、その具体的な数字については中坊委員が「五〜六万人程度」との数字を目安として提示していた。

夏の集中審議（八月七日午後及び同月八日午後）においては、新規法曹を年間三〇〇〇人程度とすべしとする意見と年間一五〇〇人ないし二〇〇〇人止まりとせよとする意見とが出されたが、「新たな法曹養成制度の整備の状況を見定めながら、計画的にできるだけ早期に、年間三〇〇〇人程度の新規法曹の確保をめざしていく」旨のまとめが行われた。

改革審作成のシミュレーションによれば、二〇〇二年度司法試験より合格者三〇〇〇人とすると仮定した場合、法曹人口は二〇一三年に約五万二〇〇〇人となり、二〇二〇年に約七万人、二〇三三年に一〇万人を突破し、二〇五〇年には約一三万八〇〇〇人（法曹一人当たり人口七二八人）になる。しかもこのシミュレーションからは、その後も年間約二〇〇〇人の増加となることを読み取ることができる。なお、二〇五〇年約一三万八〇〇〇人という数字は、一九九九年におけるフランス約三万六〇〇〇人、イギリス八万七〇〇〇人、ドイツ一一万四〇〇〇人を超えるものであり、人口比ではフランスを超えドイツ、イギリス並みを示している（改革審八月七日付参考資料「法曹人口について〔資料二〇〕」による）。

ここで注目すべきことは、改革審が法曹人口増を求め各方面から提言されている具体的数字やイメージのうち最も高い線で意見統一を行ったこと、上限なしの青天井的増員に踏み切ったこと、増員と法曹一元との関連性を全く断ち切っていることなどである。これらは、改革審が司法への自由競争原理導入、弁護士業務のビジネス化、弁護士の人権擁護性剥奪の路線を忠実に具体化する、政財界の忠実な「代理人」に過ぎないことをよく表わしている。

形で養成プロセス重視を打ち出し、その有力な方策として法科大学院構想を取り上げた。そして理論的教育と実務的教育とを「架橋」するとの理念を打ち出し、公平性、開放性、多様性を旨とし、①全国的な適正配置、②学部教育との関係の明確化、③実務との融合、④実務修習を別に実施することを前提とする司法試験および司法修習との有機的連繋、⑤実務法曹・実務経験者からの教員調達、⑥オープン・公平な入学者選抜、⑦適正運営確保及び教育水準維持向上のための公正・透明な評価システム、などを求める「基本的な考え方」をとりまとめ、法科大学院制度化構想の具体化を文部省（大学関係者・法曹三者も参画）に依頼した。

この依頼を受け、文部省法科大学院（仮称）構想に関する検討会議（以下、検討会議という）は検討を行い、夏の集中審議の八月七日に「検討会議における議論の整理」と題する報告を提出した。その主要な内容は次の通りである。

① 法曹養成に特化した実践的な教育を行う大学制度上の大学院として、法科大学院を構想する。
② 既存大学を拠点とするものだけでなく、弁護士会や地方自治体なども設置し得る。
③ 学部段階の専攻分野を問わず受け入れ、また社会人も受け入れる。
④ 標準修業年限は、三年とし、二年の短縮型も検討する。
⑤ 教育内容は、各法科大学院の独自性・多様性を尊重する。
⑥ 少人数教育を基本とし、一定の成績水準を満たすことを修了要件とする。
⑦ 入学者選抜の基本的理念は、公平性、開放性、多様性とする。各大学の独自試験とせよとするのが大方の意見である。
⑧ 実務家教員が不可欠である。

⑨　設置形態は、独立大学院、連合大学院、夜間大学院、通信制大学院などとし、全国的に適正配置する。
⑩　奨学金・教育ローン・授業料免除の整備と、評価を踏まえた公的財政支援とが必要である。
⑪　法科大学院の設置認可は、一定の客観的基準を満たしたものについて行い、広く参入を認める。
⑫　設置後の第三者評価を行う。
⑬　新司法試験は、法科大学院修了者の「相当程度」の者が合格し得るものとする。法科大学院修了を受験資格とすることが望ましい。
⑭　法科大学院は法理論教育を中心とし、実務教育の導入部分も併せて行うとするのが大方の意見である。実務修習は別に行う。

もともと法科大学院構想は、法曹人口の急激な大幅増員のための安上り的方策として発案されたという便宜的性格がつよい。そのためもあって、そもそも法科大学院が学問の自由、大学の自治のもとで高度の理論教育を行う法曹養成機関として発展し得るかについて深い疑問が持たれる（とくに前掲⑧⑫をみよ）。それだけでなく、実務経験者による実務優位の実益的教育中心に堕する危険、法科大学院間格差が拡大する危険、一部の上層法科大学院が裁判所・法務省と人的に癒着し（教員受入れなど）、これに伴い独占的「エリート法曹」養成機関化する危険などもある。

二　「法曹一元」

法曹一元の問題については、第一八回会議（四月二五日）において事務局作成の参考資料が配布されたに止まり、その本格的審議は夏の集中審議に持ち越された。

その間、水面下ではこの問題を巡りさまざまな折衝や駆引きが行われたものと思われるが、その真先にその「成果」を反映し法曹一元に消極的態度を表明したのが前掲「自民党・第一歩」であった。これは、法曹一元実現の前提条件が未だ整備されておらず、弁護士人口の大幅増加、弁護士偏在の解消、弁護士事務所の共同化、弁護士倫理の高揚、弁護士会体質の改善、弁護士の公共的性格の強化、法曹の一体化等が必要であるとしたうえで、当面は弁護士任官の大幅増加、判事任用の厳正化、判事補研修の充実（弁護士事務所研修や民間・行政庁・在外機関への派遣など）の措置をとるべしとしたのである。改革審は、この動きを背景にして審議を行った。

「日弁連速報審議会版号外（夏の集中審議）」（以下、「号外」という）によれば、夏の集中審議の八月八日午後及び同月九日が法曹一元に関する論議に充てられ、集中審議用レジュメに即し、求められる裁判官像、判事補制度存廃、裁判官任用・人事制度の透明化、人事評価等について意見が交わされた後、とりまとめが行われた。「号外」によれば、その概要は次の通りである（追注）。

① 法曹一元という言葉は多義的であり、この言葉にとらわれることなく「法の支配の理念を共有する法曹が厚い層をなして存在し、相互の信頼と一体感を基礎としつつ国家社会のさまざまな分野でそれぞれ固有の役割を自覚しながら、幅広く活躍することが司法を支える基盤となる」（「論点整理」）との基本的な考え方に立脚して、高い質の裁判官を獲得し、これに独立性をもって司法権を行使させるため、各種さまざまな方策を構築すべきこと。（異論なし）

② 裁判官の給源の多様化・多元化をはかること。（大方の意見が一致）

③ 判事補制度廃止の意見もあったが、判事補制度を改革するなどして高い質の裁判官の安定的供給に向け整備すること。国民の信頼感を高める観点から、裁判官任命に何らかの工夫をすること。裁判官

の独立性への信頼感を高める観点から、裁判官人事制度に透明性・客観性を付与する工夫を行うこと。

（大方の意見が一致）

このまとめの意味するところは、①法曹一元に関する論議を打ち切って幕を引くこと、②裁判官給源を部分的に多様化すること、③人事制度の一定の「透明化」を図ること、である。

ここで注目すべきは、法曹一元問題が、裁判官給源の部分的多様化と人事の一定の透明化の問題とに矮小化されて事実上打ち切られたこと、司法官僚制の根幹部分には全くといっていいほど改革のメスが入れられなかったこと、逆に透明化、客観化を口実とする新しい人事的統制手段の開発が危惧されることである。このことは改革審設置当初から予想されたことではあるが、その運動的意味は重大である。周知のように法曹一元実現に戦略的目標を置き、その実現のための条件整備の形で法曹（弁護士）の急激かつ大幅な人口増員をはじめとする弁護士改革策や法科大学院構想にかなり積極的に協力ないしコミットする路線が、日弁連執行部及び中坊委員によってとられてきた。しかし、改革審の今回の「新規法曹年間三〇〇〇人・法曹一元論議打切り」の方針は、事実上この路線にとっていわば全否定を意味するからである。

三　「裁判所・検察庁の人的体制の充実」

改革審が四月二五日第一八回会議においてとりまとめた「司法の人的基盤の充実・強化の必要性について」は、人的基盤の充実・強化は「喫緊の課題」だとしたうえで、①法曹の大幅な増員、②裁判所職員及び検察庁職員の質・能力の向上と適正な増加、③民事執行関係の裁判所関係職員、刑事執行関係の矯正・保護関係の法務省職員、行政訴訟担当の訟務関係法務省職員などについても人的体制の充実・強化に向けて十分な配慮を払うこと、④上記実現のため行政改革（人員削減）上、異なる取扱いをする必要があること、を打ち出している。

3 「中間報告」評価への予備的作業

右のように「中間報告」の内容を予測したうえで、その評価を行うための予備的、準備的作業をさらに進めなければならないが、次項においてまず司法改革対象たる日本の司法の構造的特質を確認し、その上でできるだけ具体的な評価基準を列挙することとする。

三 日本の司法の構造的特質

1 司法官僚制の権力的支配構造

一 改革審の改革対象となる日本の司法の構造特質を一言でいえば、司法官僚制の権力的な支配である。もう少し詳しくいえば、少数の特権エリート的な、司法行政に熟達した裁判官集団（司法官僚層）が、司法行政上も裁判上も枢要なポストを独占し（最高裁裁判官、最高裁事務総局の諸ポスト、高裁長官、高裁事務局長、地家裁所長、主要裁判所の裁判長など）、上命下服・上意下達的な官僚的ヒエラルヒーを形成し、一般裁判官を司法行政面（とくに人事面）でも裁判面でも権力的に支配する構造――これが司法官僚制である。それは、単なるキャリアシステムではない。キャリアシステムを利用して作り上げた、一般裁判官に対する権力的支配の構造的システムなのである。(3)

その権力的支配のしくみは、一九五〇年代から一九七〇年代にかけて系統的に形成されたが、その中枢をなすのは、裁判官会議の権限縮小と、裁判官考課制度（勤務評定）を基礎とする人事権の非民主的、専断的行使とである。(4)

もともと裁判官会議は、独立性を強化され司法行政権を付与された裁判所における司法行政権の主体（機関）として民主的に構成され、司法行政権の民主的運用を担うべくスタートした筈であった。ところが最高裁判所（最高裁）の事務総局勤務の裁判官を中軸にして形成された司法官僚制は、一九五五年一一月下級裁判所事務処理規則第四条を改正し、部総括裁判官の指名権を裁判官会議から高裁長官・地家裁所長に移すことにより、部総括裁判官を最高裁事務総局を頂点とする司法行政上のヒエラルヒーに組み込み、司法官僚の現場支配力を強化した。また一九五九年頃から裁判所に常置委員会が設けられ、これが司法行政の中心機関化していくとともに、一般職員の任命・補職の権限が裁判官会議から高裁長官・地家裁所長等に委任される動きが始まるなど、裁判官会議の形骸化が進行し始めた。

それとほぼ同時に、裁判官考課制度（勤務評定制度）が実施され始めた（一九五六年より）。この制度の存在自体は早くから広く知られ、いわば公然の秘密であったが、最近に至り最高裁は、改革審（二〇〇〇年六月二日第二一回会議）に対し「裁判官の人事評価の基準、評価の本人開示、不服申立制度等について」と題する文書を提出し、裁判官考課制度の存在を初めて公式に認めるとともに、そのしくみの概要を明らかにした。(5)さらに最高裁は、高木剛委員の質問に答える形で「司法制度改革審議会からの質問に対する回答」（二〇〇〇年七月三一日）と題する文書を改革審に提出した。

この二つの最高裁文書によれば、最高裁事務総局は、毎年全裁判官から「裁判官第二カード」に勤務地と担当事務とについての希望を徴するとともに（家族構成及び健康状態をも記載させる）、高裁長官および地家裁所長に意見を記入させ、これを通じて各裁判官の仕事ぶり（処理件数など）、力量、人物、健康状態などについての情報を集めている。その情報の報告は、過去（一九九八年度迄のようである）には一定の項目を示す書式があったが、現在は廃止されているという。その項目とは、①事件処理能力（正確性、速度、法廷処理）、②指導能力（職員の指導、部総括者としての適否）、③法律知識及び教養、④健康、⑤人物性格の特徴、⑥総合判定であったという。また最高裁判事や高裁の裁判長による評価の情報が最高裁に入ってくることもあるという。なお、高裁長官・地家裁所長は人事的評価権を持つわけではなく、人事情報を最高裁に上げるにすぎず、その制度化については慎重な検討を要するという。

いずれにせよ、このように、制度上根拠がなく、評価権限者、評価項目、評価基準なども不明確なままに秘密裡に評価が一方的になされ、これに基づいて任地、担当事務、昇給、総括裁判官指名、地家裁所長・高裁長官任命などの人事が専断的に行われているわけであり、その法的根拠や評価基準の曖昧性、評価の一方性、恣意性、手続の秘密性は不公正の一語につきる。そしてこの不公正な評価システムこそ、裁判官会議の形骸化とあいまって、特権エリート的な司法官僚層の人的再生産と一般裁判官統制とを可能ならしめている(6)。

このように司法官僚制は一九五〇年代後半より着々と作り上げられてきたが、その形成を促した基本的要因は、統治体制強化のため裁判所の人権保障機能及び違憲審査権行使を制限・抑制しようとし、そのため裁判官の職権の独立を弱化しようとする統治層の戦略的プランであり、その実現主体として育成され自己増殖していったのが特権エリート的司法官僚層なのである。

司法官僚制をさらに育成・強化しようとする統治層の戦略的プランは、一九六四年に臨時司法制度調査会がまとめ上げた臨時司法制度調査会意見書（臨司意見書）において体系的な司法政策として具体化された。その骨格は、司法官僚制による裁判官及び裁判の統制体制の確立、法曹養成制度の官僚的統制の強化、裁判機構・裁判手続の官僚的合理化の三点より構成されており、司法官僚制による司法支配強化を狙うものであった。(7)

二　このように一九六〇年代中葉に臨司意見書において体系化された司法政策は、日弁連を中心とする批判・反対や裁判所内部の抵抗を押し切って、ある局面では強権的な手法をもって（一九七〇年頃から始まった司法の危機＝司法反動を想起せよ）、ある局面ではなし崩し的な手法をもって（各種の裁判官会同・裁判官協議会等による裁判統制、裁判所・法務省間の人事交流による判検事一体化の進行など）、さらに官僚的司法合理化に向けての各種の立法により（一九八八年簡裁一〇二庁廃庁、一九九〇年地家裁支部四一庁廃庁、一九九〇年司法試験法改正による若年合格者別枠制導入、一九九六年民事訴訟法改正など）、着々と実施に移されてきた。(8)

このようにして統治層の戦略的司法政策の実現主体として形成された司法官僚制は、一部の特権エリート的裁判官集団が司法行政上及び裁判上の主要ポストを独占・掌握し、統治層との癒着を深めつつ、裁判官会議の形骸化と裁判官の人事統制とにより一般裁判官を人的に掌握・支配するとともに、裁判官考課制度、各種の会議（会同、協議会など）における指導、情報提供、判例への追随強要（上級審判例の拘束性の強調）、さらには裁判官の意図的人事配置などを通じて裁判内容を統制し、事件の効率的な迅速処理を実現しようとしてきた。その意味で、司法官僚制下の司法とは、統治層（その司法代理人たる司法官僚）の権力意思を効率的に貫徹する、「小さいが権力的一体性を持つ司法」なのである。

2 司法官僚制の構造的矛盾と改革課題

一 一九五〇年代後半から生成・展開の過程を辿り、一九八〇年代に完成した司法官僚制の権力的支配構造は、そもそもその憲法的正当性に疑問があり、裁判所内外で司法の憲法的原則の充実・強化を求める動きと絶えず対立し、その批判・抵抗にさらされるなど、深部、基底において構造的な矛盾を抱えてきた。その主要なものを摘記すれば、次の通りである。

(1) 第一に、憲法との矛盾である。

司法官僚制は、統治層と癒着しつつ、裁判官の職権及び身分の独立を侵害し、裁判官の思想・良心の自由を抑圧し、裁判所自治（裁判官会議）を空洞化し、司法の一体化を追求している。

このような司法官僚制が司法権の独立に反するものであり、憲法的正当性を持たないことは明白である。

(2) 第二に、司法内部に矛盾・対立を生んでいることである。

すなわち、司法官僚制は、一般裁判官の行動や思想を抑圧・規制することにかなり成功してきたが、憲法的正当性の欠如もあって、内部的批判勢力の完全排除・消滅には成功し得ていない。このことを端的に示すのが、三〇年にわたり存続してきた裁判官の自主的フォーラム「全国裁判官懇話会」の高い成果であり[9]、最近の「日本裁判官ネットワーク」の結成である（一九九九年）[10]。

また司法官僚制は、一般裁判官の間に、迎合、同調、服従、諦め、無気力、無関心など、さまざまな対応を生み出しているが、総じて自立的思考力、自主的行動力が後退・劣化し、上層部からの指示待ちの気風が強まっている。[11]

さらに司法官僚制は、弁護士層との矛盾・対立を抱えている。改めて指摘するまでもなく、弁護士層は、弁護士自治のもと、一般市民の人権、平和、福祉など、憲法的な理念や原則の実現・発展を求める動きに敏感に反応し、自らを「基本的人権の擁護者」と規定し、さまざまな地域や職場や団体の運動に法律家として参加し、自らの利害得失を抜きにして献身的に運動を支え、要求の実現に尽力してきた。戦後の民主主義と人権の発展、そして憲法擁護は、このような弁護士層の献身的努力を抜きにしてはあり得なかった。このような役割を果たした弁護士が層として存在し、弁護士集団の間で正統性を認められ、高い評価を集めてきたことは、正に世界に誇るに足りることである。

そして弁護士層は、司法が、一般市民の人権を守り憲法的価値の実現に向け本来の役割を果たせるような制度と担い手とこれを支える運動的基礎とを持つべきであるとの観点に立って、司法官僚制の生成・展開に真向から批判を加え、これに抵抗してきた。各種の裁判闘争、臨司反対運動、司法反動阻止闘争、簡裁・地裁支部統廃合反対運動、法曹養成制度改悪反対運動などがその代表的な運動である。これらの運動は、司法官僚制の完成を遅らせ、くさびを打ち込み、矛盾・抵抗の要因を胚胎させ、司法官僚制克服への契機を用意し続けてきた。それだけでなく、裁判官の良心的層を人権保障、憲法擁護に向け活性化をさせる役割を果たしてきたのである。[12]

(3)　第三に、統治層との矛盾である。

もともと司法官僚制は、一部の特権エリート裁判官層で構成され、主要な司法行政ポストを独占している司法官僚による権力的司法支配のシステムである。それは、一見、司法権（裁判所）の独立に伴って発生した司法の内部構造の問題にとどまるかのようである。しかし、実は前述のように司法官僚制は、政治的・経済的統治層に癒着する代理人的存在なのである。この傾向は、一九七〇年代の司法の危機＝司法反動の頃から顕在化し、前述の如き裁判所・法務省間の人事交流（いわゆる判検交流）のみならず裁判官の諸省庁や大企業への派遣も活発化するなど、ますます深化している[13]。

とはいえ、司法官僚制は、制度的には司法権（裁判所）の独立という憲法的原則のもとに置かれている。そのため統治層にとって、直接的支配の及び難いゾーンであり、司法官僚制を通じる間接統治を余儀なくされる。

このシステムを統治層はこれ迄フル活用してきたが、一九九〇年代に入り政治改革、行政改革、規制緩和など一連の諸改革による統治体制変革を推し進める中で、見直しの必要が生じている。もともとこれらの諸改革の基本的方向は、アメリカや多国籍企業及びこれらと結びついた大企業のより直接的な支配体制の確立・強化であり、その障害となる少数野党、行政機構、規制の解体・撤廃・再編である。このような統治体制変革の一環として、統治層は、これら諸改革の「最後のかなめ」（補完・完成装置）としての司法改革に乗り出したのであり、そのねらいは司法に対するより直接的な支配体制への構造的転換である。

このような統治戦略の進行のもとで、司法官僚制は、一般裁判官への支配力を温存・維持しつつ統治層との癒着・一体化を推し進めて生き延びる道をとろうとしているが、しかし一定の手直しはせざるを得ない。それは、司法の基幹部分（憲法・行政・刑事事件や、重要民事事件）では弁護士層を取り込みつつ司法官僚制の支配構造をその根幹において維持・温存する一方、周辺部分（少額民事事件など）ではＡＤＲ活用などによる簡易、迅速、効率的な処理をめざすとともに、大企業の利害に直接的に大きく関わる訴訟事件については特殊専門家グループの協力を得て対処する、という方向である。このことは前述した「中間報告」の予測される内容がリアルに示している。

(4)　第四に、一般市民との矛盾である。

司法官僚制は、その最も大きな矛盾を一般市民との間に持っている。その矛盾の総体を語ることは紙数の関係でできないが、裁判統制による人権軽視の、政治・行政・経済権力寄りの裁判の常態化と、司法合理化による迅速・効率的な事件処理による「裁判を受ける権利」の侵害――この二つの現象こそ矛盾の端的な現れである。憲法訴訟や行政訴訟の不活性状態、民事裁判の機能不全状態、刑事裁判の空洞化現象など、総じて司法の機能不全的状況は、正に司法官僚制の構造的所産に他ならないのである。[14]

二　このように、現代日本の司法のあり方を構造的に規定している基本要因は、対立・矛盾を孕む司法官僚制であり、その根本的改革を抜きにして司法の現状変革はあり得ない。このことを確認したうえで、次項において改革審の「中間報告」に評価を加える際にとるべき基準ないし視点を、誤解を恐れずできるだけ単純化して簡明な形で提示することにしたい。

四　「中間報告」の主な評価基準

1　「中間報告」の主な評価基準

一　改革審の「中間報告」について評価を加えるに当たり重要なことは、それが前述のような司法の現状（司法官僚制の権力的支配構造）に対しどのような意味で変革的役割を果たすかを冷静に分析し、それが果たして憲法の定める司法的原則の充実・強化に向かうのか、それともその弱化・解体に向かうのか、一般市民の人権や生活利益にとってどのような影響を及ぼすのかを洞察することである。

二

右の分析に当たりとるべき基準ないし視点の主なものは、次の通りである。

(1)　司法官僚制の権力的支配構造の根幹を解体しようとしているか。

○特権エリート層の解体（裁判実務への復帰、地方分散）に向けて効果的な具体的措置を打ち出しているか。

○裁判官会議の権限回復と活性化とに向けて具体的方策を打ち出しているか。

○裁判所内部の特権付与的な官僚的ヒエラルヒーの解体に向け、裁判官に対する考課制度の廃止、昇給差別の撤廃等の措置を打ち出しているか。

○裁判所と法務省その他の官庁や大企業との人的癒着化防止のため、人事交流禁止のための具体的措置を打ち出しているか。

○裁判官研修や情報提供から司法行政的性格（人事統制や裁判統制の手段性）を払拭し、自発的、自主的なものとするための具体的措置を打ち出しているか。

○裁判官の新任、再任に当たり思想・信条による差別など、不当な要因の混入を防ぐための有効な具体的方策を打ち出しているか。

○裁判官の市民的自由（とりわけ言論、集会、結社の自由）の制限・抑圧を禁ずるための具体的措置を打ち出しているか。

(2)　弁護士の人権擁護性及び弁護士自治を擁護・強化しようとしているか。
○弁護士の人権擁護者としての基礎的性格を維持・強化しようとする立場に立っているか。
○弁護士の人権擁護性の基礎に、自立・自由性、経済的自立性、弁護士自治があることについてきちんと認識し、その擁護・強化のための具体的方策を打ち出しているか。
○弁護士人口の問題が弁護士の経済的自立及び弁護士業務の質そのものに深く関わることを認識し、それが人権擁護性の弱化、後退、喪失に繋がらぬような慎重な取扱いをしているか。
○弁護士業務のビジネス化、企業化が弁護士層の階層分化や大都市偏在化を一層促進する危険を認識し、これを防ぐ有効な措置を打ち出しているか。
(3)　法曹養成の民主化を推進しようとしているか。
○特権エリート的法曹の早期選別・特別養成システムの出現をリジェクトし、全ての法曹を統一的に平等かつ公正に養成するシステムを維持し、その運用の強化（民主化）をめざす立場に立っているか。
○司法研修所の運営を民主化し、その修習内容を、高度な理論と豊かな実務経験とを主体的に修得し得るものに改善するための具体的方策を打ち出しているか。
○司法修習生の自主的活動を抑圧している現状を改める措置をとっているか。とりわけ任官希望者に対する思想差別（任官断念に向けた肩叩きや、任官拒否など）を禁止する措置を打ち出しているか。
○司法試験の極端な技術化、些末化を防ぐための具体的な措置（例えば短答式廃止）を打ち出しているか。
(4)　裁判機構の充実・強化を図ろうとしているか。
○現実の要請を充す人的充実、とりわけ裁判官の増員を本当に行おうとしているか。

○速記官制度の意義を理解し、その維持・強化の方向を打ち出しているか。
○裁判所職員が意欲的に仕事に取り組めるような職場環境作りの方策を打ち出しているか。
○裁判事務のアウトソーシング（外注化、ＡＤＲ拡大など）に対し抑制的か。

(5)　憲法訴訟及び行政訴訟の活性化に向け具体的方策を打ち出しているか。
○取消訴訟中心主義、処分庁管轄主義、訴訟条件厳格主義（原告適格、処分性などの厳格運用）など、行政訴訟の不活性化を生み出している制度・手続上の問題に取り組み、具体的な改善策を打ち出しているか。

(6)　訴訟当事者が対等な立場で十分に争う権利を保障しようとしているか。
○事件の個性や事情などを捨象し機械的に一律に迅速審理を強行しようとする効率至上主義的発想を排し、訴訟当事者が対等な立場に立って十分に争い納得できる裁判（解決）に到達することを重視し、そのための措置を打ち出しているか。

(7)　捜査の人権侵害性、公判の形骸化、構造的冤罪の続出を克服しようとしているか。
○捜査手続における人権侵害の根絶に向け、令状事務の公正化、代用監獄廃止、取調の公正化等に関する具体的措置を打ち出しているか。
○人権侵害性の強い捜査手続（強制的取調、接見妨害、代用監獄、強制採尿、盗聴、おとり捜査など）の縮減・抑制のための具体的方策を打ち出しているか。
○捜査機関（警察・検察機関）の腐敗・強権化の実態に対応し、その違法な活動に対する司法的抑制の強化への問題意識を持ち、その具体的方策を打ち出しているか。
○弁護権保障の強化策を打ち出しているか。その際、弁護の自由保障の原則に立っているか。

○公判の形骸化を防ぐための具体的方策を打ち出しているか。
○上訴・再審における冤罪救済機能の強化のための具体的方策を打ち出しているか。
(8)　司法の民主的基礎を強化する課題に積極的に取り組んでいるか。
○陪審制採用に踏み切っているか。
○最高裁裁判官国民審査制度の改善策を打ち出しているか。
○裁判官を人権擁護者としての弁護士から民主的手続で任用する民主的法曹一元制度の実現に向け、具体的方策を打ち出しているか。

2　結びに代えて

右に述べた評価基準ないし視点は、いずれも国民の基本的人権と司法の存立意義に関わる重要なものであり、絶対に譲ることのできないものであるが、その中でも、改革等の動きを批判する運動的観点をも混じえて現時点で特に強調したいと思うのは、司法官僚制の権力的支配構造の根幹を解体すべきことと、弁護士の人権擁護性及び弁護士自治を擁護・強化すべきことである。いかなる改革提案といえども、この評価基準ないし視点からの評価に耐え得ぬものは、およそ改革の名に値しないというべきである。

（1）拙稿「現代治安政策と盗聴法・下」法律時報一九九九年一二月号二四三頁。
（2）拙著『現代司法と刑事訴訟の改革課題』（日本評論社、一九九五年）一四九頁以下、同『人身の自由の存在構造』（信山社、一九九九年）第六章、同「司法制度改革論議の基本的視点と方法論」（井戸田侃先生古稀祝賀論文集『転

換期の刑事法学』現代人文社、一九九九年）（本書収録）、同「憲法的司法の充実・強化を――民主的司法改革運動の課題と目標――」法と民主主義三四五号（二〇〇〇年）（本書収録）、同「司法制度改革審議会の思想と論理――『論点整理』についての批判的覚書――」（梶田英雄判事・守屋克彦判事退官記念論文集『刑事・少年司法の再生』現代人文社、二〇〇〇年）（本書収録）を参照せよ。本間重紀『暴走する資本主義』（花伝社、一九九九年）、久保田穣「市場経済推進と司法改革の問題性」法律時報二〇〇〇年一月号も参照のこと。

（3）潮見俊隆「裁判官」（岩波講座現代法6『現代の法律家』岩波書店、一九六六年）、同『司法の法社会学』（勁草書房、一九八二年）が、司法官僚制を分析した先駆的業績である。

（4）宮本康昭『危機に立つ司法』（汐文社、一九七八年）参照。

（5）月刊司法改革二〇〇〇年七月号一五〇頁以下。

（6）その不公正な実態を伝える裁判所内部の声の一つとして、日本裁判官ネットワーク『裁判官は訴える！　私たちの大疑問』（講談社、一九九九年）（とくに第七章）をみよ。

（7）松井康浩「臨司意見書の反国民的性格と位置」法律時報一九六五年二月号参照。

（8）拙著『現代司法の構造と思想』（日本評論社、一九七三年）第五章以下、同『続現代司法の構造と思想』（日本評論社、一九八一年）、渡辺洋三・江藤价泰・小田中聰樹『日本の裁判』（岩波書店、一九九五年）等を参照せよ。

（9）一九七〇年代初頭のいわゆる「司法の危機」の中にあって、裁判官の良識的論議の場として発足した全国裁判官懇話会は、その後も着実な足どりを重ね、一九九九年一一月には第一七回会合を開いている。この会合では「過去を踏まえて、司法改革に立ち向かう」と題し全体会と四つの分科会とがもたれたが、とくに注目されるのは、「司法の危機」当時に最高裁人事局長として裁判官統制体制の強化に腕を振るった矢口洪一氏（元最高裁長官）を招き、司法改革論（とくに法曹一元論）を説く同氏に対し、裁判官統制強化や裁判官会議権限縮小を強行した往時の責任を厳しく問い訊していることである。これに対して矢口氏は、司法行政は公平に行われてきたと強弁し、言い逃れに終始している印象が強い（判例時報一六九八号三頁以下）。

この集会記録を精読しつつ強く感じたのは、良識的裁判官層の気概と良心の強さである。同じ感銘は、全国裁判官懇話会のプロモーターの一人であった守屋克彦氏が定年退官に当たり出版した随想集『法服とともに』(勁草書房、一九九九年)を読んだときにも受けた。この書物に収録された「東京ＪＪ会近況報告」(一九七〇年五月～一九七二年六月)は、同氏も含め当時青年法律家協会(青法協)に所属し、より良き司法と憲法擁護とに情熱を燃やした若い裁判官集団の志の高さと真摯な情熱とを刻み込んだものだからである。実は、このような志や情熱を卑劣な権力的手段を混じえて押し潰そうとしたのが、矢口氏を中心とする司法官僚層だったのである。

(10) その他に、盗聴立法に対し敢然として反対の意思を公表し、仙台高裁及び最高裁(最決一九九八年一二月一日民集五二巻九号一頁)により、裁判所法第五二条第一号の禁ずる「積極的な政治運動」を行ったとして懲戒処分に付されたが、その後も同種の批判を行い続けている寺西和史判事補の例も挙げたい。ことの経緯については、寺西和史『愉快な裁判官』(河出書房新社、二〇〇〇年)及び小田中聰樹ほか編『自由のない日本の裁判官』(日本評論社、一九九八年)をみよ。

(11) その一端は、青法協弁護士学者合同部会が一九九八年夏に行った裁判官に対するアンケート調査にも反映されている。同部会「『裁判官の市民的自由』に関する裁判官の声 ―― 現職・元裁判官アンケート集計結果報告 ――」(一九九八年一一月一九日)参照。

(12) ここでは、その活動を伝える最近の文献として、法と民主主義三四九号(二〇〇〇年)の特集「弁護士の役割と使命は何か」を挙げておきたい。

(13) 前掲・渡辺洋三ほか『日本の裁判』を参照せよ。

(14) 法と民主主義三四七号(二〇〇〇年)の特集「裁判の現状とあるべき司法改革 ―― 第一回司法改革市民会議から ――」や、「司法改革市民会議意見書(第一回開催、二〇〇〇年二月二六日)」法と民主主義三四八号(二〇〇〇年)を参照せよ。

(追注) 脱稿後入手した夏の集中審議第三日の議事概要によれば、法曹一元に関するまとめは次のようになっている。

号外にあった独立性云々の文言が全く見当たらないことに注意せよ。
○これまでの法曹一元かキャリアシステムかという概念にとらわれることなく、国民が求める裁判官像を描き、そのような裁判官をいかにして確保していくべきかという広い視点に立って、様々な方策について検討すべきこと。
○裁判官の給源の多様化・多元化を図ること。
○裁判官の任命に関する何らかの工夫を行うこと。
○裁判官の人事制度に透明性や客観性を付与する何らかの工夫を行うこと。

（渡部保夫先生古稀祝賀論文集『誤判救済と刑事司法の課題』、日本評論社、二〇〇〇年一二月）

第二篇　民主的司法改革運動の課題と目標はなにか

Ⅰ　矛盾・対立か「競争」か

1　一致しつつある認識

私は一九九四年のこの司法制度研究集会に出て、経済同友会の出した文書『現代日本社会の病理と処方』を素材にしながら話をしたことがあります。（法と民主主義二九四号）。そのときに会場から出た非常に印象的な発言として、経済同友会の文書の総論はよろしいが、各論には問題があるという発言がありました。私はそのとき、いやそうではない、経済同友会の文書は総論それ自体が大問題なんだと述べて反論したのですが、認識の違いがあることを強く感じたわけです。

それから四年たってきょうの集会（一九九八年一一月二八日）ということになるわけですが、大変優れた報告が相次いで、私自身非常に啓発されました。特に久保田穣さんは、憲法学の立場からグローバルな視点に立って、とりわけアメリカというか、多国籍企業がその実体だと思いますが、その世界戦略をベースにしながら、その枠組みの中で日本の支配層がそれにどう対応し、その一環として司法制度改革のプランを組み上げてきているかということを説得的に論証されたと思います。そして丹波孝さん、福地春喜さん、高橋融さん、武内更一さんのお話などによって、久保田さんの報告が深められ、側面から裏付けられていたように思います。

このように、この間、日民協（日本民主法律家協会）の司法制度研究集会のレベルでは認識の発展にきわめて大きなものがあったと思うのですが、問題は、この認識を日民協の外部に伝え拡げることができるかどうかだということを痛感いたしました。そういう角度から、先ほどの日弁連（日本弁護士連合会）の宮本康昭さんのお話、自由法曹団、全司法（全司法労働組合）、ウオッチングの会の方々のお話を聞けば、それらはさまざまなレベルでの集団的な討議の積み重ねを踏まえたものであるわけですが、その認識は久保田さんをはじめとする報告の認識に近いものがあり、ほぼ一致しているように思います。

もちろん各団体は、目的や構成員が違いますし、それぞれにいろいろな事情を抱えており、一枚岩的な統一的認識に到達しているとは必ずしもいえないと思いますが、大まかに言って、現在、財界や自民党（自由民主党）の基本方針等が打ち出している司法改革というものが、憲法を中心としてわれわれが追求してきた民主的な司法、人権擁護の司法、そして立法とか行政に対して有効なチェック機能を果たす司法のあり方を抜本的に変えて、先ほどから出ている言葉で言えば、財界、大企業、多国籍企業、警察、行政機関が使いやすい「弱肉強食」のビジネス司法、警察司法にしていこうという動きであり、しかもこの動きを日本だけでなくアジア各国に向けて拡げていこうというものであり、一般市民にとって人権保障の観点から見て非常に重大な問題を孕んでいる、という点では認識が一致したように思います。

私は、このことをこの集会の成果として確認するとともに、この認識を一日も早くわれわれの周りにいる方々に伝えたいと痛切に考えるものです。

2　矛盾・対立か「競争」か

もっとも、認識というレベルでみても、まだ議論の足りないところはあるように思います。私の独断的な考え方かもしれませんが、政財界のめざす司法像と私たちのめざす司法像との対抗性が一応は明らかになったとはいえ、この対抗性の実体、二つの司法像の絡みあいの実相というところに本当に私たちのメスが入っているのだろうか、そういう点の認識に不十分なところがあり、それを克服しなければならないのではないか、と思います。

比喩的な言い方を許していただくならば、政財界の司法改革戦略が、私たちの立てつつある対抗戦略とは共存できない矛盾・対立的関係にあると捉えるのか、それとも「競争」的な関係にあるものとして捉えるのか、ということです。

私がそういうことを強く感じたのは、ある学者が『法学セミナー』一九九八年一二月号に書いておられるものを読んだときでした。その論文は、政財界の規制緩和的司法改革について、きょうの報告や発言と全く同じく批判しているのですが、その最後を、〝いまわれわれに求められている選択は、悪しき政財界流の「改革」か「改革」阻止かではなく、国民にとっての真の改革か「改革」かである〟と結んでおられます。

私もその限りではそのとおりだと思うのですが、問題は、「改革」と真の改革、つまり自民党流の「改革」とわれわれの改革とが、あたかも同じゴールをめざし競争的にお互いにどっちがいいかということを競うコンクールのようなものではないということです。自民党の改革路線は、われわれの改革の営みを押しつぶそうとしている。そういう認識をわれわれはきちんと持つ必要があるのではないか。

このことは運動論にも関わってくるわけで、次の討論にゆだねたいと思いますが、私はそういう深刻な状況にあるということをきちんと認識する必要があるのではないかと思います。皆さんもそういう観点をも考慮に入れながら、財界や自民党の改革戦略をどう捉えるかということの論議を深めていっていただければ、と思う次第です。

3　必要な二つのこと

最後に、やや思いつき的な感想になるのですが、先ほどからさまざまな方から、具体的に、裁判問題を抱えて苦労しておられる様子が実態報告として出されました。その一つひとつに怒りをあらためて感じないわけにはいきません。それにつけても、私たちはこれから自分たちの対抗戦略を堂々と打ち出して、相手の改革戦略に打ち勝たなければならないと思うのですが、その際に必要なことが二つあると思います。

一つはきょうの発言にも出ているようなことをも含めて、司法の実態を告発する作業をいままで以上のエネルギーをもってやる必要があるのではないかということです。私たちは、かつて一九七〇年代の司法反動のころにそういうことをやった経験があります。そのころには日弁連も『司法白書』というものを出版して、大変優れた実態告発をしたように思うのですが、現在も私たちは『司法白書』というような形で全体的、包括的な実態分析を行い、市民に提示していく必要があるのではないだろうか。

そしてこのような実態告発と同時に、もう一つ忘れてならないのは、私たちがこれまで一九四〇年代、五〇年代、六〇年代、そして七〇、八〇、九〇年代に至るまで、厳しい状況の中にあっても優れた成果を上げてきたということを確認し、それを一般の市民に理解してもらうことが重要だということです。

裁判所の中に絶望的な状態があるにもかかわらず、その裁判所ですら、裁判闘争の成果を反映し、ときとしていい判決をすることもありますし、裁判官の中には寺西和史さんのような方もいるわけです。さらには先ほどの青法協（青年法律家協会）のアンケートによれば、ひそかに寺西さんに共感している裁判官も決して一人や二人ではない、数多くいるということが明らかです。

私たちは一見絶望的に見える状況の中でも、これまで優れた成果をいっぱい生み出してきた。裁判闘争の面でも、人権運動の面でも、それから立法に関する運動の面でもそうです。たとえば盗聴立法一つ取ってみても、未だそれが実現していないのは、私たちの運動の成果であり、弁護士会や法律家団体が、大変よくがんばっているためです。そういうことも含めて、日本の司法界、法曹、そしてそれを取り巻く人権運動が、この戦後五〇年の間にいかに優れた成果を克ち取り、それが憲法擁護の力になっているかということを積極的に総括し、国民に知らせる必要があるのではないか。

このような二つの活動を踏まえたうえで打ち出す改革こそが、歴史的にも現実的にも正当性を持っていることを、広く訴えていく必要があるということを痛感いたします。

討議のまとめには必ずしもならなかったかもしれませんが、以上の感想で責めをふさぐこととしたいと思います。

（日本民主法律家協会主催第三一回司法制度研究集会「司法制度は今、どう変えられようとしているか、どう変えたら良いのか――自民党司法制度特別調査会報告の分析・対応を中心に――」（一九九八年一一月二八日）における発言。法と民主主義三三五号、一九九九年）

Ⅱ　本当に「重なり合う」のか

――東京弁護士会司法改革推進センター編『裁判官がたりない日本』（本の時遊社、一九九八年一一月）を読んで――

1　いよいよ司法改革に向け政治的攻防の幕が切って落されようとしている。一九九九年一月四日の読売新聞は一一項目からなる法務省作成の検討事項なるものを報じ、司法制度改革審議会のお膳立が整いつつあることを明らかにしている。その検討事項は、法曹人口拡大や弁護士制度見直しなどのほかに、司法取引や陪・参審の導入や刑罰見直しなど、刑法、刑訴法、裁判所法の大改正をも含む広範囲なものとなるようである。

これまでの経緯からみて、司法制度改革審議会は短期間で一気に案をまとめ上げようとするだろう。その審議過程は、政・財界が規制緩和戦略の一環として司法のビジネス化＝大企業奉仕化、警察補完化を入念に準備してきたことを反映し、政治的要素、世論誘導的要素の濃い、政治取引的、ショー的なものとなることが予想される。

このような緊迫した状況下で、本書は、民主主義と人権の観点に立ちつつ、どのように現状分析し、どのような改革方向を指し示そうとしているのだろうか。

2　先ず本書は、司法の最大の問題が、裁判官の数が少なく、拙速審理に陥っていること、予算が少なく「小さな司法」であることにあるとし、この点に批判の焦点を当てる。

この分析は、極めて具体的かつ説得的であり、わが国の司法の病弊の重要な一面を衝いている。しかし、問題は、なぜ「小さな司法」の政策がとられてきたのか、そしてそれが民主主義と人権に対しどのような状態を作り出しているかである。この点を分析することにより、司法の最も根本的な病根が政治権力、経済権力との癒着性＝非独立性、それへの追随性にあることが明らかになる筈である。そしてこのことの分析、認識を踏まえない限り、司法改革の方向は本当は見えてこないのである。

次いで本書は司法改革の「眼目」を論じているが、その前提として自己責任社会への転換を説き、司法機能を拡充すべしとする。そして規制緩和が司法の役割を増大させるとしたうえで、司法改革の「眼目」を司法環境の整備に求めている。

この分析についても批判があり得よう。主観や幻想を混じえずリアルにみれば、自己責任社会や規制緩和は、司法を「弱肉強食」システムの一環とする方向に作用する。勿論、司法はそうあってはならない。そのためには、自己責任社会とか規制緩和とかの「弱肉強食」のイデオロギーや政策を批判し、その魔力から脱却しなければならない。そしてこの批判、脱却の動きは、国の内外でいまや大きな潮流となりつつあるのである（世界一九九九年一月号）。

最後に、本書は、財界や自民党の司法改革の動きに触れ、その経済至上主義的、人権無視的な傾向に疑問を呈する。にも拘わらず本書は、司法機能不全の解消に向け司法予算の増額などを行おうとする点で「重なり合う」ものがあるとし、司法改革の共同的推進の契機をここに求めようとする。

たしかに現象的にはそうも見える。しかし、それが民主主義と人権の視点からみて本当に「重なり合う」のかについてはもう少し慎重な見極めが必要ではないか。今後の政治レベルの改革プラン策定の作業のなかで、その「重なり合い」はむしろ極小化し、たとえ司法予算が額の上で多少増大することがあるとしても、総体としては司法が人権保障の力能を弱めていく危険がつよいのではないか。

3　以上、本書の持つ積極的な意味を認めつつも、疑問を率直に記してみた。この疑問は、もとより民主司法、真の市民司法の実現という、本書が追求する目標を私もまた共有するからこそ生ずるものなのである。そして、この疑問が、現実の今後のリアルな展開のなかで、共有する目標を追求する際に必要な連帯強化への梃子の役割を果たすものとなって欲しいと思う。

（東京弁護士会司法改革推進センターニュース「羅針盤」二号、一九九九年三月）

Ⅲ　三つの視点

1　今日（一九九九年三月二日）は大変白熱した討議を聞かせていただいてありがとうございました。まとめることなんてとてもできそうにもないのでありまして、ただ私の問題意識自体は、この手書きのペーパーに書いておりますのでお読み下さるようお願いします（注）。これとは違ったことを一、二、時間の関係もありますので急いではしょって申しますと、今回の司法改革について考える視点としては三つあるんじゃないかと思います。第一は歴史的な視点、第二が理論的な視点、第三が現実的な視点、この三つだと思います。

歴史的な視点としては、我々の改革対象である司法の現状というものがどのようにして形成されてきたのかということについて、きちんと認識を持つ必要があるということです。司法の現状は、決して自然にできたものではないことはもちろんであります。とりわけ戦後の発足期から現在に至るまでの間に、日本の司法が様々な反動化の動きの中で変えられ、現状が作り出されてきているということについての冷静な歴史認識を持つ必要があり、この認識こそ現在の政財界を含めた司法改革の動きを評価する前提になると私は思います。そしてまたこの点について視野をもう少し前にさかのぼらせてみますと、先ほど上野登子さんから非常に重大な指摘がありました。つまり戦前の国家総動員体制と法曹一元、この二つの動きの間に歴史的脈絡があるという指摘です。今、日本の司法の現状を取り巻いている動きを全体としてみれば、弁護士層を権力側が取り込もうとしている動きがクリアになってきており、このことに危機感を持つわけです。その動きにどうやって対抗するかということを考察の出発点に据えなければならない。これが第一点です。

それから第二の理論的な視点としては、先ほどから確認されているように、人権擁護こそが司法の固有の存在意義であり、司法にとって効率性、市場性というものは異質なものであるということです。このことは中条潮さんも含めて本日確認できたと思います。この点を別な言葉で言えば、戒能通厚さんの言われる司法の市民的公共性ということになると思います。この視点から規制緩和戦略に基づく司法改革に対しもっと突っ込んで批判する必要があると思います。

第三の現実的な視点として、何といっても現在の司法改革の現実的な契機が規制緩和戦略にあるということは否定できない現実だということです。もっともこの動きは、確かに日弁連（日本弁護士連合会）の動きとオーバーラップしております。しかし、この日弁連の動きを押しつぶし呑み込むような動きを政財界の権力側が仕掛けているというリアルな認識が必要です。いま権力側がこの戦略のもとで国民の市民的要求を受け入れようとしているというような楽観的な評価が果たして許されるのかどうか、冷静に考えるべきだと思います。

2　先ほど経済戦略会議の持っている司法改革の構想が上野さんから紹介されましたけれども、私もこれは大変危険な戦略だと思います。この戦略では大きな司法が目標とされていますけれども、実はその司法なるものは、もはや我々がイメージしている司法ではなくて、理念も機能も全く変質した、かぎ括弧つきの司法であります。そういう危険が今現実に目の前にプランの形で示されているわけです。これに対してどう対抗するかという課題が現実にあると思います。

このこととの関連で日弁連の改革ビジョンが問題になると思います。私も初めに日弁連のビジョンの案を拝見したときには正直言ってびっくりいたしました。これまでの日弁連の文書とはトーンが違うんですね、明らかに。少なくとも司法改革宣言とは随分違うトーンだと思いました。どこが違うのかということについては、「司法改革論の諸相と民主司法の理念」（法律時報一九九八年一一月号）に書いておりますので、それを援用させていただきますが、その後ビジョンが確定する段階でかなりの手直しが施され、随分改善されたと思います。

どこが改善され評価に値するようになったかといえば、日弁連の司法改革ビジョンを、規制緩和戦略に基づく司法改革からはがし、それから一線を画そうとしていること、両者を異質なものとして認識しようとしている点であり、このことがビジョンではかなり明らかになっていると思います。とはいえ、その対抗性の認識については、率直に言ってまだ不十分だと思います。宮本康昭さんを始めとする執行部の方々のご努力、ご苦心には察するに余りあるものがありますけれども、冷静にいえば、それでもなお不十分だという評価は受けざるを得ないのではないか。しかしこの点の克服について、むしろこれからの弁護士会の内部討議に期待したいと思いますが、ぜひ我々外部からの意見を汲み上げる機会も組んでくださって、このビジョンというものをもっとしっかりとした豊かなものにしていっていただきたい。

このようにいうことはどういうことを意味するかといいますと、日弁連のビジョン案と自民党（自由民主党）の改革指針なども含む政財界の改革路線とは重なり合うという議論を克服すべきだということです。確かに重なり合っているという部分が一見あるのですけれども、先ほどから戒能さんや本間重紀さんが随分強調され、本日の共通の理解になっているように、全体のコンセプトが全く違う。そういう全体像の違う中で部分的な重なり合いが持つ意味は極めて慎重に評価されるべきです。

しかも現実の力関係という問題があります。重なり合っているように見える部分が、実は現実の政治力学によって極小化していくことは、今までの他分野でのさまざまな改革の動きをみれば、火を見るより明らかです。

我々に今突きつけられている問題は、何度も言いますけれども、これまで我々が考えてきた司法とは違う司法、端的にいえば弱肉強食的な企業司法、権力的な警察司法、その歯車に裁判官や検察官のみならず弁護士層もなるかどうかという問題だと思う。それではだめだ、リジェクトすべきだというふうに考えたときに、じゃどうすべきかという問題が出てくるわけです。

私は、ここまでは今日の議論の中で一致点がかなり確認されたんじゃないかと思います。しかしどうしても違う点も残っており、これはぜひ今後の率直で民主的な討議の中で解決できるのではないかと期待しています。

それにつけましても、私は制度と運動とについて、弁護士層がぜひ討議を深めていただきたいと思います。先ほどの郷路征紀さんの御意見には制度論というよりはむしろ運動論的な発想が強かったように拝聴しました。もちろん運動だけじゃだめで、制度化が必要なのですが、しかし制度化と同時に運動が衰退したときには、その制度自体も形骸化するわけです。いかなる制度を作ってもうまくいかない。先ほどの例で言えば、仮に法曹一元を制度化したとしても、弁護士の民主化への運動というものが前提としてなければ、これが民主的な機能を果たすということはあり得ません。ですから、運動論と制度論、運動と制度とを組み合わせながら、今後の議論を充実したものにしていっていただきたい。

3　最後に、司法制度改革審議会に幻想を持つということは、これはあり得ないことですが、最後に突きつけられる弁護士会にとっての課題は、予想される答申にどう対処するかということだと思います。これは予測を許さない流動的な面もありますけれども、しかし先ほどから紹介されているさまざまな文書とか、あるいは委員に予定されていると伝えられる人の発想などからみて、日弁連の改革ビジョンの理念や発想とは全く違うものとなることが予測され、先ほどの本間さんの指摘のとおり、制度改革や物的・人的基盤充実の問題とは切り離した人口増や民活化というものが出てくる危険があります。そういう答申なり報告書なりが出てきたときに、弁護士会としてどう対処するのかが大問題です。

ぜひ議論に議論を重ねて、歴史に対して責任を持ち、五年、一〇年の単位ではなく、一〇〇年、二〇〇年の単位で考えて、歴史の評価に堪え得る決断をしていただきたい。

（注）　司法改革に向け政治的攻防の動きが本格化しようとしている。新聞の報ずるところによれば、いま政府は司法制度改革審議会を設け、一三人の委員により二年をめどに報告書をまとめる予定を組んでいる。その主な検討項目は、法曹の質・量の強化（法曹人口増、新法曹養成制度、法曹一元など）、裁判の迅速化（司法取引制度導入など）、陪・参審制度の導入、法律扶助制度見直し、刑罰見直し（現行刑罰見直し、量刑範囲特定化、終身刑導入、時効制度見直しなど）、検察見直し（国会へのアカウンタビリティ明確化、起訴・不起訴の法定化、検察審査会充実など）、弁護士制度の見直し（アクセス容易化、大都市偏在解消、事務の複数化・法人化など）、最高裁判官国民審査制度見直しなどであるという（一月四日読売）。

この項目をみるだけでも、この十年ほどの間に財政界や最高裁・法務省が入念に準備し策定してきた司法改革の巨大な全容が浮かび上がってくる。

問題は、この動きの狙いや本質をどう捉えるべきかであるが、政・財界がいま国家的・社会的戦略として推し進めている規制緩和戦略の一環として、司法を軍事・警察及び大企業の補完装置化しようとする「逆改革」であり、この動きが成功する場合には法曹（とりわけ弁護士）が競争原理の下に淘汰・系列化され、人権擁護精神はおろか専門的能力も衰退・衰弱させられ、民事司法は大企業の「弱肉強食」の事後的正当化システムに、また刑事司法は「弱肉強食」による社会的矛盾鎮圧のための迅速簡便な重罰化・取引化のシステムと化することはほぼ明らかである。そして、法曹一元や陪審・参審は、戯画化され、たとえ実現しても本来的理念を失い、矮小化、矮曲化されたものとなる危険が大きい。

もちろん現実には複雑な矛盾的要因が働いており、「逆改革」は一直線に進行する過程を辿らないであろう。その矛盾的要因の最大のものは、いう迄もなく司法に対し人権擁護力能を付与しそれをシステム化しようとする国民の司法民主化要求である。この要求は、日弁連を中心とする弁護士層の司法改革運動に一定程度反映している。それと同時に〝逆改革〟の動きは権力層内部にも矛盾を生ぜしめることがあり得よう。長期的・大局的にみた場合、司法の軍事・警察・大企業の補完装置化は司法そのものの存在意義の低下をもたらし、ひいては権力層による統治・支配の正当性喪失に至る危険を孕んでいるからである。

そうだとすれば、私たちは、主観主義的幻想を排し、政・財界を中心とする権力層の政治的テクニックに惑わされることなく、「司法逆改革」の動きの持つ現実的インプリケーションを冷静に分析し、それを阻止することに全力を挙げると同時に、司法の人権擁護力能の強化に向けて理念と政策とを策定し、運動を展開していかなければならない。その際に先ずもって必要なのは、司法の人権擁護力能低下の現実の実態とその原因の徹底的解明である。

以上のような問題意識に基づいて、これを敷衍する形で発言してみたいと考えている。

（札幌弁護士会主催司法改革徹底討論会（一九九九年三月二日）における発言。札幌弁護士会「これでいいのか日本の裁判」市民シンポジウム・司法改革徹底討論記録第一弾、一九九九年七月）

Ⅳ　法曹人口増員論とその背景

二〇分と時間が限られておりますので、だいぶ粗っぽい話になるかと思いますが、私が今考えていることを申し上げようと思います。なお法曹人口論そのものについてというよりは、その背景となるようなことについての意見ということになると思います。

1　司法制度改革審議会の動向

(1)　まず第一に現段階をどう見るかという問題があると思います。司法制度改革審議会がいよいよスタートして、二回の審議を終えている現段階は、その特徴を掴むにはまだ資料不足ではあります。けれども、かなり特徴的なことがすでに浮かび上がってきているように思います。新聞によりますと、第二回の会合で法律扶助制度についての提言を一〇月（一九九九年）にはまとめて提出するという運びになったということが報じられています。

そういうことも踏まえながら、改めてこの改革審議会というものを見てみますと、委員の人選に大きな特徴があったというふうに思います。言い方にちょっと語弊があるかも知れませんが、今までどういう考えを司法について持っているかを公にしたことがないと思われるような、そういう有識者の方がかなり入っています。その一方において、大変社会的な意味で発言力が強い中坊公平氏とか、佐藤幸治氏のような政府直系色のつよい人物が入っているということ、その黒子としての事務局、これが相当強力なものがあると思われること、それからさきほどのこととも関連しますけれども、曽野綾子氏のような、専らＰＲ的、広告塔的な役割を果たすであろうと思われるような人物も入っているなど、非常に多様な構成であるということが言えるように思います。

そしてすでにもう二回目の審議で法律扶助制度についての構想をまとめて発表するという合意を形成したというわけですから、ここからみえてくる方向としては、各論先行的な、つまり総論抜きの審議、しかもかなりのスピードで個別的に処理をするという審議の方式が既に行われつつあるということになるわけであります。このスピード審理、各論先行ということの実態は何かと言えば、それは調査・検証抜きの審議ということであります。そしておそらくその背後には、すでに事務局を中心に合意形成がかなりなされていて、それが一三人の改革審議会に出されて、手早く合意形成の形づくりがなされていく、そのリーダーシップを握っているのが、さきほど申したような重要な発言権を持っている人々であるという、そういう構造になっているのではないか。これからいろいろ参考人の意見陳述なども聞くそうでありますけれども、そういうものがどれほどの実質的意味を持つかということは、今後の状況如何だとは思いますけれども、必ずしも楽観は許さない、そういう動きになりつつあるように思われるわけです。勿論そうならないことを祈りますけれども、そうなりつつあるという危険が既に垣間見られるのであります。

(2)　私は司法制度改革審議会設置法が参議院で審議された段階で参議院法務委員会に参考人として呼ばれて、二〇分ほどしゃべりました。その中身は本日お配りしてある資料の中に入っております。「司法制度改革論議の基本的視点と方法論（覚書）」、これは井戸田侃先生古稀祝賀論文集にのせる原稿でありますけれども、その中に参考人陳述をそのまま入れておきました（本書収録）。しかし、そこで期待し要望してきましたような、司法制度改革の視点と方法論というものは、既に裏切られつつあると言わざるを得ないように思われるのでありまして、前途に楽観は許されないという感じをつよく持ちます。

私と同じような感じは、おそらく改革審議会の動きを注意深く見守っている人々には既に共有されているように思います。例えば人選に対する失望感とか、そういったようなことはいろいろなところで述べられているわけですが、それと同時にこの改革審議会の中にある種の内部対立があるのではないか、あるいは起こり得るのではないかという見方も拡がりつつあるようです。法務省や最高裁判所は必ずしも財界や自民党（自由民主党）の打出す方向に一〇〇パーセント沿うのではなくて、例えば法曹人口の問題とか法曹一元の問題、法曹教育等について、かなり独自の動きを示すのではないかという見方もあります。このことは今後の改革審議会の動きの見方に直接、間接にかかわってくると思いますので、そういう内部的な対立というものが本当に改革審議会において生ずるだろうかを考えてみたいと思うわけですが、その際に全体の状況をどう捉えるかということがかかわってくるように思います。

2　司法改革をめぐる状況

(1)　そこで大きな第二の柱として、司法改革をめぐる全状況をどう捉えるかということについて、現時点での私の考えを述べてみたいわけですが、時間の制約もありますので、できるだけ簡単に述べてみたいと思います。ご承知のように一九八〇年代末から一九九〇年代にかけて、司法改革の動きが生じてきますが、この動きが、規制緩和戦略とか、あるいは政治改革や行政改革とか、あるいは湾岸戦争やガイドラインなどに象徴されるような、そういう動きの中で生じてきている点が重要です。このような統治構造改革の動きの一環として政財界を中心とした司法改造計画が具体化していくわけであり、これらとワンセットのものであります。そしてこの計画を体系化し、政治プラン化したのが自民党の指針（司法制度特別調査会報告――二一世紀の司法の確かな指針――）であったわけであります。

もっとも、これに先行する形で日弁連の市民的司法改革の動きが八〇年代末に出てきます。その象徴的な動きが一九八九年、一九九〇年の頃の日弁連の司法改革宣言の動きであります。しかし、ここで改めて確認しておく必要があるのは、この日弁連の市民的改革運動は、財界の司法改造戦略に時期的に先行しており、言ってみれば一九八〇年代の運動の所産だということであります。この日弁連の市民的司法改革宣言というものは、政財界の司法改造戦略との対抗性を現在客観的には持つのですが、これに先行して始まったこともあって、対抗性というものが必ずしも明確に意識されにくい状況があります。このことはその後の日弁連の動きをかなり大きく規定したように思います。

ところが、やがて政財界の司法改造戦略というものが大きな流れとなっていき、その動きの焦点が、法曹人口論をてことしながら、弁護士の自治、法曹資格、弁護士による法律業務独占などに当てられ、その狙いが戦後司法制度の人権保障機能の全面的な解体、再編に直接向けられてきています。しかも、司法をめぐる統治の全状況として、規制緩和、行政改革、危機管理国家体制作りが進行しています。これはガイドライン法（周辺事態法）、盗聴法、国民総背番号、憲法調査会等々の動きに表れています。これらは、一九九〇年代に着々と進められてまいりました規制緩和戦略、企業支配社会、中央集権体制の強化という意味を持つわけですが、司法の状況をも規定しているように思います。

(2)　このような全状況の中で、現在司法改革を規定する要因としては三つの動きがあるように思います。一つは市民的な民主的司法改革の動きです。もう一つは規制緩和戦略的司法改革の動きです。第三は危機管理国家体制作りとしての司法改革の動きです。この三つの動きが司法改革の動きを規定するものとして登場しているわけで、一九八〇年代とは明らかに状況が変わっているということに注意しなければなりません。言ってみれば、日弁連を中心とする市民的な司法改革論というものは八〇年代の所産です。それは六〇年代、七〇年代の時代的な動きを背景に背負っていたと思いますが、市民的な民主的改革論を取り巻いている全状況は一九九〇年代に入って大きく劇的に変化しているわけです。

こういう全状況のもとで問題なのは、市民的な民主的改革論というものの現実的な基盤が一体どういう状態にあるのかということだと思います。重要なのは、規制緩和的な改革と危機管理国家的な改革とがお互いに交錯、補充、補完し合いながら、客観的には市民的・民主的改革の動きに対立しこれを呑みつくそうとしていることだと思う。

こういう状況は、何も司法改革だけにみられるのではなくて、他の分野にもみられるということに我々は改めて目を向けてみる必要があるように思います。例えば、地方分権という名の改革が最近行われたわけですが、これについて最近、「日本の科学者」という雑誌、これは日本科学者会議が出している雑誌なのですが、この中に、短いものでありますが大変鋭い論評が載っております（重森暁「地方分権——これからどうするか」日本の科学者一九九九年九月号）。これは大阪経済大学の地方財政論の専門家が書いたものであります。これによれば、地方分権を目指す流れには三つのものがあった。第一は国際貢献国家（危機管理国家）的なものである。第二は市場至上主義的なものである。第三は住民自治を基礎とする地方自治拡大のための地方分権論である。この三つの流れの中で、地方分権推進委員会は、結局のところ第一と第二の潮流に乗って進み、最終的には日米ガイドライン関連法の成立ともかかわりながら、小沢一郎流の危機管理国家体制づくりの一環としての地方分権システム作りを前面に押し出す結果となった。結果として出現しているのは、「実に壮大で詳細な国による関与システムの完成」であり、中央官僚による地方自治への関与の体系である。そう指摘しています。つまり地方分権を推進するという名のもとに地方自治を奪っていくという、そういう結果になったということを指摘しているわけであります。これと同じようなことが司法改革でも行われようとしているのが実態だと思います。

(3)　ところで、こういう大きな対立状況の中で、規制緩和戦略的な司法改革と危機管理国家的な発想に基づく司法改革とは、どういう関係に立つだろうか。言ってみれば、例えば規制緩和的な改革論は、法曹一元とは親和的でありましょうし、法曹人口拡大にも親和的でしょう。他方において、危機管理国家的な改革論は、法曹一元など官僚司法解体に連なるものを呑むことはできないわけでありますし、法曹人口拡大にもかなり慎重な姿勢を示すことになるのは当然です。こういう関係があって、支配層の中でもまだ一元的な改革プランを描き切れていないところがあり、それが司法制度改革審議会の中にも反映されてくる余地はあると思います。

しかし、ここで我々が忘れてはならないのは、この矛盾関係を過度に重視し、民対官といったような、そういう対抗軸で事態を考えてはならないということであります。民対官というような対抗軸ではなくて、まさに財界、政界（政界の中には軍事も入れたいと思いますが）、官界は一体性を構築するであろうことを透視し、「政・財・官」対「一般市民・労働者」という対抗軸で考えるべきであります。別な言い方をすれば、規制緩和的な路線を追求する財界・政界・官界と、危機管理国家的なものを追求する政界・官界、そして財界もこれをプッシュしているわけですが、これらの勢力とは相互に補完し合いながら、司法を「使い勝手のよい司法」にしていく流れを作ろうとしており、決してその間に本質的な対立はない。この点が見誤られてはならないと思います。

3　財界、与党、法務省、最高裁の目指す方向

(1)　それでは財界、政界、法務省、最高裁判所の目指す司法改革のいわば着地点はいったいどこになるだろうか。これはまさにこれからの司法制度改革審議会、あるいはこれを取り巻く様々な運動の問題が絡

んできますので、軽々には言えないのでありますけれども、経団連（経済団体連合会）が打ち出している改革構想が求心力を発揮していくのではないかと思われます。

それはどういうものかと言いますと、官僚司法のケルン（核心部分）は守る。刑事司法を考えれば、これは手放すわけにはいかない。このことは危機管理国家的な発想からすれば、当然のことであります。財界もそれを否定するわけにはいかない。それどころか、それに期待する面が強いわけであります。なぜかといいますと、規制緩和戦略というものは、建前としても実体としても秩序維持ということに裏付けされなければ、やっていけないからです。ですからこの意味で司法の中核部分を形成する司法官僚制は守るが、しかし他方において、経団連の用語で言えば市民コート（ARD）は発展させる、という方向をとるのではないかと思います。ただ司法官僚制は守るとしながらも、しかしそれに手直しをする、あるいは多少の粉飾を加える必要はあるわけですから、おそらく何らかの形で部分的な市民参加的な方策を追求するかもしれませんし、法曹一元もその枠組の中で追求するかもしれません。しかし基本的な方向は、経団連が示しているような、そういう方向ではないだろうかと思います。

この中で法曹人口問題は、非常にデリケートな位置を占めるように思います。経団連は決して法曹人口拡大一辺倒ではなく、かなり慎重な姿勢を示しているようにみえますから、おそらく今述べた方向の中で、改革審議会は、法曹人口問題を一つの切札（実質上は擬似的争点）にしながら、さきほど申したような着地点を設定していこうとするのではないかと思います。結果としては、おそらく刑事の場面では、予防司法や被害者司法というコンセプトも使いながら、治安強化に向けて刑事司法の改革を追求するでありましょうし、民事の場面では、ADRを活用しながら、しかし肝腎のところは司法官僚制を温存し、大企業の利益を最終的には守るという方向に向かっていくのではないか。

この改革方向の中で一番中心的な、キー的な位置を占めるのは弁護士層の問題だと思います。いかにして弁護士層を抱き込み骨抜きにするかということが、実質上、最大の改革課題であるというふうに思います。弁護士自治の問題、弁護士資格拡大の問題、あるいは法曹人口の問題などを切札にしながら、弁護士層を官僚司法の枠組へと抱き込み組み込むという方向が追求されていくのではないかと思います。

(2)　こういう状況をイデオロギー的に表現しているのが、改革審議会会長の佐藤幸治氏の考え方ではないかと思います。佐藤氏は憲法学者であり、司法権について業績を残した方でありますけれども、その佐藤氏が最近司法改革にふれていろんなことをおっしゃっています。時間もありませんので、資料として配った論文（本書第一篇第一章）に譲りたいと思いますが、そこに佐藤幸治氏の改革論への疑問を記しておきました。佐藤氏が参議院の参考人陳述やその他の論文で書いておられることは、四点に尽きます。

第一点としては、司法改革の目的は個人の自律的生を支える社会的システムとしての司法を整備すること、統治客体意識に伴う行政への過度の依存体質に訣別し、自律的個人を基礎とし、国民が統治の主体として自ら責任を負う国柄へと転換することに結びつく社会システムを整備することである。第二は、内閣の機能強化にあたって必要なチェック・エンド・バランスのシステムを確立することである。第三は、グローバル化する国際社会に対応した国家のあり方、国民生活の態勢を支えることである。以上のように司法改革の目的を明示したうえで、司法改革の推進を強調しているわけであります。要するに「個人の自律的な生」を助ける司法への改革ということでありまして、法曹人口増大、法曹一元、さらには法曹養成についても検討すべきだという、そういうスタンスであります。

しかし、このような主張には深い疑問を覚えます。四点疑問があると思う。四点だけじゃなくて、よく考えればもっともっとあるのですが、さしあたり四つあるのではないか。

まず第一に、基本的人権擁護の発想が稀薄だということであります。"自律的個人の自律的な生の支援システムとしての司法"という発想についてですが、彼の言う自律的個人なるものは、統治の主体として自ら責任を負う国柄の基礎単位であって、積極的、能動的な生き方をし、主体的な努力をして、相互の共生をはかる個人であり、行政への依存体質を持たない個人だというのです。要するに行政に対してその責任を問う権利主体ではなくて、行政に対して自己責任を引き受ける責任主体だというのでありますから、基本的人権の擁護というような発想は非常に稀薄なわけであります。したがって権力抑制の観点も実質上は稀薄であります。

第二に、佐藤氏は一方では内閣の機能の強化、特に総理大臣の指導性の強化を説きますが、他方でそのカウンターバランスとして法の支配、チェック・アンド・バランスのシステムの確立を説くわけでありますす。ですから一見いたしますと、権力抑制的な観点が強固のように見えるのですが、しかし彼が目指しているのは、危機管理国家に即応するような、総理大臣の指導性強化であり、それの見返りとしての司法チェック機能の強化ということなのです。しかも、行政改革によって、国民は行政への過度の依存体質と訣別し、統治の主体として自ら責任を負うべきだと言うわけですから、決して司法に行政チェック機能を果させるメカニズム（人権）を期待するという、そういう全体の構図にはならないわけです。表面的な論理は別として、彼の主張の実体がそうであるということに注意しなければなりません。

その他にも問題がありますけれども、あとの二点はレジュメを読んでいただくことにして、そういう司法改革論というものがあるということに、我々としては注意しなければなりません。総論抜きの審議になるだろうというようにさきほど私は申しましたが、彼が会長であるという立場からみて、逆に言えば総論には佐藤氏のこの改革論がそのまま入っていくことになるのではないか。そういう意味で、私としては見過ごせない問題性を感ずるのであります。

4　弁護士増員論、法曹一元、法曹養成問題等議論の視点

(1)　もう時間もなくなってしまいました。あと個別的な問題についても意見を述べたいと思って用意してまいりました。人口、資格独占、法曹一元、法曹養成、陪審の問題についてです。まず人口の問題について、私はさきほどの午前中の報告を、いずれも今まで論証が十分でなかったというか論証されてこなかった問題について論証を深めたものとして、感心しながら聞いておりました。ただ二つほど言いたい。一つは人口一挙増大論というものが本当にねらっているものは何かです。支配層の側の人口一挙増大論のねらいは、さきほど申したことからすればはっきりしていると思うのです。しかし、その人口一挙増大論に弁護士層の間に過度に積極的に同調する動きが強いのは何故かということについて、未だに私にはよく理解できないところがあります。そういう点の議論を深めてみてはどうだろうか。何故そういう人口一挙増大論というのものが大きな力を持っているのかということについての検討も必要なのではないか。

私は、人口一挙増大のもたらす現実的な結果、弊害はほぼ明らかではないかと思う。このことは最近「自由と正義」（一九九九年八月号）に書かれた吉川精一氏の論文などでも、アメリカの例ではありますけれども、すでに事実をもって論証されているところであり、我国においても同じような現象が生ずるだろうということは誰しもが抱いている予測ではないかと思います。問題なのはその弊害をどうすれば抑止できるかです。弁護士に人権擁護の理念と活動を託する一般市民の側にとっても、その弊害を抑止しながら人口増大を展開することがどうすれば可能なのか、ということに関心を持たざるを得ないわけであります。その点、人権擁護という基本的な任務に即した検証が必要であると思います。単なる精神論でいいのかと

いう問題も含めてであります。私はもともと精神論に重きを置く者ですが、逆にしかし、人口増大、しかも一挙に大幅に増大するという意味での人口増大に伴う弊害がはたして単なる精神論だけで防げるのかという問題について、真剣な討議をお願いしたいように思います。

それからもう一つ、今日の午前の報告を聞いて、偏在の問題と人口増大の問題との関係が、よく言われるような単純な関係ではないということについての論証も大変興味深く思いました。偏在の問題は私は人権問題だと思います。人口の問題も人権論の観点から論じられるべき問題です。人権の観点からこの二つの問題をどう捉え関係づけるべきかということを真剣に議論すべきだと思いました。私自身の見解は機会があれば申しますけれども、時間の関係で省略いたします。

(2)　資格の問題については省略し、法曹一元の問題について一言だけ言いますと、私は法曹一元の問題のポイントは実質論だと思います。一元化がすべていいわけではありません。国家的な観点での一元化もありますし、人権の観点からする一元化もあるからです。我々の追求すべきものが後者であることは言うまでもありません。だとすると弁護士層が人権性を失った場合には、法曹一元はその理念的な正当性を失うと私は思います。そうだとすれば、弁護士の追求すべきものは、一元化の基礎条件を、つまり主体的な質をどう高めるかということを含んでいなければならないと思います。それと同時にそれは、裁判所の自治とか、裁判官の自由と独立の強化という問題と一体的に論じられる必要があると思います。

養成の問題について言えば、私は大学か弁護士会か最高裁判所かという問題設定にあまり賛成しないのです。これもやはり問題は実質だからであります。法曹に対して人権教育をどこでどうやるのかという観点からみる場合に、今まで法曹が受けてきた人権教育や法曹教育のどこにメリットがあり、どこにマイナスがあったかということが議論の出発点であって欲しいと思います。私の見るところでは、少なくとも一九七〇年代までは日本の司法研修所は、立派な法曹を育ててきたと思います。だからこそ日弁連が今のような全状況の中でも人権の砦たり得ているわけであります。しかし問題なのは、立派な機能を果たしてきた司法研修所がなぜ問題を抱えるに至ったかということであり、この点についてのリアルな分析から出発する必要があるわけです。この点を抜きにして仮に大学が法曹養成を引き受けたとしても、それは予備校に堕するだけです。弁護士会だって同様です。問題は、優れた制度として考えられ機能してきた司法研修所を中心とする統一、平等、公正の養成制度がなぜうまくいかなくなったのか、その原因をきちんと突き止め、それを改善することによって法曹養成が蘇生し得ないかどうかということを見極めることだと思います。そういうことを抜きにした法曹養成制度改革論というのは、一種の観念論の色彩を免がれないように思います。

ちょっと乱暴なことも言いましたけれども、以上です。

（名古屋弁護士会主催シンポジウム「徹底討論『日本の司法』——パート1　弁護士人口問題と法曹養成制度——（一九九九年九月四日）」における発言。名古屋弁護士会「徹底討論『日本の司法』一九九九年九月四日のシンポジウムの記録」一九九九年一二月）

V　何をどう問題とすべきか

1　司法改革審設置の狙いとそのイデオロギー

(1)　一九九九年夏に司法制度改革審議会（改革審）が内閣に設置された。改革審が改革目標として課されているのは、「二一世紀の我国社会において司法が果たすべき役割」に沿って司法制度全般を改革することである（設置法第一条）。

それが具体的に意味することは、第一に規制緩和・行政改革等により日本社会が事前規制型社会から「事後チェック型社会」「自律性尊重社会」へと移行するのに伴い、これに適合的な司法（弱者に「自己責任」を負わせる効率的なビジネス司法）へと変革するため司法に市場原理、競争原理を「自律性確立支援」のスローガンの下に導入すること、第二に規制緩和・行政改革の結果として生ずる国内での「弱者」の反抗・逸脱的行為の蔓延と、軍事力を背景とする大国主義的対外進出衝動の強化とに即応する危機管理国家体制づくりの一環として、治安強化のため刑事司法を再編・強化することである。

このことは、改革審設置に至る経過そのものが何よりも雄弁に示しているが、それだけでなく改革審会長就任前後における佐藤幸治氏の言説からも明らかである（例えば、佐藤「自由の法秩序」佐藤ほか編『憲法五〇年の展望Ⅱ』有斐閣、一九九八年）。

(2)　このような司法改革のイデオロギーには、最低限次の三点で強い疑問を抱かざるを得ない。

第一に、それが憲法論抜きの生の二一世紀社会論、危機管理国家論から出発し、これを前提として組み立てられていることである。

第二に、危機管理国家論はもちろんのこと、その二一世紀社会論もその実体が「支配のイデオロギー」であることである。市場原理、自己責任、事後チェックの三位一体的な規制緩和戦略がめざす社会とは、大企業による「弱者淘汰」の社会であって、憲法の福祉理念に反する大企業支配社会である。

第三に、憲法が具体的に規定する司法の独立を始めとする司法原理を無視ないし軽視していることである。

2　市民的司法改革の動きとそのイデオロギー

(1)　右のような統治層の司法改革の動きに対し、これとはやや発想を異にし「市民のための司法改革」を追求する動きがある。この動きは、日本弁護士連合会（日弁連）を中心とし、さまざまな法律家団体や市民団体にも拡がっており（日弁連の一九八九年以降三次にわたる司法改革宣言や一九九八年の司法改革ビジョンなど）、ジャーナリズムにもこれに同調する動きがある。

この動きを背景とする形で、改革審委員の一人である中坊公平氏（弁護士）は、改革審において「官の司法から民の司法へ」という改革スローガンを主張し、大要次のように述べている（第四回議事録参照。）

わが国は、これ迄の官主導の中央集権型社会から市民主体の分権型社会へ転換しなければならない。これに伴い司法も「官の司法から民の司法へ」と転換すべきであり、地域社会指向型司法をめざさなければならず、そのために法曹一元、陪参審を採用しなければならない。また司法の担い手を改革するため、法曹養成改革、法曹人口増、弁護士のあり方や裁判官制度、検察官制度の改革が必要である。さらに司法の利用・運営の改革も必要である（法律扶助拡充、被疑者国公選弁護制度創設、ＡＤＲ構築、司法予算増額など）。

また中坊氏は、別の機会にも、財政官の権力的トライアングルのなかで官の力が衰え、政財の力が強力化したことが司法改革の原動力をなっているとしたうえで、「市民の司法」を目指し「官から民へ」の改革スローガンを提唱したと伝えられる。

(2)　右のような市民主体の市民的司法改革の動きは、政財界による「個人の自律性確立支援」のための司法改革の動きと一見類似し共通しているかにみえる面もあるが、しかし私は両者は本質的に異なるものとみるべきだと思う。

司法の基本的人権保障機能の強化を要求する前者とは異なり、後者は、国家、行政、大企業が一般市民に対し「自律性確立支援」の名の下に自己責任を負わせる司法システムを構築をしようとするものであり、人権保障的契機が極めて微弱である。その意味で、前者が「人権のイデオロギー」に基づく司法改革の動きであるのに対し、後者は「支配のイデオロギー」に基づくそれなのである。

(3)　もっとも、中坊氏のいう「官から民へ」というスローガンに両者間の本質的相違性、対立性がクリアに表現されているかといえば必ずしもそうとはいえない。それどころか、このスローガンは、これ迄存在し現在も根深く存在する政財官の間の癒着従属関係を捨象し、官（すなわち司法官僚）のみに批判のターゲットを設定する形をとる結果として、政財界が司法官僚をも巻き込みつつ、弁護士層にターゲットを据えて行おうとしている、司法への市場原理（競争原理）導入を軸とする規則緩和戦略的な司法改革の危険性を蔽い隠す危険を持つ。

のみならず、このスローガンの枠組では政も財も民のなかに組み入れられ、「官対政財市民」という誤った対抗図式すら描かれかねない危険があるのである。

しかし、いま司法改革を推進している政財界と一般市民との間には、前述のように本質的な対立関係が存在する。しかも政財界の主たる関心は、司法官僚制を改革・解体し裁判所を人権擁護の砦として強化することに向けられているのでは決してない。その関心は、司法を「人権抜きの効率的紛争処理装置化」することにこそあり、そのためにこそ市場原理を導入しようとしているのである。そしてこれに必要な限りでのみ改革方向に有用な形に司法官僚制を部分的に改編、手直ししようとしているにすぎないのである。

要するに政財官の間に司法改革をめぐる本質的対立が生ずることはあり得ないのであり、一般市民と政財界との間に共通の対抗勢力を持つ関係は、客観的には存しない。それどころか両者間には強い対抗関係が存在するのである。このことが見誤られてはならないと思う。

3　憲法的司法の充実・強化の課題

最後に司法の現状をどう捉え、いかなる理念と原則に依拠しつつ、いかなる司法改革を構想・推進すべきかについてごく簡単に述べてみたい。

現在、わが国の司法は、長年にわたる司法官僚制と司法合理化の下で、その憲法保障機能、人権保障機能はもちろんのこと、紛争解決機能すら衰弱の一途を辿っている。

そうだとすれば、この現状を打破しその本来的機能を強化するとともに、政財界が司法官僚をも巻き込む形で展開しつつある司法改革の主要な狙い（司法への市場原理導入、紛争処理システムの効率化・能率化、弁護士業務のビジネス化――総じて司法のビジネス化――と、刑事司法の強化）を阻止することこそが現代的課題だというべきである。

この課題は、憲法の掲げる司法理念・原則に依拠し、その制度的充実・強化を追求する運動や政策と連動することによって果たされなければならない。その意味で「憲法的司法の充実・強化」こそ、市民的司法改革の理念的スローガンとされるべきである。なおこの点につき、詳しくは別の機会に述べるところを参照して戴きたい（拙稿「憲法的司法の充実・強化を――民主的司法改革運動の課題と目標――」法と民主主義三四五号、二〇〇〇年一月）（本書収録）。

（東北法学会一九九九年度大会（一九九九年一〇月三〇日）における講演。東北法学会会報一八号、二〇〇〇年五月。原題「司法制度改革論議への一視点」）

Ⅵ　民主的司法改革運動の課題と目標

1　司法改革をめぐる統治政策状況

今回の司法制度研究集会（一九九九年一一月二七日）は、大きな歴史的な意義を持つ集会になるのではないかと思われます。そういう集会でお話する機会を与えられまして、緊張感を覚えます。なお、基調講演といっても、私個人の考えということで受け取っていただきたいと思います。

(1)　統治構造改造と一九九九年夏

(a)　まず最初に司法改革をめぐる統治政策の状況についてです。この問題を考えるに当たり、一九九九年の夏に起きました一連の悪法立法の持つ意味を確認しながら、統治政策の状況について私の考えを述べたいと思います。

周知のように、この夏に一連の悪法が立法されました。五月に新ガイドライン関連法、戦争協力法というべきものが立法され、七月に入りますと、中央省庁改革関連法、地方分権法、そして司法制度改革審議会設置法（これは悪法と言えるかどうか意見が分かれると思いますが）、そういう立法もなされました。また八月には憲法調査会設置法、君が代・日の丸法、盗聴法、住民総背番号制法などが立法されました。

これらの立法は、簡単に要約して申すならば、日米新ガイドラインに基づく戦争体制に向けて、国民を総動員する体制を作り出そうとするものであり、そのために中央省庁再編という名の下に、内閣総理大臣とこれに直結する内閣府に統治権限を集中するとともに、地方分権という名の下に、地方自治に対する中央省庁の介入システムを改編・強化し、さらに警察についても先ほどの中央省庁再編の動きの中の一環として、国家的な治安の維持を内閣府の任務の中に取り入れて警察力の強化を図ろうとするものです。

このような中央集権的な強権的体制確立の動きと併行して、ここ数年間、市場原理貫徹、自己責任社会創出などのスローガンに下に、大企業の直接的支配力を社会の隅々に及ぼしていく動きが規制緩和や行政改革の動きをとって展開されています。その結果として、生活関連分野からの行政の撤退、その民活化（大企業支配）、行政の公共性の後退、中小企業・農業等の衰退が生じています。

こういう動きを総体として捉えてみますと、それはまさに憲法を中核とする戦後民主主義そのものの根本的な廃絶を狙うものであると申しても過言ではないと思います。

(b)　しかもこの動きが自自公体制を中軸とする異常な政治状況の下で、数頼みの暴力的な採決で作り上げられたことは重大だと思います。一見しますと、日本の統治層は様々の状況に規定されて、その統治能力をかなり失っているように見えます。自自公三党（自由民主党・自由党・公明党）の連合体制を作るに至る様々な、一見どたばたとさえ見える状況がありました。また、これまでは政界、財界、官僚というトロイカ体制で統治を行ってきましたが、近時は、例えば官僚と財界との対立、あるいは官僚と政界との対立、そういった三者間での内部矛盾が生じており、一見その統治能力が減退・喪失しつつあるようにも見えます。

しかし、その対立の実態は、部分的、一時的なものにすぎません。いま私たちの前に出現しつつあるのは、戦後だけでなく戦前をも通観してみても人権、民主主義、福祉、平和に対する敵対性の強い統治構造であり、このことに戦慄を覚えざるを得ないのです。

そしてこのような動きは、これから本格的に行われようとしている司法改革と教育改革、さらにはその究極的な到達点としての憲法改悪によって完成を迎えようとしています。

憲法改悪は、第九条の改定を最大の眼目としていますが、それだけにとどまらず、人権と民主主義を空洞化することを狙っています。例えば、憲法第一三条をはじめとする人権条項に、「公共の福祉」という国家や大企業の利益を化体した制限条項を強く被せていくことが予想されるのであります。
そして、そのような憲法改悪に前後して、憲法それ自体を一時的に停止するような有事立法も出現するでありましょう。

(2)　司法改革を規定する三要因

以上の点を踏まえながら、司法改革を規定している三つの要因について検討し、それらが司法改革にどのようにかかわっているかについて述べたいと思います。

(a)　まず、第一に指摘したいのは、危機管理国家体制の強化という要因であります。

先ほども述べたところですけれども、今私達の目の前に出現しつつあるのは、内閣総理大臣及びその指揮下に立つ内閣府が強力な権限を持つ中央集権的な統治構造であり、危機管理国家であります。そして、その中軸をなすのは軍事力と警察力であります。

今回の中央省庁改革により、内閣府の所掌事項の中に「治安の維持」という項目が盛り込まれました。このことでも明らかなように、警察の中央集権化とその権限強化は、今後一層急速に進むでありましょう。とくに、警察権限強化は、すでに立法化した盗聴のみならず、例えば刑事免責制度とかおとり捜査の導入など、様々な形で追求されていくでしょう。

この警察の中央集権化、権限強化という動きは、当然のことながら刑事司法の強化につながっていくわけであります。

また、危機管理国家体制の強化は、行政訴訟の空洞化につながるとともに、裁判所の違憲審査権を機能不全状態の深化へと向かわせるでありましょう。

(b)　第二は、規制緩和の要因であります。

市場原理貫徹、行政的事前規制緩和を旗印とするこの動きの実態が、アメリカの要求を直接的契機とし、多国籍企業を含む大企業の支配強化を狙うものであり、「弱肉強食」のむき出しな社会の出現と、生活関連行政の縮小・切捨てとを狙うものとして捉えることができます。

この動きの中で、民事的紛争の効率的、能率的な処理システムの強化が追求されています。もともと民事紛争には、ⓐ大企業間、ⓑ大企業・中小企業間、ⓒ企業・労働者消費者間、ⓓ個人間の諸紛争などの諸類型が考えられますが、これらの紛争の司法的処理に当たり、まず訴訟のビジネス戦略化が追求されることでありましょう。これは、対立性強化、利益調節、責任転嫁、紛争化抑圧などの形をとって表れるでしょう。

そして、紛争の迅速かつ能率的処理は、結局のところ法的なるものの変質、解体へと向かうと予想されます。

ここで結論を先取りするようですが、統治層によって作り出されている上述の第一及び第二の要因の目指している方向は、端的にいえば三権一体化ではないかと思います。それは立法と行政とに追随し、これらを補完する司法であり、まさしく三権一体化であります。

そしてその結果、廃棄されようとしているのは、司法の独立を始めとする司法の独自の価値であり原則であります。その意味で、今私たちが直面している動きは、司法の解体そのものであるといっても、決して言い過ぎではないと思います。

(c)　第三の要因として、一般市民の司法改革要求の動きです。これは、労働者とか消費者とか中小企業者などを始めとする生活者としての普通の一般市民の中に、司法改革への強い要求があるということです。

その動きとしては、例えば日弁連（日本弁護士連合会）、自由法曹団、訴訟当事者、支援グループ、労働組合、消費者団体、その他の市民団体などからの司法改革要求があります。このような動きは戦前にも戦後にもなかったものであり、画期的なものです。そしてこれらの動きは、本日の集会がスローガンとする「市民が主体の司法改革を」という要求に収斂しつつあります。

ではその具体的中身は何かといいますと、第一は司法の人権保障機能の強化であり、第二は司法の独立の強化であり、第三は司法制度の人的・物的な基盤の拡大であり、第四は国民の司法参加であります。

(3)　司法改革の状況的特徴

以上のようにして、三つの要因が司法改革に向けて強力に作用していますが、第三の要因は、先ほど申しましたようにこれ迄になかった下からの改革要因でありまして、この要因との絡み合いの中で、統治層による司法改革の動きが様々な屈折・変容を余儀なくされるという状況が生じつつあるわけです。

現在、そういう複雑な状況が生じているわけですが、私としては第三の要因の重要性に注目を払い、かつその意義を高く評価しつつも、危機管理国家体制強化と規制緩和とに適合的な司法への改造という、統治層の司法改革要因の現実的力能の圧倒的な優位性を正確に見抜く必要があると考えます。

以上の点を言わば総論的な認識として確認したうえで、司法改革の動きの現状について、整理しておきたいと思います。

2　司法改革の動きの現状

(1)　司法改革審の動き

(a)　まず第一に司法改革審（司法制度改革審議会）の動きについてです。この点については後で詳しい報告がありますので、経過だけを簡単にお話ししますと、現在司法改革審は、ヒアリングをしながら論点項目整理の作業を進めております。そして一一月二四日の第九回の会議では、その試案なるものが提示されています。

ヒアリングそのものは、ほとんど無内容のものでありまして、言ってみれば司法改革審は、その間に時間を稼いでアングラの話合いをし、その結果を論点項目として整理する作業を進めてきたと思います。そう思うしかないほどに、ヒアリングそのものは、論証を欠く無内容なものが殆どであり、しかも言い放し、聞きっ放しであります。

この審議のやり方は、司法の現状を科学的、客観的、実証的に調査・検討し、その上で論点を析出するというオーソドックスな手法がとられず、予め用意された一定の見方を前提とした論点項目がスケジュール通りに大急ぎで設定されているとの感を抱かせます。

(b)　では、この論点項目案はどういう内容的特徴を持っているのでしょうか。先ず第一に注目されるのは、一の「制度的インフラ」の冒頭に「国民の利用しやすい司法の実現」を掲げ、その具体的項目の第一として「弁護士のあり方」の検討を掲げていることです。このことは、今回の司法改革の最重点課題が弁護士の業務体制や資格、その意識の改造にあることを端的に示しています。

しかもその方向性が弁護士業務への競争原理導入、ビジネス化、専門性偏頗化、自治否認であることは、これ迄の財界や自民党の改革提案文書からも明らかです。

第二に注目されるのは、民事裁判の一層の迅速化、効率化を打ち出していることです。これはＡＤＲ（裁判外紛争解決手段）拡大とあいまって、司法そのものの非司法化現象を生じさせるでしょう。

第三に注目されるのは、刑事司法強化を打ち出していることです。「新たな時代に対応し得る捜査・公判手続」「刑事裁判の迅速化」という項目を挙げていますが、その具体的内容は刑事免責制度導入やおとり捜査拡大であり、アレインメント制度導入であります。これらは捜査検察機関の裁量権限を拡大するものであり、「被疑者・被告人の公的弁護制度の在り方」もこの枠組みを前提として検討する仕組みになっています。

第四に、この「人的インフラ」の個所で特徴的なことは、法曹人口について「適正な増加」ということをうたっていることです。法曹人口の増加そのものではなくて、「適正な」とされていることの持つインプリケーションが何であるかは、司法改革審の中でおいおい明らかになるでしょうが、大変注目されるところです。

さらに第五に、「法曹養成制度の在り方」の中に「大学法学教育の役割」という項目を入れ、ロースクール問題を取り上げていることです。

そして最後に第六として指摘しなければならない注目点は、陪審制・参審制と法曹一元とを取り上げていることです。

司法改革審は、これらの論点について、これから審議していくことになるわけですが、実質は半年くらいで合意形成を進め、中間報告的なものを早急にまとめあげていくことが予測されます。これは、事柄の重大性からみて拙速審議という以上の、強引でお手盛り的なものとなる危険を孕んでいると思います。

(2)　財界の動き

しかもこの動きに即応するかのように、司法改革審の外部におきましても様々な動きが統治層によって展開されています。

一つは行政改革推進本部規制改革委員会が、一九九九年一一月二三日に、「公的な業務独占の見直しに対する見解案」を出しております。これは、弁護士業務独占を緩和するという方向を打ち出しており、この方向に向けて司法改革審に揺さぶりをかけているわけです。

また、今年（一九九九年）の一〇月六日には、アメリカ政府が今年度の規制改革要望書を日本政府に出し、外国弁護士に対する市場開放要求と併せて、日本国内における有資格法律専門家数の増加を要求し、こう言っております。"米国は、弁護士、裁判官、検察官の資格付与に関して、新たな道を考慮しようとする日本の努力を高く支持する。短期的には日本政府は速やかに、しかし遅くとも二〇〇一年四月一日に開始される研修で、司法修習生の受入れ数を年間二千人以上に増やす必要がある"、と。このようにアメリカが具体的な数を明示して法曹人口拡大を要求しているということが改めて注目されるところです。

また一九九九年一一月一九日、経団連（経済団体連合会）が「規制緩和要望」を出し、弁護士業務独占の緩和を要求するとともに、制度的な面でも裁判所職員の増員に加えて準弁護士などの資格制度のあり方を検討することを求めています。

(3)　自民党の動き

一方、自民党（自由民主党）も司法改革に深い関心を持って、党内の司法制度特別調査会に小委員会を設置し、司法改革審と併走状態に入っています。自民党の関心は、財界を中心とする規制緩和的な改革、すなわち司法のビジネス化だけではなく、先ほど申し上げた危機管理国家体制の強化という側面からも司法改革の動きをチェックすることに向けられているように思います。

(4)　最高裁・法務省の動き

最高裁（最高裁判所）や法務省の動きについて、今のところ私は余り情報を持っていませんが、危機管理国家体制の温存・強化に向けて根回しを行っていることは想像できるところです。

先日東北法学会において仙台高等裁判所長官が講演を行いましたが、その中身は、職業裁判官制度がいかに優れているかということの強調でした。このことからも、官僚司法の温存に向けて裁判所上層部が活発に発言していく方針がとられていることが推測されます。

(5)　日弁連の動き

次に、日弁連では、今年（一九九九年）の一一月一九日に、「司法改革実現に向けての基本的提言」がまとめられております。これは、今まで日弁連が発表してきた司法改革ビジョンなどに立脚しながら、司法改革審の動きに対応するような形で策定したもののようです。

この「提言」について、私はさし当たり幾つかの点に注目を払っておきたいと思います。

(a)　第一に、「提言」は、法曹一元制度の導入を根拠づけるに当たり、キャリアシステムと「裁判官の良心の独立」とが相容れないことを指摘し、市民感覚に富む「市民の裁判官」を市民参加の選任手続を通じて選任するシステムを作るべきことを主張しています。

この主張は正しい核心を持つと思います。そして、もしそうであれば、検察官から裁判官を選任することは原則として排除されるべきこと、弁護士の自治・自立（経済的自立も含め）が強く保障されるべきこと、任期が限られるべきことなどをも制度論として提言すべきことになります。

(b)　第二に、「提言」は、陪・参審制度の導入を提案していますが、重要なのは、それが例えばアメリカ型陪審やドイツ型参審の直輸入であってはならず、日本の憲法と歴史（実践）とに基礎づけられるものでなければならないことです。

(c)　第三に、「提言」は、「弁護士の自己改革」のプランとして、弁護士人口増大や弁護士偏在解消などを提唱しています。

周知のように、弁護士人口増大問題については積極論と慎重論とが分かれています。しかし、重要なことは財界流の競争原理導入の発想に立つ積極論を厳しく排除することであり、人権論的発想でこの問題に対処することですが、「提言」には人権論的発想に立ちつつ人口増大を追求する積極的色彩が強くにじみ出ているように思われます。

仮にこの立場に立つ場合でも、競争原理的増大論を排除し、過剰増大による共倒れや「悪貨は良貨を駆遂する」事態を防ぐために、弁護士の必要数の客観的測定に向けての枠組みを作り、慎重論との合意形成に努めるべきことは当然です。

(d)　第四に、「提言」は、法曹養成制度改革に関連し、いわゆるロースクール構想にも関心を示す姿勢をとっていますが、この問題は法律学、ひいては法そのものの命運にもかかわる重大な問題を孕んでおり、「法曹一元→ロースクール」のような単線的思考をとるべきではないと思います。

(6)　学界・ジャーナリズムの動きなど

(a)　研究者・大学関係者にも司法改革に関する関心が高まっていますが、その反応の仕方ないし関心のありようは、ある意味で極めて一面的であります。ロースクール問題にどう対応するかという観点から司法改革に対応するという色彩が強く、そのため司法改革の全体に対する冷静な理論的な分析を妨げられる面があるからです。

ともあれ既に「ジュリスト」一一六七号で特集が組まれ、一一七〇号でも特集されます。一方、「月刊司法改革」が創刊されるなどの動きがあり、、また「法律時報」も二〇〇〇年一月号で特集を組みますし、「世界」も三月号で取り上げる予定のようです。

(b)　最近のマスコミ関係の動きとしては、「日本経済新聞」の連載記事（一九九九年一〇月一八日より）

が注目されますが、ここでは一九九九年一一月八日の「朝日新聞」の解説記事に関心を払っておきたい。これは政治部の記者が執筆したものであるようですが、標題は「司法改革、市民本位で」、副題的な形で「規制緩和の議論が先行、行政改革で終わらすな」とあります。

その内容は統治層の規制緩和的発想に基づく司法改革に対する批判的な問題意識をかなり鮮明に打ち出したものであります。このように司法改革審の動きを批判する記事が大新聞にも出るようになっていることは、司法改革問題の客観的認識の深まりを示すものと思います。

そのほか、市民団体や法律団体によっても様々な取り組みがなされておりますが、時間の関係で省略します。

(7)　小　括

(a)　以上のような動きの小括として、二点挙げておきたいと思います。

第一に、統治層の改革構想の収斂方向が後に述べるように明確化しつつあることです。

第二に、規制緩和的なモチーフに基づく司法改革に対する懸念、警戒、批判が国民の間にかなり拡がってきていることです。行政改革や政治改革のときには、大多数の国民がその危険性に気が付かないでいるうちに改革のキャンペーンが大々的に張られ、一気に改革が行われてしまい、批判勢力はいわば手も足も出なかったのですが、それに比べますと、司法改革については、手も足も出ております。つまり批判勢力を形成することに成功しつつある。これは、行政改革や規制緩和の生活破壊的な効果についての認識が拡がっているためであります。

現在私たちが直面しておりますように、生活関連行政は後退し、その一方で大企業が中小企業や農業を淘汰し、リストラが無軌道に進行しています。規制緩和が生み出すこのような人権侵害、生活破壊、人間社会破壊について人々が認識を深めており、それが司法改革批判へと向かわせるベースを用意しているように思います。

(b)　こういう動きの中で、統治層の内部にも意見対立が生じていますし、これからその対立は明確化していくでしょう。もともと統治層の司法改革構想といえども初めから一枚岩ではなく、様々な利害対立を含んでいるからです。

しかし、私がここで強調したいのは、そういう統治層の内部矛盾に過大な期待をかけ、幻想を持つことは間違いだということです。統治層の利害対立は批判的、対抗的な動きの隙を衝きながら、政治的技術によって巧みに調整されていくことが多いからです。

3　統治層の司法改革構想の収斂方向

次に統治層の司法改革構想の収斂方向について述べたいと思います。

(1)　司法への競争原理導入

第一に、司法、とりわけ弁護士業務への競争原理導入と、介入・統制のシステム化です。人口増、独占緩和がその柱をなします。

(2)　「官僚司法」温存と「民活化」の二極構造

第二に、司法の中核部分における「官僚司法」維持と、その周辺部分における「民活化」です。このことをよく示しているのが、一九九八年一二月に経団連二一世紀政策研究所が出している「市民司法の活性化に向けて」と題する文書です。

この文書は、①裁判所機能の強化・効率化、②市民コート（ＡＤＲ）拡充、③弁護士人口増大・独占緩和・業務自由化の三点を提唱していますが、ここではっきりと浮かび上がっているのは、官僚司法の温存・強化と司法民活化という二極構造であります。そして警察・検察の刑事司法強化の動きや最高裁の改革構想もこの方向に統合されていくでしょう。

このような二極的枠組の改革構想の中で、法曹一元の問題は、どのように取り扱われ、位置づけられるのでしょうか。それは、恐らく官僚司法の温存・強化の枠内での一元化、即ち裁判官給源の多様化と、司法官僚制（とくにその人事システム）の実質的な温存・強化であり、弁護士層（上層部）の官僚司法の枠内への取り込みだと思います。

その意味で統治層にとって、法曹一元は、競争原理導入とセットをなす、弁護士に対する介入・統制・組み込みのシステムとしての位置づけを持つわけであり、その意味で「逆一元化」の性格を帯びるものと予想されます。

(3)　迅速・効率的事件処理システムの強化

第三に、財界及び警察の要求にそう迅速、効率的な事件処理システムの構築が、民事、刑事双方で目指されると思います。この動きは大変速いピッチで進むと思います。

以上を総括しますと、立法、行政、そして財界に対する司法の補完機能の強化であり、司法の独立の弱体化であり、三権一体化です。これこそが統治層の狙う司法改革の実体なのであります。

4　私たちの運動課題

以上のような状況を踏まえながら、私たちの運動課題について考えてみたいと思います。

(1)　歴史に学ぶ

述べたいことの第一は、歴史に学ぶということであります。その意味は、まず権力の狡智さを見抜くということです。そして、それを打ち破る運動の発展的契機を探し当てるということです。その意味でも歴史に学ぶことが極めて重要であります。

その歴史は、戦後・戦前を通観してみる必要がありますが、とりわけ戦後五〇年の歴史の中での司法問題について深く学ぶ必要があります。司法を民主化し人権を守るという問題の現象形態はいろいろと変化がありますけれども、この問題について私たちがどういう理念に依拠しつつ具体的課題を設定し運動に取り組んできたか、そしてどういう成果を上げてきたかということを正しく総括する必要があるように思います。

例えば一九七〇年代の司法反動に対し、我々はどういう憲法的理念に依拠して対決してきたか、どういう運動を展開してきたか、司法反動阻止の闘争がある意味ではいま以上に国民的規模で盛り上がったのはなぜか、にも拘わらず裁判官の自由と独立が衰退したのはなぜかということも含めて、歴史から学ぶ必要があることを強調したいと思います。

(2)　憲法に依拠する

第二に、憲法に立脚することが決定的に重要だということであります。これは法理論的な論理として当然なのですが、それだけでなく運動的な面でも重要だということを強調したいと思います。

戦後五〇年間、私たちが手にしている大きな運動的な蓄積の最大のものは、憲法運動であります。このことは、すべての運動は憲法と結びついたときに発展する、ということを意味します。このことは私たちが作り出してきた運動法則であります。そうだとすれば、憲法の観点から司法の問題を分析し、憲法の観点に立って、運動を組み立てていくことが重要になるわけです。

(3)　現実を直視し批判する

第三に、現実を直視し批判することが重要だということであります。とくに統治状況を冷静に分析する必要があると思います。中でもとりわけ、民主主義的統治形態をとる国家の中で統治層が蓄えてきた狡猾な権力的手法も含めて、権力の動きを正確に分析することが大切です。

もっとも、それは内部矛盾をも抱えています。このことを重視し、例えば、"政財官という権力のトライアングルのうち、政財と官との間に対立が生じ、官の力が後退し、政財が市民的要求をも部分的にせよ反映しつつ司法改革をリードしている。したがって官僚司法を打破し、市民的要求を実現するためには政財、とくに財と協力すべき場合がある"とする状況認識もあるようです。しかし、それは権力内部の矛盾を過大評価するものではないかと思いますが、この点も含めて、現実を直視し、批判することが重要だと思います。

(4)　司法の憲法的理念・原則の充実・強化

第四に、民主的な司法改革の現実的な契機を探り当て強化することが重要であります。これを探り当てるに当たりどういう観点が重要かというと、司法の憲法的理念・原則の制度的充実・強化という観点だと思います。これこそが民主的な司法改革のアルファでありオメガでなければならないと思います。

人権保障、司法の独立、公正な裁判を受ける権利という、我々が戦後五〇年間に依拠し闘ってきた司法の憲法的な理念・原則は、今でも現実的な意味を失っていない、それどころかますます大きくなっているのであります。

これに加えて、司法の市民的公共性ということも私は強調したい。司法というものは、究極的には人権と憲法を守るという意味でパブリックなものでなければならず、大企業や政治勢力の私益追求の道具であってはなりません。この市民的公共性の観念を武器としながら、私たちは司法の「民活化」に対し毅然として反対していく必要があると思います。

「民活化」というものは、無限定的な市民化という捉え方から見ますと一定のプラス要因を含むように見えますし、官に対する対抗装置のようにも見えるのですが、市民化と同時に市民的公共性というフィルターをかけてその実体を批判的に分析し、その評価を誤らないようにする必要があるように思います。

(5)　「論点項目」の現実的インプリケーション

以上のような民主的司法改革が依拠すべき観点を踏まえ、統治層の司法改革構想の現実的力能を正確に分析・把握した上で、さらに司法改革審の「論点項目」の持つ現実的インプリケーションの分析に努めなければなりません。

その際に、第一に改革構想と不可分一体的であり改悪になることが必至と思われるもの、第二にそれ自体としては改善的な要素を含むとはいえ、改革構想と連動する場合には改悪となる危険のあるもの、第三に改革構想との関連性が薄く、内容如何によっては改善となり得るもの（例えば法律扶助とか、被疑者国公選弁護の問題などがその例）を見分け、各項目がそのいずれに当たるかを正確に見極めながら、第一と第二を批判し阻止する一方、第三についてはその実現を追求することが必要であると思います。

(6)　結　び

最後に結びとして、統治層の司法改革構想の反憲法的な実体の批判を拡げることが、私たちの運動課題の第一です。

第二の課題としては、先ほど申したことと重なりますが、憲法的な司法の充実・強化を求める真の司法改革運動――私はそれを民主的司法改革と呼びたいと思いますけれども――を憲法に依拠しながら展開し、憲法運動として発展させていくことです。

（日本民主法律家協会主催第三二回司法制度研究集会「市民が主体の司法改革を」（一九九九年一一年二七日）における基調報告。法と民主主義三四五号、二〇〇〇年。原題「憲法的司法の充実・強化を」）

Ⅶ　司法官僚制と民主的法曹一元論

1　司法官僚制の本質

(1)　私は、かねがね、司法官僚制というものは歴史的に形成されてきたのだということが、もう少し深刻に認識されていいのではないかと思ってきました。

これは一九五〇年代半ばごろから作られてきたものなのです。日本の戦後の裁判所に最初からあったものではなく、まさに歴史的に作られてきた。その時代の状況の中で、主役はもちろん最高裁判所事務総局を中心とした司法官僚たちですが、いろいろな政治的、社会的情勢、そして司法をめぐる情勢の中で作られてきたものです。

もう一つ強調したいのは、歴史的な流れの中でこの官僚制を捉えるときに、その反人権的、反民主主義的本質を見抜くことが重要だということです。弁護士の方々の力が非常に大きかったと思うのですが、戦後の司法の展開の中で司法というものを、その運用面で人権擁護あるいは民主主義擁護のために作り替えていこうとする力、戦前の司法を克服して、憲法に即した人権擁護、民主主義擁護の司法に作り替えていこうという力が相当強く運動的に働いていたと思います。これはまず裁判闘争という形で表れましたけれども、それだけではなく、一九七〇年代前後には司法の独立をめぐる闘いの形をとりながら展開されました。司法官僚制と言われているものは、私の見るところでは、この動きに対抗し、これを押し潰すという明確な意図で作られてきたものではないか。これが裁判所の外から見ている者の実感です。

そう考えてきますと、今でもそういう対抗関係は存在しているように思います。司法官僚制は、運動と権力とのせめぎ合いの中で、権力が長年の間かかって作り上げてきたものでありますが、それをどう打破していくかが重要な現代的な課題です。

(2)　そうだとすると、今まで司法の民主化の闘いを担ってきた弁護士層が今後ともその闘いの中心となるとともに、国民をその闘いに向けて啓蒙し連帯を拡げていく任務を負っていると思います。かつては司法反動闘争や裁判闘争という形で多くの国民が司法の民主化に向けて闘ってきました。そういうエネルギーを、今の時代の中で、できるだけ連帯を広げながら強めていくことが課題だろうと考える次第です。

2　民主的法曹一元論

(1)　先ほど言い足りなかったところも含めて、法曹一元の問題について私の意見を述べてみたいと思います。

司法官僚制というものが、司法民主化の流れ・運動との対抗関係の中で歴史的に作られてきたということを私は強調しました。この流れ・運動は、一九四〇年代から五〇年代、六〇年代、そして七〇年代にもさまざまな形をとって続けられてきました。弁護士や学者のみならず、青法協裁判官をはじめとして良心的な裁判官たちも一生懸命やってきたと思います。そういうグループの人たちに対抗しこれを押し潰す形で、司法官僚制が強化されてきたわけです。

そういう歴史を踏まえて考えてみるとき、内外の連帯による裁判所改革に絶望すると言うにはまだ早いのではないか。

もしも、本当に裁判所を改革しようという今のような外のエネルギーが、裁判官たちの中にある良心的な部分を活性化させるならば、これからこそ内部からも改革するエネルギーが作られていくだろうと思います。ですから「絶望的だから」という前提で物事を組み立てるのはまだ早いのではないかと思います。

このことを前提にしたうえで言いたいのは、法曹一元というのは、いわば歴史の問題だということです。もっと正確には歴史と経験の問題だというふうに言うべきかもしれません。

人権擁護司法というものをどうやって作るかというときに、その担い手としては、裁判官、検察官、弁護士の三つの職種が一応考えられます。しかし日本の歴史の中では、どういう層が人権擁護の役割を自己の職業的存在意義に関わる本質的なものとして引き受けてきたのかといえば、弁護士です。

そういう歴史的認識の中で、弁護士層は裁判官層よりも層としては人権を託するに値するという経験が共有されるとき、初めて弁護士を中心とする法曹一元の制度が支持されるのだと思います。そういう意味で、法曹一元とは歴史と経験の問題だと思うわけです。

その脈絡でいいますと、先ほどから言っておりますように、戦後の日本の弁護士の営みは、しかもそれは優れた先進的な部分だけではないと思いますが、層として人権擁護的な力を非常に持ってきました。そういうところに、法曹一元の歴史的、社会的な基礎があると思います。

(2)　そう考えますと、これから法曹一元というものを現実的制度として設計していこうというときに、弁護士層の存在態様、あり方が問題になると思います。

現在の司法改革の動きの中で私が非常に憂慮しているのは、はっきり言えば、政財界の規制緩和的な司法改革の動きが弁護士層を攻撃の的としていることです。弁護士層の中核にある人権擁護性を、何とかして軟化させよう、後退させよう。弁護士業務に市場原理を持ち込んで競争を煽り、弁護士の基本的な任務をビジネス的なものに変えていこう。そういう動きが、規制緩和的な司法改革の本質です。

その動きのなかで法曹一元というものが提起されているわけですが、もしもそういう弁護士層の変容と法曹一元とが結びついたら、この法曹一元が司法官僚制の土台を作り替え、人権擁護的な司法を作り出す機能を発揮するだろうという明るい展望にはなりません。

そういう問題であるというふうに摑まえたうえで、弁護士層の人権擁護性の問題に取り組まなければなりません。市民の側から見れば、人権擁護に自己の職業的な使命を見出し、その存在意義を賭ける弁護士層が傍にいてくれなければ困ります。そういう弁護士層の存在をこれからもわれわれ市民が本当に支えていけるのか。私はそういう深刻な問題が生じていると考えます。

ですから、司法改革の中で起こっている弁護士に向けた様々な改革問題、例えば急激な大幅人口増の問題をはじめとする競争原理の導入や、様々な職種から成る弁護士業務の多様化などについて、私は非常に憂慮の念を覚えるのです。

(3)　それから、法曹一元にはもう一つ問題があります。それは、司法官僚制の廃止という課題の独自的重要性です。裁判所の司法官僚制という司法行政システムは、先ほど申しましたように歴史的に形成されてきたものですが、司法の独立を侵すシステムであります。これを改革するということがなければ、土台は司法官僚制で、その上積みとして弁護士層が入っていくということになるのではないか。

この点は、あるいは坂元和夫さんの考えと違うのかもしれませんが、弁護士層が裁判所に入っていけば、裁判所が変わる、司法官僚制も維持し得なくなるという見方は、甘いのではないかと思う。裁判所の中における独立、自治、あるいは裁判官の市民的自由という問題は、法曹一元になっても、いま広渡清吾さんが指摘されたようにむしろ深刻な形で問題になるだろう。そうであればこそ、今の司法官僚制のシステムをまず徹底的に批判し、司法の独立、民主、自治の原理・原則に立って、あるべき裁判官、あるべき裁判所をきちんと作る営みをしていくべきです。そういう中で、新しく法曹一元が導入されたときにどういう問題が起こるだろうかということについても、十分な対策を立てる必要があるのではないかと考えます。

その意味で私は、法曹一元を突破口とするとか、あるいは法曹一元というものを司法官僚制改革の唯一の方策とは言わないまでも、その実現をとにかく至上命題とするという司法改革論の組立て方には、非常に疑問を抱くわけです。むしろわれわれは、司法官僚制の改革と、弁護士層の人権擁護力能の維持・強化及び良心的な裁判官層の擁護とを、連関させ、重層的に組み立てた法曹一元論を展開すべきだと思います。

（第二回司法改革市民会議「官僚司法制度の弊害とは何か、どう変えるか」（二〇〇〇年四月二七日）における二つの発言。法と民主主義三五〇号、二〇〇〇年）

Ⅷ　今なにをなすべきか

1　本日（二〇〇〇年九月二日）は大変重要な意義のある「憲法と人権の会・東日本集会」で話をせよということであります。おそらく釈迦に説法という部分が半分以上だろうと思いますが、一応、役目をお引き受けしましたので、お話してみたいと思います。一時間ということなので、私が喋りたいこと、結論めいたことを最初に言って、その後で、今日の表題に合うような話を、お配りした二つの論文の原稿、「司法制度改革審議会の思想と論理」（梶田英雄判事・守尾克彦判事退官記念論文集『刑事・少年司法の再生』現代人文社）（本書収録）および「司法制度改革審議会『中間報告』の評価基準」（渡部保夫先生古稀祝賀論文集『誤判救済と刑事司法の課題』日本評論社）（本書収録）に沿いながら、かいつまんでお話ししてみたいと思います。

(1)　司会や主催者の方からお話がありましたが、私も司法制度改革審議会（司法改革審）を中心とする司法改革の動きは、大変重大な局面に直面していると思います。「中間答申」の骨格がほぼ明らかになり、われわれが何を相手に議論すればいいかということがはっきりしたという点でも重大でありますが、それとともに、その「中間答申」を通じて最終答申が見えてきており、その最終答申について、政治勢力や財界層が、その主要部分を一挙に法案化しようとして準備を始めているという点でも重大です。

かつての臨時司法制度調査会の意見書（一九六四年）は、ご存じのように施策レベルのいろいろな問題には影響を与えましたが、法案という形では個別的なものを通じてしか実現されなかったわけであります。それは、日本弁護士連合会（日弁連）を中心とした臨時司法制度調査会意見書反対運動が非常に大きな力を持って阻止したからです。現在は批判勢力が、本当の意味で今立ち上がろうとしている。その間隙を突くような形で一挙に法案化が進められようとしているわけです。そういう意味で重大だと思います。

今日の新聞を見ましたら、少年法改正についても、今度の臨時国会で成立させてしまうことが与党三党でまとまったようです。最近の立法の特徴は、このように反対勢力が立ち上がる前にすばやく立法化をしていく。昨年の盗聴法をはじめとし、君が代・日の丸法とかの立法でもそういう手法が、向こう側にとっては見事に成功を収めました。司法改革についても中間答申、最終答申、立法化の段取りには長い期間が想定されていない。それどころか、先ほど司会者のご発言にもあったように、〝決戦〟という言葉を使うならば、まさに向こうは決戦、決着の段階に入ろうとしている。今はそういう時期だと思います。

そういう時期にあたって、私たちは何をすべきかということが問題になるわけです。私自身は以前から、司法改革審の動きについて批判をしてきたわけですが、運動側がこれ迄必ずしもすっきりと整理できなかった問題として、次のような問題、考え方があります。確かに政財界の動きには問題があるが、しかし市民の改革要求も沢山あるので、その動きにストップをかけることは運動として正しくないという考え方です。そういう考え方は今でもあると思います。

しかし、私は今の段階では、司法改革審の動きにストップをかけるべきだということを明確に正面から打ち出すべきではないかと思います。それほどに、予想される中間答申ないしは最終答申が持つ反憲法性、憲法に反し、人権を制限する「弱肉強食の司法版」の性格が露骨だからであります。ですからその動きにストップをかけ、われわれにとっての戦線構築の時間を作り、新しい状況を作って、本当の改革への準備をしていく、そういう作業が必要ではないかと思います。

(2)　しかし、その展望を拓くことが果たして可能だろうかということについて悲観論もあるように思います。われわれがいまさらストップだと言ってみても、ジャーナリズムをはじめとして、われわれは包囲されている。弁護士叩きがみごとに成功して、弁護士層が声を上げにくい状況になってきている。その中で、むしろそれに協力する形をとりながら生き延びていく道を探るという対応をとらざるを得ないのではないか。玉砕主義は良くない、という考え方もあるわけです。

しかし、私達に必要なのは、今の動きにまずストップをかけた上で、先ほども言いましたように本当の改革への展望、新しい状況を作っていくことであると思います。

私たちは、今、一見非常にマイナーな少数派のような感じを持ちがちです。しかし、よく目を開いて見れば、今まで司法改革に先行する改革がいくつもありました。いわゆる政治改革という名の小選挙区制への改革。政治腐敗をなくし、かつ民意を反映させるための改革として行われた政治改革です。行政改革。地方自治に対する侵害を意味する地方分権という名の改革。さらには警察改革や教育改革などもやろうとしている。いずれの改革にしましても、反対論を守旧派呼ばわりをして押え込み、一気呵成にやるわけです。しかし、その諸改革が決して国民のためにならないということが明らかになった段階で、世論は変わります。司法改革についても必ずや世論は変わると思います。また変えなければならない。そして、その変わる要素、エネルギーを日本の戦後の民主主義は持っているということに確信を持つべきです。

振り返ってみれば、これまで日本の民主主義運動は、非常に優れた成果を上げてきたと思います。憲法改正を党是とする、アメリカや財界という大スポンサー付きの政権与党が何十年にもわたって支配してきたこの日本において、戦後の憲法が五〇年余にわたって擁護され、人権、民主主義、平和、福祉を求める闘いのよりどころとしてのエネルギーを保持しているということ、これは世界的にも例のない動きだと私は思います。そしてこの動きの中心部分に、常に弁護士がおり、また弁護士の運動に励まされながら民主主義的な法学者がおり、ある意味では戦後民主主義の運動の下支えをしてきました。このことについての誇りと確信を私たちは持つべきです。

この動きにとって相当苦しい時代もありました。一九五〇年前後の体験を始め、そのほか様々な苦しい状況の中でも、憲法に依拠しながら民主主義と人権を守り、平和を説いてきた私たちの営みは、国民的な支持を受けてきた。今でもそれは変わりないと思います。今憲法改正の動きが始まっており、そのせめぎ合いがあるわけですが、しかし私たちが歴史の評価に堪え得る運動をしてきたし、成果を上げてきた。このことに確信を持ちながら、先ほど述べたように、司法改革についても局面を変えていきたい。その局面を変えるためにも、ぜひ皆さんの一層のご奮闘を期待したいと思います。

(3)　以上が私の今の率直な気持ちですが、これを前置きといたしまして、次に今日の表題に即しながら四つの柱について述べたいと思います。一つは、司法改革審の「論点整理」に見る司法改革審の思想と論理についてです。第二には、司法改革審の「中間報告」の予測される内容とその方向についてです。第三には、われわれが直面する司法の構造的な特質と改革課題は何かということです。それらを確認した上で、最後に「中間報告」の評価に当たり、われわれはどういう基準を持つべきなのか、ということを述べてみたいと思います。

2　実は第一の柱の司法改革審の思想と論理につきましては、論文を書いたことがあります（本書第一篇第一章）。今日はそれを配付いたしました。そこで私が述べましたことを、かいつまんで述べてみたいと思います。

検討の素材としたのは司法改革審が昨年（一九九九年）暮にまとめた「論点整理」です。この「論点整理」という文書は、よく読んでみますと大変に問題があるものであると同時に、既に司法改革審の報告内容を先取りしたものです。いくつか問題があるのですが、ここでは、総論部分に注目しておきたい。なぜかと言えば、ここにこそ司法改革審の基本的な思想と論理が出ているからです。

(1)　まず最初に「論点整理」は、司法改革の史的背景について「近代日本と現代」という項目を立てて特異な歴史認識と現状認識とを開陳しております。

その歴史認識によれば、明治憲法の制定と法典の編纂とによって、明治国家は近代法治国家の体裁を整えた。その後、半世紀間に戦争を経験し、国民主権とか基本的人権擁護とか法の支配をうたう現行憲法を制定するところまでいった。そして戦後は、戦後復興と経済的豊かさとがその成果だ。では現在どういう状況にあるかといえば、財政赤字とか経済的困難がある。そして社会的閉塞感を抱えている。「論点整理」は、そう述べたうえで、司法改革の歴史的課題は、行政改革等に続く、この「国のかたち」の再構築の一つの支柱である、というように位置づけるわけです。こういう歴史認識なのであります。

この歴史認識の持っている問題性を、四つ挙げたいと思います。

第一には、明治憲法下における司法というものは天皇制司法であって、その典型的な表れは治安維持法を担った司法なのです。ところが「論点整理」にはこういう天皇制司法に対する批判がみられません。

第二には、現行憲法の制定、そして戦後改革、つまり現行憲法も含めた戦後改革及びその一環である戦後司法改革についての歴史的意義の把握がきわめて弱く、非常におざなりの評価しか加えていないという点であります。

第三には、現状認識が、先ほど言いましたような財政赤字とか、あるいは閉塞感とかといったような現象を羅列するだけで、それがどういう歴史的経緯を経て生成したものであるかということについての問題意識が全くないということであります。

第四には、この司法改革の歴史的課題性を、経済的な困難や社会的な閉塞感を打破するための行財政改革や規制緩和をはじめとする諸改革にそう、「この国のかたち」作りとして把握する政治性の強さです。ここには、一般市民と人権の観点からの司法改革、という意識がほとんどまったく見られません。

(2)　その上で、さらに「論点整理」は、司法改革の意義について、もう少し問題を絞って述べております。戦後の国土復興とか経済社会の発展が国民の関心や行動様式の多様化をもたらし、社会・経済システムに問題を生じさせているといったような表面的現象を羅列した上で、〝従来の肥大化、硬直化した組織が「不透明かつ無責任な体制」となり、国の活力が枯渇する事態になりかねない〟という危機感に立って、国民一人ひとりが統治客体意識から脱却して、自立的でかつ社会的な責任を負った統治主体として互いに協力しながら社会に参画していくこと、これが二一世紀の発展の基礎だというのです。

このようにして、国民というものに統治客体意識からの脱却と統治主体化とを求めるための改革――これは非常に耳触りがよく、あたかも主権者意識を助長・育成する民主的な考えのように一見みえます。しかしそこには大きな問題があることを私は指摘しておきたいと思います。三つほど指摘しておきます。

まず第一に、その前提が社会システム・経済システムや組織一般の無責任性への危機感に基づいているのですが、問題は、その無責任性を国民一人ひとりの統治客体意識なるものに帰着させるという手法をとっていることです。つまり、現代の危機的状況について、政財官界ではなく国民一人ひとりに責任がある、統治客体意識に基づく行政へのもたれかかり意識を持った国民に責任があるとして、そこに責任を帰着させる、そういう巧妙な組立てになっているわけです。

第二には、本来、統治層が責任を持つべき立場にあり、統治層こそが国民を客体化し支配の対象にしてきたのに、このことを無視しているということです。それだけでなく、統治客体化していると彼らが見る国民が、実は憲法運動なり、人権運動なり、民主主義運動なりを活発に展開し、社会や政治の停滞・腐敗と闘い、戦後民主主義を支えてきたことについて、まったく目を覆い無視しているのであります。

第三に指摘したいところですが、それは結局のところ、戦後民主主義を全く否定し、統治層の統治政策の失敗の責任をすべて国民の側の統治客体意識なるものになすりつけようとしていることであります。したがって、統治客体意識からの脱却を求めるこの改革路線というものが非常に危険なものであることに、われわれは注意しなければならないと思います。

(3)　そして「論点整理」は、その上で、国民が自律的存在であるためには司法（法曹）の協力が必要であって、司法（法曹）は「国民の社会生活上の医師」の役割を果たすべきだというのです。これは文学的な表現とでもいうのでしょうか、大変ラフな言い方で、こういう文書のなかで出てくるのでなければ、「そういう面もあるかね」と言って笑って見過ごせるような表現だと思います。ところが、実はこの「社会生活上の医師」というコンセプトは、司法改革審の論議のあらゆるところで使われているのです。「社会生活上の医師」というコンセプトは、魔法の玉手箱にようにいろいろな結論を次から次へとそこから導き出せるような、そういうものになっております。

しかし、よく考えてみますと、この「社会生活上の医師」という表現によって何がドロップし、何が強調されていくことになるかといえば、言うまでもなく司法の持っている権力的な契機や性格、これと密接に関連し、特に弁護士の持っている人権保障とか、裁判官の持っている権力からの独立の契機、こういった司法の本質的部分がすべてドロップしていくのであります。そのためのマジックワードとしてこれが使われているのです。

総じてこの「論点整理」は、権力的な契機を司法から抜くポーズをとっているのですが、実はそれと同時に反権力的な契機、これを抜いていこうとしているのであります。司法権の独立とか弁護士の人権擁護性ということを切り捨てていく、そういう論理構造を持っております。ですから「論点整理」のなかには、「司法権の独立」というコンセプトはほとんど出ていません。

(4)　もう一度強調いたしますと、司法改革に取り組む際の司法改革審の問題意識というものは、戦後司法改革が一番重要な柱とした司法権の独立とか、あるいは人権擁護というものについて、それを直接、間接に骨を抜き、否定していく。そして統治層の繰り出す諸改革、その「最後のかなめ」として司法改革を位置づける、というものです。

この諸改革の「最後のかなめ」という言葉は、「論点整理」が強調しているところですが、これは一見弱者救済のような意味合いを持つような印象を与えることもあって、それほど反感を持たずに受け止める傾きがありました。〝行政改革や規制緩和で「弱肉強食」的な事態が生ずるので、司法はそれを救済するための司法に変わらなければならない、そういう意味で諸改革の「最後のかなめ」なのだ〟というような積極的な受け止め方をした向きさえありました。

しかし、決してそうではないのです。〝弱者たる一般市民に法的な責任をしわ寄せして責任を被せる、そういう役割を果たすものとしての司法へと改造する〟というのが諸改革の「最後のかなめ」ということの意味なのです。それは、行政改革や規制緩和をはじめとする諸改革の完成装置という意味であり、そのねらいは「弱肉強食の司法版」なのです。このことは、司法制度改革審の「論点整理」のなかにかなりはっきりと出ています。

3　次に司法改革審の「中間報告」の予測される内容と方向についてです。

お手元にお配りしました最近の論文（本書第一篇第三章）にそってかいつまんで述べたいと思います。「中間報告」の骨格がだいたい見えてきましたので、それを「論点整理」の項目に沿って整理し、そのごく主要な部分を述べてみますと、次の通りです。

(1)　制度的な基盤として、まず「弁護士のあり方」、これは皆さんが直面しておられる通りでありますが、そのポイントは自由競争原理導入によるビジネス化と、公益性強調を媒介とする統治層への抱き込みの二点であり、そのめざす方向は人権擁護性の弱化です。

(2)　それから「民事司法」についても、ほぼ骨格ができております。アクセスの拡充とか裁判所配置の問題のほかに、ＡＤＲの拡大、弁護士費用の敗訴者負担、計画審理の導入、専門参審の導入などを打ち出しています。これらは、いずれも社会的＝司法的弱者にとって犠牲押しつけ、負担押しつけを意味し、司法における弱い者いじめの構造化です。

また、行政に対する司法のチェック機能の充実という項目が「論点整理」には上っており、これが司法改革の目玉として宣伝されてきましたが、「別途検討」ということにされております。「別途検討」ということの持っている実際の意味は、最終報告でも取り上げないということではないか、と私は見ております。司法改革審は、この問題について塩野宏教授を呼んで意見を聞いたぐらいのことしかやっていない。ほとんど議論はしていません。その上で「別途検討」ということですので、今回の改革から外そうとしているわけです。

実は私は初めからそうなるだろうというように司法改革審の動きを見ていたのですが、少なくとも表向きは、司法改革審は、司法の行政に対するチェック機能を強化するんだという触れ込みで始めているわけですから、本当は投げ出すことはできないはずのテーマです。ところが、塩野教授の話を聞いて、行政訴訟改革は難しいと考えたのでしょう。塩野教授は、「段階的改革」ということを提唱し、できるところからやっていくというような、要するに改革らしい改革は当分しないという考えを述べていますが、この考えに改革審も乗ることにしたということではないかと思います。

(3)　それから「刑事司法」がこれまた大問題です。このことは刑事弁護ガイドライン問題とも密接に絡んでいることですので、皆さんもよくご存じだと思います。水原敏博委員のレポートが行われて、これが刑事司法改革を方向づけています。四点ほどその特色を挙げておきます。

第一に、権力的な治安維持の第一義的な重視と、その反面、人権侵害や冤罪には全く関心を持とうとしないことです。冤罪の問題については全く取り上げていない。

第二に、刑事裁判の迅速化に向けての強権的な方策を打ち出していることです。しかも迅速な裁判をするためには弁護体制を変えなければならないという問題意識に基づいて、刑事弁護の「公営化」、つまり公設弁護人制度の導入とか、あるいは公的弁護運営主体雇用の常勤弁護士制度導入といったような動きを示しています。これはいわば弁護公営システムの導入です。それから審理期間の法定化、法廷侮辱罪の設置、アレインメントの導入。そのほかに証拠開示改善への条件整備などについても触れていますが、しかしこれもおそらく条件付きでということであり、証拠開示の問題を前向きに進めるものにはならないだろうと思います。

第三に、弁護「公営化」の構想については先ほど触れたとおりですが、さらに公的被疑者弁護制度を、弁護活動を権力的にコントロールするシステムと抱き合わせて導入する方向を打ち出しています。これは刑事ガイドライン問題と深くかかわっています。自民党はご存じのように、ガイドラインを制定する方向を出しておりますので、おそらく司法改革審もその方向で何らかの手を打ってくるだろうと思われます。

第四に捜査権限の拡大です。刑事免責やおとり捜査といったようなものの導入・拡大をうたっている。これは、警察腐敗と絡み大変な事態の出現を予測させます。刑事免責にせよ、おとり捜査にせよ、警察のスパイをあらゆるところに配置していくことを認めることです。しかもこれらと盗聴法とが合体しますと、いったいどういう刑事司法になっていくのだろうか、慄然たるものがあります。その反面で、われわれが主張してきた代用監獄の廃止をはじめとする様々な改革案については、消極的な姿勢がかなり見られます。最終的にどうなるかわかりませんけれど、おそらくは取調過程の部分的な透明化といいますか、せいぜい取調過程の書面記録化を義務づけるといったような程度のものでお茶を濁すことになるのではないかと私は予測しています。

(4)　次に、「国民の司法参加」については、ご存じのように、自民党が陪審についてすでに消極的な方向を出していますし、司法改革審においても突っ込んだ議論をしていません。ほとんどしていない。藤田耕三委員のレポートが出されたのみです。これから審議するにしても、おそらく短期間で積極的な結論が出るはずがない。これもおそらく棚上げということになるでしょう。

(5)　人的基盤については、何といっても「法曹人口」の問題が需要です。司法改革審は「毎年新規法曹三〇〇〇人」ということでまとまっています。注目すべきは、司法改革審で出されたシミュレーションによれば、二〇〇二年度から合格者を三〇〇〇人とすると仮定した場合、法曹人口は二〇一三年に約五万二〇〇〇人、二〇二〇年に七万人、二〇三三年に一〇万人、二〇五〇年には一三万八〇〇〇人というわけですから約一四万人になります。しかも死亡率を加味しても、その後も年間に約二〇〇〇人の増加と読み取れます。こういう大変な法曹人口の大幅増員に踏み切ろうとしています。これは上限なしの青天井的な増員です。しかも増員と法曹一元との関連性をまったく断ち切ったことは、非常に重大です。

(6)　「法曹養成制度」については、法科大学院制度がだいたい承認されたようであります。もともとこの制度は、便宜的な発想に基づくものだったのですが、今ではそれを超えて積極的な意味づけがなされています。しかし、これは非常に危険な役割を果たすと思います。法科大学院なるものが、学問の自由とか大学の自治のもとで、高度の理論教育をなし得る法曹教育機関として発展し得るかということについて疑問があり、学者の立場から非常に憂慮されます。設置後に第三者評価が行われることとの関連で見れば、その危険性が強いというべきだと思います。

ほかにも実務優位の実益的な教育となることや、法科大学院間格差の拡大なども懸念されますが、さらに懸念されるのは次の点です。つまり、一部の上層法科大学院、これは東大など五つぐらいだと思いますが、この五つぐらいの大学院と裁判所・法務省等とが人的に癒着し、ここから大学院にどんどん教員がきて、学生を囲い込み、自分たちの跡継ぎを作っていく、そういう人的な癒着が生ずるだろうということです。いわばエリート法曹教育が、そういう一部の上層の法科大学院で独占的に行われることになっていくのではないか。しかもそれが、先ほど言いましたように大学の自治とか学問の自由とかいうものとは無関係なところで行われる。これは、大変危険な事態だと思います。

(7)　「法曹一元」については、ご存じのように棚上げの方向であります。この点についてはいろいろな見方が可能かもしれません。しかし私の見るところでは、法曹一元実現に戦略的な目標を置いて、その実現のための条件整備の形で、法曹の人口増をはじめとする弁護士改革策にコミットする路線、この路線は全否定されたと思う。ちょっと言葉はきついかもしれませんが、事実上全否定されたように私は思います。

(8)　それから「裁判所・検察庁の人的体制の充実」に関連し、検察庁の問題が、今度の司法改革の論議のなかからすっぽりと落ちていることについて述べたかったのですが、別の機会にしたいと思います。

(9)「中間報告」の基本方向は以上のようなものだと私は思います。その方向は、まとめ的にいえば、第一に、われわれが司法官僚制と呼んできた最大の問題には殆どメスを入れない。その反面、弁護士については ビジネス性強化と公益化、これは一見矛盾するように見えながら、メダルの表と裏のような関係にあると思いますが、これを実現する。そして弁護士層を司法官僚制の補完勢力としようとしている。

第二に、民事事件の迅速処理体制の強化と、その周辺のアウトソーシングです。

第三に、行政訴訟改革の先送りです。

第四に、刑事手続の強権化、効率化です。

第五に、法曹養成制度改変によって、早期選別的で、国家にとっての安上がりの、大量かつ実務優位的な法曹養成制度を作ることです。

第六に、法曹一元に終止符を打つ。

第七に、陪審についても棚上げ同然とする。参審については専門参審の導入を図る。

そういうのが「中間報告」の骨格だと思います。

(10) ところで、この「中間報告」にせよ、最終答申にせよ、それらをどう評価するかという際に、私たちは、改めて司法の持っている構造的な特質と改革課題とを確認する必要があると考えます。しかし、この点は思い切って省略し、お配りした二つの論文（本書第一篇第二章、同第三章）にゆずりますが、私たちが日々直面している司法官僚制の権力的支配構造というもの、それは単なる裁判官の任用制度の問題とか、人事評価の細かい手続の問題につきるものではないことは指摘しておきたい。それはもっと巨大な構造的な仕組みであることを私たちはぜひ理解すべきであります。

一部には、今回の法曹一元に関するまとめのなかに人事制度を透明化するといったような言葉が入っていることから、司法官僚制にメスが入れられたとする評価もあるようです。しかし決してそうではないことを確認する意味でも、司法官僚制の権力的支配構造とはいったいどういうものであるのかということをリアルに認識する必要があると思います。くわしいことは二つの論文をお読み下さい。

なお、この問題と関連して裁判官考課制度の存在が最高裁判所によって今回初めて認められ、その資料が提供されました。その中身などもそこに紹介しておきましたので、後でご覧いただければと思います。

4　ではこの司法官僚制というものの構造的な矛盾と改革課題は何かということです。

憲法との矛盾、司法内部の矛盾、統治層内部の矛盾、それから一般市民との矛盾、そういう諸矛盾を確認し、それを踏まえながら、「中間報告」についてどのような具体的な評価基準を立てて検討していくべきか。私がここで述べますのは、一つの試論的なものでありまして、おそらくこれだけではないとか、この点は甘いのではないかといったような批判もあるかと思います。ぜひ皆さんの手でもっともっと豊かで具体的なものにしていただきたいと思います。

(1)　私が考える評価基準の第一は、司法官僚制の権力的支配構造の根幹部分を解体しようとしているかということです。たとえば特権エリート層の解体とか、裁判官会議の権限回復・活性化の問題、昇給差別撤廃の問題、判検交流や大企業との人的癒着の防止の問題、裁判官研修や情報提供から司法行政的・統制的な性格を払拭する問題、さらには思想・信条差別や市民的自由制限を禁ずる問題、これらの問題について具体的な方策を打ち出しているかどうか。

(2)　第二の評価基準は、弁護士の人権擁護性及び弁護士自治を擁護・強化しようとしているかということです。これは非常に重要な基準だと思います。そもそもそういう立場に立っているかということのほかに、例えば、その擁護性の基礎に自立・自主性、経済的自立性、弁護士自治があることについての深い認識を持ち、そのための具体的な措置を強化しようとしているかということや、弁護士業務のビジネス化、企業化が弁護士の階層分化や大都市偏在を一層促進する危険があることについて配慮しているかといったようなことがあると思います。

(3)　第三に、法曹養成制度の民主化を推進しようとしているかということです。私自身は、現在の司法修習制度は、もちろんこれしかないという最高の制度ではないとは思いますが、その運営が民主化されるならば、かなり優れた制度であるし、現に優れた役割を果たしてきたと思います。その証拠は何かと言えば、それは皆さん自身です。皆さんのような優れた人権感覚と情熱を持つ弁護士が大量に生まれてきたという事実がまさに証拠であります。ですから、例えば司法修習制度の運営を歪め、修習生の自主的な活動意欲を抑圧している現状を改める方策を打ち出しているかというように、現実に即しつつ具体的に基準を設定し検討していく必要があるように思います。

(4)　第四に、裁判機構の充実強化を図ろうとしているか。第五に、憲法訴訟や行政訴訟の活性化に向け具体的な方策を打ち出しているか。第六に、訴訟当事者が対等な立場で十分に争う権利を保障しようとしているか。第七に、捜査手続の人権侵害性、刑事公判の形骸化、構造的な冤罪を克服しようとしているか。第八に、陪審導入など司法の民主的基礎の強化の課題に取り組んでいるか、ということです。

以上に述べたことを一つの叩き台にして、もっと的確なものにしていっていただきたいと思います。

5　最後に、結びということになります。

結び的なことは、すでに冒頭で述べたところでありますが、運動的には何といっても今の時点で私たち自身が確信を持つことが必要だと思います。憲法に支えられながら、民主主義運動なり人権闘争なりが着実に伸びています。この運動や闘争は、戦後司法のもとにおける民主的法曹の法的実践に支えられてきました。そのことについての歴史的な認識をきちんと持ち、確信を持つべきです。このことを市民に訴え、市民とともに今後も民主主義運動なり、人権闘争なりを展開していくべきです。そういう姿勢で運動を拡げることについての自信をわれわれの間で共有する必要があると思います。

司法官僚制の権力的支配構造を改革する。弁護士の自由と自治を守る。民事司法の「弱肉強食」化を防ぐ。刑事司法の逆改革を阻止する。当事者の権利を守り、国民に公正な裁判を保障する。今こそこれらのことを自信を持って明確に打ち出し、国民に訴えていく必要があるのではないかと思います。

時間がないためはしょった部分が多くてお聞きづらいところもあったと思いますが、詳しいことは後で私の二つの論文をお読みいただければ、と思います。

（憲法と人権の日弁連をめざす会主催「憲法と人権の会・東日本集会」（二〇〇〇年九月二日）における講演。原題「司法制度改革審議会の思想と論理」）

第三篇　司法の独立と私たちの連帯を考える

第一章　一九七〇年代の司法反動

一　司法反動の本質と契機

一九七〇年前後から支配層によって展開された司法の反動的再編の動きは、「司法反動」とも「司法の危機」とも呼ばれ、この動きを批判し阻止しようとする国民的な大運動との間に鋭い対立・矛盾を生み出し、七〇年代における人権と民主主義をめぐる対抗的状況の重要な一局面を形成した。その経緯をまず確認してみたい。

侵略戦争とファシズムに協力・加担した戦前の天皇制司法は、戦後の日本国憲法によって一応解体され、独立性と民主性と人権性の強い司法へと変革された。とはいえ、戦後の司法は、陪審不採用、法曹一元不採用、裁判官任用手続の非民主性などをはじめとする不徹底さを持ち、これと裁判官の戦争責任に対する追及の不徹底さとがあいまって、上命下達的で行政依存性の強い官僚司法的性格が濃厚であった。

このような矛盾を抱えてスタートした戦後の司法は、一九四〇年代及び一九五〇年代には憲法及び戦後民主主義に対立しこれを押え込もうとする傾向を示した。しかし一九六〇年代に入り松川運動や六〇年安保闘争などの人権闘争や公害運動などを通して、日本社会に人権及び民主主義に関する憲法的価値が定着・強化するのに応じ、裁判所内においても憲法的価値を積極的に受容・体得し、これを裁判に反映させようとする動きが若い裁判官を中心に拡がっていった。この動きの一環として青年法律家協会（青法協）への裁判官加入が一九六〇年頃から始まった。

ところがこのような動きは、司法行政権を握る裁判所上層部（司法官僚）をはじめとする支配層の危機感をかき立てた。一九六〇年五月に臨時司法制度調査会が設置されたのは、この危機感に基づくものであった。その報告書（一九六四年）は、司法行政における指揮命令系統の明確化や責任体制の確立など、裁判官統制の強化策を打ち出すとともに、法曹教育の統制化や弁護士の規制などをうたい、司法統制強化、官僚司法確立の路線を示した。

その後、この路線にそって様々の統制方策がとられるが、一九六七年頃からは政財界や右翼筋による「偏向裁判」非難が始まった。これは、都教組事件最高裁判決（一九六九年四月二日）や博多駅事件第一審無罪判決（同月一一日）などを「偏向判決」として非難する動きであり、一九六九年五月一三日には自民党司法制度調査会が設置されるに至った。

このような動きを背景とし伏線として発生したのが、平賀書簡事件とこれに関連する福島裁判官訴追事件である。

二　平賀書簡事件から青法協攻撃へ

一九六九年八月一四日、平賀健太札幌地裁所長は、長沼訴訟担当の福島重雄裁判長に対し一通の書簡を交付した。

長沼訴訟とは、北海道長沼町の馬追山に自衛隊ナイキ基地を建設する政府の動きに対し、地元住民が馬追山保安林解除処分の取消を求めて起こした訴訟である。地元住民は、違憲の自衛隊のナイキ基地建設は保安林解除に必要な「公益上の理由」には該当しないこと、他に適地を求めることができること、保安林伐採により水害のおそれのあることなどを理由として、保安林解除の処分の取消と解除執行停止の仮処分とを求めたのである。

平賀所長は、福島裁判長らが地元住民の請求を認め執行停止決定を出すつもりであることを察知し、これを阻止しようと考え、解除処分を尊重する決定を出すよう求める書簡を交付した。これは、司法官僚が犯した前代未聞の裁判干渉であった。これに対し福島裁判長らは、この干渉に屈せず、八月二二日執行停止の決定を下すとともに、札幌地裁裁判官会議に対し、平賀所長の干渉行為に関する処理を委ねた。

札幌地裁裁判官会議は、九月一三日、平賀所長を厳重注意処分に付した。その翌日、平賀書簡事件は報道機関によってスクープされ、大々的に問題化した。この事態に直面し最高裁は、平賀所長を注意処分に付するとともに東京高裁に転出させた。

ところが当の平賀氏は、右翼筋のキャンペーンに支えられつつ福島裁判長を攻撃する挙に出た。先輩の好意的アドバイスを問題視し公表するに任せた福島裁判長の行為は裁判所破壊活動であり、福島裁判長が所属する青法協の活動の一環だ、というのである。このようにして平賀書簡事件は、裁判干渉事件から青法協事件にねじ曲げられていった。

この流れに乗る形で最高裁は、一九六九年一一月半ば頃から青法協所属の裁判官に対し脱会工作をくり拡げた。それは、脅迫、いやがらせ、利益誘導などを混じえた執拗なもので、これにより当時数十名の脱会が発生したといわれる。

三　青法協攻撃から宮本再任拒否へ

そしてさらに最高裁は、一九七〇年四月八日岸盛一事務総長談話の形で、裁判官は政治的色彩のある団体に加入することを慎むべきだとする公式見解を発表した。これに続いて同年五月二日、石田和外最高裁長官は、裁判官の思想を理由とするパージ（追放）があり得ることを示唆する発言を行った。

このようなすさまじい青法協攻撃に即応し、二つの動きが生じた。一つは、福島裁判長に対する国側（法務省）の忌避申立である。これは札幌地裁及び札幌高裁によって却けられた。もう一つは、福島裁判長に対する裁判官訴追委員会の決定である（一〇月一九日）。この決定は、訴追を猶予したものの、福島裁判長の平賀書簡に関する処理のしかたや青法協加入を問題視し、職務上の義務違反であるとか威信失墜の非行だとして非難したのである。そして札幌高裁は、この決定をうける形で、一〇月二八日、福島裁判長を注意処分に付した。

福島訴追の策動に続いて支配層が展開した司法反動の攻撃は、青法協所属の裁判官に対する再任拒否であった。そのターゲットとされたのが熊本地裁の宮本康昭判事補であった。最高裁は一九七一年三月三一日、任官後一〇年めの再任期を迎えた宮本判事補の再任指名を拒否したのである。

拒否の理由は、公式には明らかにされなかったが、ことの経緯や諸情報からみて、宮本判事補が青法協会員であり、しかも平賀書簡公表に関与した疑いがあると最高裁がみたためと思われる。

しかし、宮本判事補は、平賀書簡公表への関与を強く否定していた。それだけでなく、そもそも平賀書簡公表は、そこに至る経緯がどういうものであるにせよ、違法な裁判干渉を匡す正当な措置であって、何ら非難されるべきものでない。ところが最高裁は、宮本判事補に弁明や反論の機会を与えず、しかも理由を明らかにすることなく一方的に罷免に等しい措置をとったのである。

四　全農林警職法事件最高裁判決

このように七〇年代の司法反動は、裁判干渉、裁判官の市民的自由及び身分保障への攻撃の形をとって展開したが、その究極的な狙いが裁判統制にあったことはいう迄もない。このことを端的に示すのが全農林警職法事件最高裁判決（一九七三年四月二五日）である。この判決により最高裁は、公務員の争議行為処罰に関する従前の限定的解釈（都教組事件最高裁判決）を変更し無限定的解釈に転じたのである。

この判例変更は、多くの憲法学者、労働法学者、刑事法学者が批判するように、司法反動の過程で政府により行われた最高裁裁判官任命人事の所産であり、数の論理に基づくものであった（都教組事件判決少数意見一名・回避一名と、都教組事判決後任命七名中の五名との合計八名で多数意見が形成された）。

このようにして行われた判例変更は、判例追随を強いる裁判官統制、裁判統制の進展に支えられつつ公務労働者の労働基本権制限を推し進め、その後の労働運動衰退の契機となったのである。

五　司法反動と現代

このような経緯を辿りつつ改めて振り返ってみれば、一九七〇年代の司法反動は、一九六〇年代に伸長した人権と民主主義を守り発展させる運動が、司法の分野に反映し始めたことに対する、支配層の強い危機感に基づく反動的抑圧の動きであった。

司法反動のこのような本質は、裁判所内外で広く深く把握され、これを阻止する運動が全国各地で展開した。その高揚を示す一例として、一九七一年一一月に結成された全国レベルの「司法の独立と民主主義を守る国民連絡会議」と、この頃に二三の府県で結成された司法の独立を守る連絡会議の動きとを挙げておきたい（世界三一二号参照）。

それから約三〇年の歳月が経過した。すさまじい司法反動の攻撃は、裁判官から司法の生命ともいうべき独立と自由を奪った。政治や行政に癒着・迎合・屈伏した司法官僚の統制の下で、裁判所は人権保障の力能を大きく衰退させ、一九八〇年代及び一九九〇年代における権力的支配秩序の形成に積極的にコミットしたのである。この動きの中で一九八〇年代中葉、青法協裁判官部会は解散を余儀なくされた。

しかし、司法反動は、現在二つの矛盾を生み出している。一つは裁判所の不活性化、硬直化であり、もう一つは裁判所と弁護士層や一般市民層との乖離の拡大である。

このような危機的状況に対応し、昨年夏から司法制度改革審議会を舞台として政財界、最高裁、法務省、日弁連、そして労働・消費者団体等は司法改革に取り組んでいるが、この動きが、この二つの矛盾についてどのような「解決」を与えることになるのかは予断を許さない。政財界は弁護士人口一挙増大などにより、司法への競争原理導入、司法のビジネス化、弁護士の人権意識後退を狙い、最高裁・法務省は官僚司法の部分的手直しによる温存・強化を狙っている。その意味では司法反動はまさしく現代の問題であり続けているのである。

（労働法律旬報二〇〇〇年一月上・下旬号）

第二章　裁判官の自由と独立

伊藤博義先生、そして松代剛枝先生から立派なご紹介を受け、本当に自分のことが紹介されているのだろうかと実は疑っているのところですが、こういうふうに山形大学の先生方のご尽力でお話しする機会を与えられて、私としては大変嬉しく思っております。私は岩手県の生まれで、山形市にはこれまできたことが二、三回ほどあるのですが、山形大学にお邪魔するのは初めてです。素晴らしい銀杏の黄葉があって、その素晴らしい環境の中で皆さんが勉強されている姿をみて、嬉しく思います。今日は、こんなにたくさん集まって下さってありがとうございます。

今日話したいこと

只今ご紹介いただきましたように、私は、昭和一〇年、一九三五年に生まれまして、来年は東北大学で定年を迎える年になります。最後の年ではありますが、ところがいろいろなことが次から次へと私の専門に関連する分野でも起こるものですから、隠居気分になる暇がないというのが本当のところです。例えば、破防法のオウムへの適用の問題という、我々専門家の立場からみますと大変問題のあることが起こりました。これをストップしたと思ったら、やがて盗聴法の問題が出てきました。これも日本の社会を警察の秘密活動の監視下においてしまうという意味を持っています。そこで専門家の立場からも、また市民社会の構成員の一人としても許すことはできないと考え、いろいろなものを書いたり、講演したりしました。そしてまた、これらに加えて、昨年は寺西和史裁判官という非常に若い裁判官、まだ三三、四歳だと思いますけれども、仙台地方裁判所におられる若い裁判官が、懲戒処分という前代未聞の処分を受けるという事件が起きました。これもまた、私にとっては長年研究したテーマに関わる問題でもあり、日本の裁判所、ひいては後にも申しますように、我々一般市民の基本的人権にも強い影響を与える非常に重大な問題であります。そういう問題が起きてしまったわけです。これは、地元の事件でもありますし、黙っているわけにはいかず、論文を書いたり本を出したり東京や仙台で市民集会を開いたり――非常に忙しい気持でこのところ過ごしています。

今日は、「裁判官の自由と独立」というテーマで、先ほど伊藤博義先生から脱線してよろしいというお墨付きをいただきましたので少し脱線するかも知れませんが、このテーマに則しながら、日本の社会や法律に関心を持っている者はいまどのような課題を背負ってるか、そしてまたその課題にどう立ち向かうべきかということも含めて、お話をしてみたいと思います。

先ほど申しましたように、寺西裁判官に対する懲戒処分事件が起きたのは昨年のことであります。私自身は、それ以前から「裁判官の自由と独立」という問題に非常に強い関心を持ってまいりました。何故私が長い間関心を持ち続けてきたかということをまず述べたうえで、寺西事件の持っている歴史的背景と現代における意味といったようなことについてお話ししてみたいと思います。その後で、仙台高裁懲戒処分決定に則しながらその問題点を一緒に考えてみたいと思います。

青年法律家協会と日本民主法律家協会のこと

私は、先ほども申し上げましたように一九三五年に生まれております。紆余曲折がありましたけれども、一九六六年に東京都立大学法学部の講師となり研究者の道に入りましたが、実はその前の二年間は司法修習生をやっておりました。司法研修所では、やがて裁判官になる人、検察官になる人、弁護士になる人、それから私のように一人二人は研究者になって行く者が修習しているわけですが、この司法研修所を終わる頃に、実はある座談会が行われました。青年法律家協会（青法協）という団体に入っている司法修習生が開いたものでした。

この団体は一九五四年にできました。憲法を大事にしよう、憲法を大事にする法律家になろうという若い法律家たちが集まって作った団体であります。私がいた当時は司法研修所には五百人ほどの司法修習生がおりましたが、その三分の一以上が、この青法協という組織に当然のように入っていろいろな活動をしていました。活動といってもそんなに大それたことではなくて、一緒に本を読んだり、実務家の話を聞いたり、あるいは、調査に出かけたりしました。例えば、その頃ある会社で労働争議が起きて、労動組合の委員長が右翼のテロにより殺されるという事件が起きましたが、その現場に調査に行ったことがあります。そんなことも含めて、一所懸命人権とか平和とかいったことを法律家の立場で勉強しようとしました。そういう団体が青法協ですが、その青法協の人たちが修習を終えるに当たり座談会を開いて、これからどういう法律家になろうか、という夢を語り合ったんですね。

実は私も青法協のメンバーでありましたし、またその議長を務めたこともあったものですから、その座談会に出ました。私は実務家ではなく研究者になることを決めておりましたが、とにかく皆と議論しました。いきおい話題は、裁判所、検察庁、特に裁判所に入っていく法律家が憲法擁護の立場を法律家として守ることができるんだろうか、そういう話題になったわけです。その座談会には勿論裁判官になろうとする人もきていましたので、そういう議論になったわけです。そういう議論の中で、私は、こんなふうな発言をしました。要するに、「裁判官というものは身を売るんだ。しかし魂を売ってはいけない。身は売っても魂は売ってはいけない。裁判官になる人は、そこのところをきっちりと腹の中におさめてもらいたい」というようなことを言ったわけです。その時、私も少し言い過ぎたかなと思ったし、座談会の反応も良くなかったんですね。何故かと言いますと、裁判官になろうとする人がそう言うのなら立派だけれども、裁判所の外にいく人間が、身を売っても魂を売ってはいけないなどと言うのは、ある意味では非常に口はばったいことです。偉そうなことを言うなという感じを、聞く人は持ったでしょう。そのことが私の心の中に残りました。

やがて私は、東京都立大学で刑事訴訟法を研究することになり、先ほど松代先生のご紹介にもありましたけれども、単に法律を法律として見るのではなくて、日本の国家、社会、そして民衆の運動、こういう三者の絡み合いの中で法律というものを捉えたいという立場から研究し始めました。

そしてその研究の一環として、ある法律家団体の司法制度研究集会に参加することになったのです。その団体というのは、日本民主法律家協会（日民協）という団体です。この団体は今でもあります。民主主義を守ろうとする弁護士や学者など法律家の作っている団体で、全国に組織があります。伊藤先生を始めとして山形大学の先生方にもこの日民協に入ってる学者がおられますが、私もこれに入っています。それから裁判所で働いている人も入っています。裁判所には裁判官だけじゃなくて、例えば書記官も働いています。速記官も働いています。法廷に行きますと一生懸命タイプを打っている人がいます。証人の証言を一字一句残さず、静かに音もなく速記的にタイプしている、そういう速記官という職務もあるわけです。それから勿論、事務官も。その他に法廷で警備の役割を果たしている廷吏や警備員など、様々な人が裁判所で働いているわけです。そういう人たち、その他、司法書士とか税理士など、様々な人たちが、この日本民主法律家協会という団体に入っています。

この団体が一九六八年頃から、正確に言えば六七年かも知れませんが、司法制度の運用を、実務家や研究者の立場から共同してじっくり研究しようという、そういう研究運動を起こしたわけです。学校の先生方が年に一遍全国から集まって、教育をどうすべきかということを研究する教育研究集会を開いていますが、大体それと同じように、司法制度というものをどういうふうに運用し、立法などを含めてどのような方向にもって行くべきか、民主主義とか基本的人権を守るためには司法はどうあるべきかといったようなことを研究し、意見を交換し合う、そういう集会です。

平賀書簡事件、裁判干渉

私はそういう研究運動に研究者の立場で参加したわけです。そうしているところに、一九六七年九月のことですが、当時東京のある弁護士事務所でその研究集会の準備のため何人かが集まって報告書を練り上げて行くという作業をしていました。そこに突然、ある情報が入ってきました。その情報は何かというと、札幌地方裁判所で大事件が起きたというのです。どういう事件かというと、札幌地方裁判所の所長、平賀健太という人ですけれども、この裁判所長がある重要な裁判を担当している裁判長に、こういう裁判をしなさいといわんばかりの裁判干渉の手紙を送りつけたというのです。その手紙が、マスコミの手に渡って明日発表になる、そういうニュースが飛び込んできたんです。これは、何十年に一遍、おそらく百年に一遍と言っても大袈裟ではないほどのビッグニュースであったわけです。ビッグニュースというだけではなく、本当にそれは衝撃的なショッキングなニュースです。

裁判というものは独立して行われなければならない。これは憲法で決まっていることであります。私たちは、裁判というものはそういうものだと信じているわけです。裁判官というものは独立して自分の頭で、誰からも命令されたり圧力を受けたりせずに裁判をするものだと信じてきました。そして、そういう独立性にこそ裁判官は生きがいを見出しているというふうに考えてきたのです。もっとも、当時それが怪しくなっているということはありました。裁判所の内外で起こっている様々な細かい事実などを集めてみますと、日本の裁判所は、どうもおかしな方向、つまり裁判官の自由・独立をあまり尊重せずに抑圧する方向に向っているのではないかと感じてはおりました。けれども、まさか現職の裁判所長が、しかも後に述べますように大変大きな憲法問題を孕む大事件について、こういう裁判をしろといわんばかりの裁判干渉の手紙を裁判長に堂々と送りつけ、それが表沙汰になるということは、想像を絶することであり、本当にショッキングなことでした。

ではそれはどういう事件であったかといいますと、北海道の長沼町で起きた事件です。長沼町に自衛隊のミサイル基地を作るため、政府は馬追山の国有林について保安林指定を解除しようとしました。その保安林指定解除の処分に対して地元の住民たちが、その解除を取り消してくれという訴訟を起こし、同時に解除の執行停止を求める仮処分の申立をしました。ミサイル基地を作るために保安林指定を解除するということは、そもそも自衛隊というものが憲法上認められるかという大問題を孕む問題であると同時に、保安林を解除するとそれまで水害を防ぐために木を切ってはいけないというふうに行政的措置で守られていた山を丸裸にするわけですから、地元の住民にとっては洪水の危険が生ずるわけです。そういうふうに、憲法、そしてまた地元住民の生活を守るという観点からみて、自衛隊のミサイル基地を作ることが果たして公共の利益になるかということは大問題でありした。この訴訟は「長沼訴訟」というふうに一般に言われています。

この裁判を担当した裁判官たちは三名おりましたけれども、その裁判長を務めたのが福島重雄さんという裁判官でありました。この福島裁判長に対して、平賀札幌地裁所長が干渉したのです。その干渉の中身は、要するに、執行停止の申立は必要性の点で問題があるので、「地元住民の訴えは疎明がない」として却下する決定を言い渡すべきだというもので、決定文にそっくりそのままなるような、非常に押しつけがましい内容のものでした。それを私信の形にして裁判長の家に、わざわざ裁判所の職員を派遣して届けさせたわけです。しかし、その手紙を受け取った福島裁判長は、これを無視し、手紙をもらって一週間ほど経ってから、地元住民の訴えを聞き入れて、保安林指定解除の執行を停止する決定を下しました。

このようにして、平賀所長の裁判干渉はいわば未遂に終わり、裁判干渉の効果を上げることはできませんでした。しかしながら、この裁判干渉を許すべからざることと考えた福島裁判長は、この事実を札幌地方裁判所の裁判官会議で明らかにし、処置を求めました。裁判官会議というのは、大学で言えば教授会のようなものですが、札幌地裁の裁判官たちが集まって、平賀所長の手紙は裁判権の行使に不当な影響力を与えるおそれがあるとし、平賀所長を厳重注意処分に付したのです。九月一四日のことです。この大事件を報道機関がスクープして報道したのでした。

青法協攻撃、裁判官の「政治的中立性」

ところが、平賀所長を注意処分にしたところまではよかったのですが、やがて政府や与党や裁判所の上層部が福島裁判長に攻撃を向けてくるのです。つまり、平賀所長は、先輩として後輩が裁判を誤らないようにするために老婆心から親切に、こういう裁判をすべきではないかということをアドバイスした。ところが、福島裁判長は、これを裁判干渉だといって騒ぎたて、マスコミに流した。これは、裁判所を破壊する行為ではないか、というわけです。そしてこの攻撃は青法協にも向けられてきました。何故、裁判所を破壊するような行為を福島裁判長はやったのか。それは実は彼が青年法律家協会の会員だからだ、と。確かに福島裁判長は青法協の会員でした。当時青法協には、全国の裁判官が二百人以上参加していました。この人数の点からも青法協が誰でも入れる団体であったことがわかると思うのですが、福島裁判長はこの点に目をつけられました。そして、問題なのは裁判干渉をした平賀所長ではなく、裁判干渉を問題にしマスコミに流して暴露した福島裁判長であり、青法協に所属している裁判官、これこそが問題だ、というキャンペーンが政府方面から張られました。このキャンペーンは当時の政府、自民党、財界によって始められ、やがて最高裁判所（最高裁）もそれに乗って行きました。

そして、その後どういう事態が生じたかというと、裁判官に対して青法協から脱退せよという勧告を最高裁が行う、そういう動きが起きました。例えば、当時最高裁の事務総局には一五名の若い局付判事補がおりました。事務総局というのは、イメージとして言えば法務省に似たようなものですが、裁判所の人事とか会計といった行政事務を一手に握っている中央官庁です。その事務総局には事務官が働いているだけでなく、裁判官の資格を持った人たちがその中枢に配置され事務をとっています。彼らは全国から選りすぐったエリートと目されている裁判官たちで、局長とか課長とかの役職が付く裁判官のほかに、そういう役職が付かないいわば平（ひら）の裁判官もいます。これが局付判事補であり、当時一五名ほどいました。この人たちは、研修所を終わってから、四、五年経ってから抜擢されて、司法行政事務の仕事をしていたわけですが、この局付判事補一五名の中に、青法協会員が実に一〇名いました。ところが、この青法協会員一〇名に対して、最高裁事務総局のトップの人たちは、青法協を脱退せよと圧力をかけたのです。丁度、組合から脱退せよと圧力をかけるのと全く同じ現象です。その結果、一〇名はついにその圧力に屈して青法協を脱退していきました。そして、この青法協脱会強要の動きは、全国の裁判所にも波及していき、かなりの人数が脱退しました。しかし、それでも三分の二位の人たちは残り、青法協を脱退しませんでした。頑張りをみせたわけです。

そういう状況の中で、さらに青法協に対する攻撃の動きが起きます。それが、一九七〇年、平賀書簡事件が起きた次の年の「岸談話」とも「最高裁公式見解」とも言われているものです。それはどういう見解かといいますと、裁判官は政治的な中立性を守らなければならないモラル上の義務があるというもので、この考え方を最高裁の公式見解として発表したのです。これが一九七〇年四月のことです。岸盛一という最高裁事務総長が発表したため、「岸談話」と呼ばれたりもします。その中身をもう少しくわしく紹介してみたいと思います。これは今起きている寺西さんの問題に直結する問題だからです。

「一般的問題としてであるが、裁判官は、その職責上からして、特に政治的中立性が強く要請されているのは、当然のことである。そしてこの中立性は、裁判官の法廷における適正な訴訟指揮権や法廷警察権の行使を通じ、窮極においては、裁判によって貫かれるべきことである。しかしこれと同時に、裁判は、国民の信頼の基礎の上に成り立っているものであり、したがって裁判官は、常に政治的に厳正中立であると国民全般からうけとられるような姿勢を堅持していることが肝要である。裁判官が政治的色彩を帯びた団体（これは青法協のことをいっているわけですが、憲法擁護が何故政治的色彩を帯びたことになるのか、私にはちょっと理解できませんが、そのように最高裁はいっているわけです）に加入していると、その裁判官の裁判がいかに公正なものであっても、その団体の構成員であるがゆえに、その団体の活動方針にそった裁判がなされたとうけとられるおそれがある。かくては、裁判が特定の政治的色彩に動かされていないかとの疑惑を招くことになる。裁判は、その内容自体において公正でなければならぬばかりでなく、国民一般から公正であると信頼される姿勢が必要である。裁判官は、各自深く自戒し、いずれの団体にもせよ、政治的色彩を帯びる団体に加入することは、慎むべきである。以上は、最高裁判所の公式見解である。」

最高裁は、この見解によって、それ迄自らが行ってきた裁判官の青法協加入をチェックし脱退を強制する動きを正当化しようとしたのでした。

宮本判事補再任拒否

そして、その翌年、一九七一年のことですが、青法協に入っていたある裁判官が、そのことを理由に事実上首を切られる事件が起きました。これが「宮本裁判官再任拒否事件」と言われている有名な事件です。この事件はどういう事件かというと、宮本康昭さんという若い裁判官が、一〇年間判事補をやった後でふつうなら判事として再任されるのに判事に任命されなかったという事件です。法律的に言えば、再任指名拒否ということになります。

日本国憲法は、ご存じのように、裁判官の任期を一〇年としていますが、しかし再任を妨げないというシステムをとっています。ところが宮本さんも一〇年間判事補をやって、いよいよ判事になるという時に、裁判官に再任指名しないという処分を最高裁から受けたのです。処分といっても、これはいわば不作為の処分で、首を切るという行為とはちょっと違うんですね。任期が終わって、また再任することはしませんよ、というわけですから。しかし事実上は首切りです。何故かといいますと、通常の裁判官は、一〇年間特別に何か職務上のエラーでもすれば別ですけれども、ふつうは再任されるのが原則だからです。ですから、再任しないということは、ふつうのサラリーマンや労働者の立場に置き換えてみますと、首を切られたのと全く同じ意味を持つわけですね。宮本さんは、そういう首切りの措置を事実上受けたわけです。

では何故、宮本さんが首を切られたか。最高裁は、人事の秘密であるので一切公表できないとして説明を拒みました。ですから、何故再任されないかということは、宮本さんも知らされないし、勿論一般の国民も知らされない、そういう対応をとりました。しかしながら、同時に最高裁はこんなふうに説明しました。「人事の秘密であるので、それは言えない。しかし、青年法律家協会に加入しているということだけで再任指名しなかったわけではない」というのです。これは、取りも直さず、彼が青法協に入っていることを、首を切る一つの理由にしたことを暗に認めたものです。確かに、宮本さんは、青年法律家協会に入っていた若い裁判官です。非常に真面目で、有能で、人柄も良くて、裁判官の間では勿論のこと、裁判所の職員からも高い評価と信頼を受けていた優れた裁判官でした。私も彼とは長い付き合いがありますので、確かに立派な人物でもあり、裁判官としても大変に優れた裁判官の一人だったと思います。ところが、その宮本さんが、青法協に入っているということを理由として、裁判官として相応しくないというレッテルを最高裁によって貼られたわけです。

もっとも、単に青法協に属しているからというだけでなく、実は、次のようなことがあったようです。宮本さんが、実は福島裁判長が受け取った平賀所長の書簡（例の裁判干渉の手紙です）をマスコミにリークした、少なくともリークに関与した、というのです。当時、そういう情報が最高裁事務総局に入っていたようです。ただ、しかし、これは噂以上のものではあり得ないですね。何故かと言えば、それを本当に証明することは不可能だからです。どういうルートでそういう情報が最高裁の耳に入ったか。考えられるのはマスコミからの情報にせよ、裁判官仲間からの情報にせよ、公安当局からの情報にせよ、盗聴器を使ったかスパイを使ったかですね。しかし、それを表に出すわけには行かない。ですから、青法協に入っているということだけではないとする形で首を切ったのではないか、というふうに推測されるわけです。

しかし、宮本さんが平賀書簡をマスコミにリークしたというのは、全くの濡れ衣であったようです。どういう経路でそれがマスコミの手に渡ったのか、その真相はまだ明らかになっておりませんけれども、せいぜい言えるのは、宮本さんが平賀書簡を国民に公表すべきだという一般的な筋論を非公式の内輪の会合で話したことが、どこからか曲がり曲がって伝えられて、リークしたんだろうということになり、魔女狩り的空気の中で、スケープゴートよろしく再任指名拒否という首切り同然の措置を受けるに至ったのではないか、私はそう推測しています。

話は長くなりましたけれども、そんなふうな事件が次から次へと起きたのが一九六九年から七一年までの二、三年間のことでありました。当時私は東京都立大学におりまして、そういう動きに対する批判運動の中にいました。次から次へと入ってくる情報とか動きの中で、日本の裁判官たちが今非常に重大な危機に立ちつつあるということを実感しました。それまでは、裁判官というものは自由・独立な存在であり、それが司法にとって最高の価値であるということを誰も疑わなかった。そして何よりも憲法がそれを保障しているわけですが、それが実は現実の中で破られつつあることをまざまざと目撃したからです。裁判官たちはここで一所懸命頑張らないと、やがては自らの自由・独立というものを完全に失う事態になるのではないか。そのような深い危機感を持ったのです。そういう深い危機感と、冒頭にも申しました座談会での私の発言、「裁判官という者はたとえ身を売っても魂を売ってはならない」という発言とが私の頭の中で響き合ったのでした。そして私はそういう発言をした手前、裁判官の自由・独立という問題を自らの研究テーマとしても引き受けざるを得ないと考えたわけです。

一九七〇年代司法の危機の背景

そしてまた、一九六七年から七一年にかけて起きたこれらの事件というものをもっと広い脈絡で捉えてみますと、一九七〇年前後に起きた日本の政治、経済、社会の一連の動き、これは当時七〇年問題というふうに学者やマスコミが言っていたのですが、要するに日本の政治、経済、社会、そういったものを全般的に編成し直して、上から支配し易いような形にもって行く、そういう動きの一環だったのではないだろうかと考えます。たまたま青法協というようなものをきっかけにした形で裁判官の自由・独立に対する攻撃が始まったわけですが、実はこれには深い深い根があったのではないか。そういう眼で戦後の日本の歴史を振り返ってみますと、大雑把に次のように言えると思います。

まず一九四〇年代です。これは、日本が戦争をやって負け、やがて戦争の廃墟の中から日本国憲法というものを武器というか旗印にしながら民主化に取り組み始めた時期です。しかし、この動きは、米ソ対立の中で一九五〇年代に入りますと、朝鮮戦争という悲劇的な戦争によって大きな転機を迎えます。朝鮮戦争の悲劇は今に至るまで日本と北朝鮮、日本と韓国との間に大きな影を落としていると思いますが、いずれにせよ一九五〇年の朝鮮戦争勃発により日本の社会は大きく転換し、暗い時期に突入しました。警察権力によって労働組合の運動が弾圧されたり、学生運動が弾圧されたり……。しかし、こういう動きもそんなに長くは続きませんでした。一九五〇年代半ば頃から日本は高度成長に入って、それなりの経済的安定期と民主化の定着期を迎えたように思います。

そして一九六〇年前後には安保闘争と呼ばれる歴史的な闘争が展開されます。私は、当時、大学を卒業して間もなくでありましたけれども、ある職場の労働組合でこの安保闘争を体験し、本当にいろいろなことを勉強しました。安保闘争とは、一方では民主主義を守るということと、他方においてはアメリカから独立して日本の平和を守るということとを追求する運動でした。アメリカ軍隊は安保条約に基づいて日本に駐留しているわけですが、しかし、日本を守るために駐留しているわけではありません。アメリカの、アメリカによる、アメリカのための軍隊、そういうアメリカの軍隊から独立して、本当に日本が平和への道を歩くにはどうしたらよいかということを模索する闘い、これが安保闘争だったと私は思います。

そういう安保闘争が大変大きな規模で展開され、当時の学生、労働組合、そして市民が、安保反対の声を挙げ、集会を開き、デモをしました。その成果はどういうものだったかと言えば、結局のところ、安保改定を阻止することはできませんでしたが、日本の社会の中に民主主義とか平和とかいうものを実感として私たちに感じさせる、しかも権利として確立させる、そういう効果を持ったように思います。先ほど申しましたように、自衛隊が長沼町にミサイル基地を作ることに対して住民が執行停止をかけようとしたわけですが、この動きは「平和的生存権」という新しい権利として理論化されて、憲法上根拠づけられるようになっていきます。そういう平和的生存権の主張にせよ、一九六〇年代の安保闘争から生まれてきたものだと言ってよいと思われます。

ところが、一九六〇年代の終り頃から、こういう日本社会の民主化の動きに危機感を持った支配層がそれを抑え込みにかかるわけですね。その抑え込みにかかるときに最初に何にターゲットを絞ったかというと、いろいろあるのですが、その一つに裁判所の動きがありました。裁判所が人権や民主主義の動きを認める態度を示そうとすることに対して、これをチェックすることによって、民主・人権・平和を求める動きが権利化されていくのを抑え込もうという戦略をたてたように思います。そういう戦略からすれば、裁判所の中に人権だとか平和だとか民主主義だとかいったようなことを一所懸命追求しようとする裁判官のグループがいることは許せないわけですね。

こういう脈絡で考えてきますと、何故支配層が青法協という団体にターゲットを絞る形をとりながら、憲法を大事にしようとする裁判官たちを裁判所の中から追い出そうとしたのか、宮本さんだけではなく様々な裁判官がその後不利益処遇にさらされ、最後には裁判所から追い出されていったのか、よく理解できるように思います。

こういう見方からしますと、裁判官の自由・独立を守るということは、実は日本の国家の動き、政治の動き、社会の動きの中で、基本的な人権なり平和なり民主主義なりを締めつけ押さえつけようとする動きに対する抵抗の拠点を作ることに繋がるわけであります。そう考え、私は、先ほど申しましたようなこともあり、裁判官の自由・独立というものを重要な研究テーマとしたいと考えたのです。

青法協裁判官部会解散、日独のギャップ

その後、私は西ドイツに在外研究で八ヵ月間ほど滞在しました。一九八四年のことです。私は西ドイツに行ってみて、それ迄も文献等ではある程度は知ってはいたのですが、ドイツの裁判官たちが日本の裁判

官と違って市民的自由を非常にのびのびと行使して、いろいろな活動をしているということを知りました。向こうで様々なパンフレットとかリーフレットを買い集めて知ったのですが、ドイツの裁判官たちは労働組合を作ったり、その他様々な団体を作ってグループ活動を展開していました。彼らがどういう活動をしていたかと言いますと、例えばアメリカのロケットが西ドイツに配備されるのに対して反対する運動です。このロケット配備は憲法違反であるというのが西ドイツの平和運動の一つの論拠だったわけですが、憲法違反だということになれば裁判官たちも発言せざるを得ないわけです。そこで裁判官たちは、労働組合やいろいろなグループを拠点として、あるときには新聞広告に堂々と裁判官の肩書を名乗って、何百人という規模で意見広告を出すのですね。「我々はロケット配備に反対する、ロケット配備はボン基本法違反である」、そういう意見広告を出す。さらに、私は現場を見たことはありませんけれども、文献などによりますと、そのロケット基地の前で座り込みをやったりデモ行進をやったりするわけです。大変活発な運動なのですね。日本で文献だけを読んでいますと、ドイツには裁判官法という法律があり、日本と同様に裁判官は国民からの信頼を守るため政治的中立を守らなければならないとされているようにみえるのです。ところがドイツに行ってみますとそれとは全く違う現実がある。私はそのギャップに驚きました。

そして、一九八五年に帰ってきて知ったニュースが何かと言いますと、青法協の裁判官部会解散のニュースでした。裁判官たちは、当時二百人位頑張っていました。この裁判官部会が一九八四年に解散していたのです。日本とドイツとのギャップの大きさに改めてびっくりしました。そして、それと同時に、日本においては何故ドイツにおいて当然のこととして使われている裁判官の市民的自由が根付かないのだろうか、フランスではどうなっているのだろうかなど、様々な疑問がわいてきます。そしてよく調べてみますと、フランスでもドイツと同じように、裁判官たちは労働組合を作って様々な社会的発言をしているし、スペインでもフランコ政権が倒壊してからは裁判官は市民的自由を行使して、基本的人権、民主主義を擁護する発言を堂々としていることがわかるわけです。日本はどうもこういう動きとは違う。逆の動きになっている。一体どうしてこういう違いが出てくるのか。

これは今でも私にとって解けない謎ではあるのですが、実はドイツでもフランスでも、一九七〇年代から八〇年代にかけて、裁判官たちは、市民的自由を確立するために、相当苦労して運動していますが、その動きの主役は一九七〇年頃に大学などで活発に運動した学生、青年でありました。一九七〇年頃にはドイツでもフランスでも、日本と同じように大学紛争に似たような「青年の反乱」がありました。その「青年の反乱」は、日本の場合にはどちらかと言えば暴力主義的傾向から抜け出せず、やがて異議申立の性格を失い、どんどん焦点が拡散し、むしろ現状改革的性格を失っていきました。しかし、ドイツやフランスでは、学生たちは社会に出てから民主的な方向に改革することに取り組む傾向がつよかったようです。どうもそういう違いがあったのではないか。そういう意味では日本は不幸な経過を辿ることになってしまったように思う。

その後、日本では、どういうふうに事態が進行したかと言いますと、裁判所では、裁判官たちが締め付けを厳しくされ、うっかり批判的なこと言うと干されたり、左遷されたり、給料で差をつけられたりしますので、できるだけ社会的に目立つような発言はやめ、大人しくして日々の裁判に専念する、しかも最高裁に受け入れられるような裁判をする、そういうスタイルが一般化して行きます。そして若い裁判官も、「憲法を守るために裁判官としてどうすればよいか」というような議論をするということはできるだけ差し控え、そういうことをしなくなってしまう。そういう風潮がつよくなりました。

そしてそういう中で、またまた大事件が起きました。一九九四年のことです。ちょうど裁判官部会が解散してから一〇年経った一九九四年に、神坂直樹さんという司法修習生が裁判官に任官しようとしたけれども拒否されたという事件が起きたのです。「神坂事件」です。もともとどういう人が裁判官任官を断られるかといいますと、青法協に入っている人は駄目です。青法協のシンパとか同調するような人も駄目です。最高裁の動きに対して批判的な態度を示す人も駄目です。そういうふうな基準が最高裁にはあり、これまで五〇人もの人たちが裁判官への道を閉ざされてきました。そしてその五一人目として神坂さんが任官拒否されたのです。

ところが、神坂さんはこれと徹底的に争っています。神坂さんは、弁護士になろうと思えばすぐになれるのですけれども、弁護士にならず、あくまで最高裁に裁判官として任用してくれと要求し、かつ、裁判官に任用しないのは違法であるとして訴訟で争っています。もう四、五年になります。神坂さんの本当に偉いところは、あくまで裁判官になりたいという意思を貫くために、弁護士登録をせず頑張っていることです。しかし、神坂さんの将来に光が差すかどうか、これは楽観を許しません。

そして今回起きたのが「寺西事件」です。時間がないので大急ぎで寺西事件を見てみたいと思います。

寺西判事補懲戒処分決定

冒頭に言いましたように、寺西さんは、一九九八年の七月に仙台高裁の懲戒処分決定を受けました。どういうことで懲戒という前代未聞の処分を受けるに至ったのか、処分決定の中に縷々書いてありますので資料を見て下さい。ちょっと読んでみますと、要するに、彼が懲戒されたのは、ある市民集会に出席してある発言をしたということであります。では、どういう市民集会だったかといいますと、決定中の「懲戒原因たる事実」によれば、組織犯罪対策法案（これには法律案が三つあるのですが、その中の一つが盗聴法です）、これが国会に提出されているけれども、「これらの法案への対応については政党間において意見が分かれていて、その取扱いが政治的問題となっている」。決定はそういったうえで、その法案に反対する市民団体や弁護士団体が「右法案の廃案を目指して活発な政治活動を展開している」、というのです。いきなりここに「政治活動」が出てきます。つまり、法案の取扱いが政治問題化すると、その法案に反対する運動が直ちに「政治活動」になってしまう。そういう決定のレトリックに注意して下さい。非常に飛躍があるからです。

さて四月一八日に市民集会がもたれました。「つぶせ！　盗聴法・組織犯罪対策法」というスローガンの集会で、弁護士や市民が作っている市民団体が主催したものでした。寺西さんはその集会の中のシンポジウムにパネリストとして出てもらいたいという依頼をある友人の弁護士から受け、承諾しました。そしてその集会のビラが都内で配られました。「盗聴法・組対法を葬り去れ！」というビラですが、このビラがどういうルートでかは分かりませんが、最高裁の手に入ったわけですね。どういうルートなのかは謎ですが、いずれにしても最高裁の手に入った。そこで最高裁は、寺西さんがそういう集会にパネリストとして出席するということを知ったわけです。この「原因たる事実」には書いてありませんけれども、実は寺西さんは、仙台地裁の所長から、その集会には出るなと再三再四説得されるのです。説得と言うより警告を受けた。出れば処分する、という警告を受けた。にもかかわらず寺西さんはどういう対応をしたかといいますと、集会に出ることを一切断念するというチョイスもあったと思うんですが、集会に出たのですね。そして集会の最中に、一般参加者の席から、現職の裁判官である旨の紹介を受けたうえで、五百人の参加者を前にして、「集会でパネリストとして話すつもりだったが、地裁所長から懲戒処分もありうるとの警告を受けた。仮に法案に反対の立場で発言しても、裁判所法（裁判所法第五二条は、裁判官の「積極的な政治運動」を禁じた規定です）の禁止する行為にあたるとは考えないが（つまり「積極的な」というのにはあたらないし、しかも「政治運動」でもない、と彼は言いたかったのだと思います）、パネリストとしての発言は辞退する」と発言しました。

面白いのは、決定の次のような事実認定です。寺西さんはそう発言することによって「言外に同法案反対の意思を表明する発言をし」た、というのです。パネリスト辞退の事情を説明し、その中で法解釈上の意見を述べただけで言外にその法案に反対する意思を表明したことになるというのですから、これも随分飛躍のある事実認定です。そして決定は、「もって、同法案の廃案を目指している前記団体への政治運動に積極的に加担した」というのです。しかしこれだけでは一体何のことなのか、という疑問が起こるのは当然です。寺西さんは盗聴法について反対だとも何とも言っていないわけですから。そこで、決定は、この「原因たる事実」のあとのほうに「事実認定の補足説明」という珍妙な説明を付け加えています。何故、言外に法案反対の意思を表明したことになるのかを説明するためです。

この補足説明によりますと、前の年の一〇月、朝日新聞に寺西さんが組織犯罪対策法に反対する趣旨の投書をしています。それは「信頼できない盗聴令状審査」と題するもので、「令状に関しては、ほとんど、検察官、警察官の言いなりに発付されているのが現実だ。重要な人権にかかわる盗聴令状審査を、このような裁判官にゆだねて本当に大丈夫だと思いますか？」という内容のものでした。この投書が問題にされました。

もともとこの盗聴立法というのは大変危険なものであります。ところがこの法案は、盗聴には人権侵害の危険が確かにあるけれども、裁判官が令状でチェックするので大丈夫だ、という仕組みになっています。このことは、恐らく松代先生がいろいろな機会に皆さんにもお話しているのではないかと思います。ところが、その令状審査という肝腎要めのところが実は検察官や警察官の言いなりだということになりますと、人権侵害をチェックする仕組みとされているものが根本から崩れるわけです。そういうことを、寺西さんは裁判官としての経験を踏まえて発言したのです。

この投書について、当時寺西さんは旭川地裁におりましたが、旭川地裁所長から注意処分を受けました。この投書は、「裁判官の令状裁判実務の実態に反してこれを誹謗、中傷するものである。このような意見を新聞に投書すれば、その読者に対し、裁判官の令状事務が憲法及び法律に従わないで行われているとの誤解を与え、国民の裁判官、ひいては裁判所に対する信頼を損なわせるおそれが大きいことも明らかである。現職の裁判官がこのような内容の投書を行うことは、著しく妥当を欠き、裁判官として相応しくない行為である」というのです。こうして寺西さんは注意処分を受けたのですが、このことを決定は縷々述べたうえで、さらに次のようにいうのです。この注意をされても寺西さんは、注意処分に従わず、「前記見解に固執し、むしろこれを国民に対して発言し続けることにこそ、自己の使命が存するが如き主張をしてきた。集会実行委員会が寺西さんにパネリストとしての出席を求め、令状審査に関する見解を訴えさせようとしたのも、このような経緯の中でのことである」。

そういうふうにいったうえで、決定は次のように述べています。即ち、「被申立人が」、これは寺西さんのことですが、「集会に参加して右のような見解を述べれば、前記団体等の政治的目的である組織的犯罪対策三法案に対する反対運動が勢いづくことが期待できるわけであり、一方、被申立人も、集会実行委員会の右の如き意図を十分に了知しつつ出席を承諾し、本集会において、現職の裁判官であることを明らかにしながら、その地位を利用して、参加者に対し、令状審査に関する前記見解を語ろうとしていたことは、容易に推認し得るところである」。要するに、こういう経過があるので先ほどのような発言をしただけでも積極的な政治運動になるのだということを述べて、一所懸命補強しようとしているわけです。

そうしたうえで、さらに、「懲戒処分」という項目において、何故それが裁判所法第五二条が禁止している「積極的に政治運動をすること」に該当するのかということを述べています。

「被申立人らは、憲法が国民に保障する表現の自由は裁判官にも認められなければならないと強調し、裁判所法五二条一号後段がこれに制約を加えることになるとすれば、右法案は憲法に違反する疑いがあると主張する。しかし、裁判官は、当事者間で対立している事項について、できるだけ納得を得られるような裁定を示すのを職責とする関係上、何事によらず公平中立な立場にあることを宗とすべきであるが、殊に政治的な事項については、それが強く要請されるところである。すなわち、事件の当事者や関係者も現憲法下で等しく参政権を付与されている国民の一員である以上、当然にそれぞれの政治上の関心や意見を有しているので、その側から担当の裁判官を見た場合に、その裁判官が特定の政治的な立場にあるというのが分かれば、当該事件が政治的な事柄と関連しているときはもとより、そうでない場合であっても、当事者や関係者は裁判官の考え方一般に対する疑いから、その判断内容を素直に受け取らなくなる虞れがあるからである。更に、世人が思い描きあるいは期待している裁判官像からして、裁判官の地位にある者が、国民にそれとわかる形で政治的意見を表明すれば、一般人がする場合とは比較にならない意味合いと少なからぬ影響を持つことになるのは明らかである。」

そうして、決定は裁判所法第五二条第一号後段の「積極的に政治運動をすること」に当たると述べているわけであります。しかも、重要なのは、「裁判官たる者は、事件の処理等とは関係がなくとも、その地位、身分に伴って当然に積極的に政治運動をしないことを職務上の義務として求められている」と決定が言っていることです。職務上の義務違反だというわけです。

寺西判事補懲戒処分決定の問題点

さて、決定の中身をくわしくみてきましたが、これにどういう問題点があるのかということを時間があれば詳しく述べたいのですが、簡単に指摘するにとどめます。

まず、この決定は、寺西さんが集会に出て、ああいう発言をしたというだけでは懲戒処分の理由として十分ではなく、前段階における投書の内容やその後の経過が問題だ、という仕組みになっているのです。だとすれば投書の内容が本当に誹謗、中傷であったかということがまず事実の問題として検討されなければならないと思います。言いなり的に令状が発付されているというのが寺西さんの投書の要点ですが、私は、その寺西さんの指摘は少なくとも客観的な数字を見る限りは否定できないと思います。

寺西さん自身もいろいろな数字を挙げて自分の見解を擁護する論文をその後書いておられますが、データの示す事実は、令状却下率〇・一パーセント前後ということなのです。僅か〇・一パーセントですよ。つまり千件のうちの一件しか却下されることがないのです。これには、いろいろな見方があると思う。それほど素晴らしく精密なセレクションが、令状を請求する側、つまり警察・検察側によって行われているているという見方もあり得るでしょう。しかし、寺西さんの言うように裁判所は警察や検察の言いなりになっているという見方もあり得るでしょう。「言いなり」というのは、人によってはちょっと言葉としてきついと思うかもしれませんが、「言う通りに」裁判所は令状を出しているという見方です。どちらの見方、説明が正しいか。私は、寺西さんの見方、説明が正しいのではないかと思います。

何故かといいますと、このように令状却下率が〇・一パーセントという数字を示すようになったのは、実は一九七〇年頃からなんですね。先ほど裁判官に対する様々な非難、攻撃の動きがその頃起きたということをいったのですが、ちょうどその頃から令状の却下率がぐんぐん下がっています。例えば、勾留の却下率を見てみますと、一九六三年頃には二パーセント、六九年には五パーセントです。ところが現在、〇・三パーセント。そういう動きを見ていますと、この〇・一パーセントという数字、これは全部の令状についての却下をトータルした場合の数字なのですけれども、この数字は自然発生的なものではなく、何らかのポリシーの所産であるということを窺わせます。つまり、裁判官たちの令状に関する処理のしかたが変わってきた。何故変わったかというと、それは、令状はなるべく却下すべきではないという指導が最高裁によって行われてきたからだというふうに考えるほかないのです。このことを裏付ける様々な事実が沢山あります。裁判官経験者たちの発言など沢山ありますが、ここでは省略します。

このようにして考えてきますと、寺西さんの指摘は、決して荒唐無稽な非難、中傷であるどころか、実は逆に裁判所の令状実務の実態を的確に分析したものだと言わざるを得ないように思います。この事実や実態は私たち研究者にとっては明白なことなのですが、それが裁判官の手によって、投書欄という一般人が目にし易いようなメディアを通して、しかも盗聴立法に関連づけられて明らかにされたというところに、これを問題にする側の危機意識の生ずる所以があったのだと思います。最高裁も実は盗聴立法を批判するどころか、逆に側面から支援していたからです。そういう立場からしますと、盗聴立法の根本が寺西さんの投書で崩されるわけですから、これは放置できないと考えたのではないか。

次の問題は、裁判官が市民としてマスメディア等を通して社会的に発言するということの持っている問題性をどう考えるかということです。内容的にもしっかりしている投書や発言を、何故裁判官であるが故にチェックされなければならないのか。そういう理由が果たしてあるかどうか、という問題です。

ここで登場してくるのが、裁判官の政治的中立性という考え方です。この決定も政治的中立について縷々述べていますが、そのルーツは先ほど述べたように、一九七〇年の「最高裁公式見解」にあるわけです。裁判官の政治的中立性という理論は、ある意味では、非常に一般の人の耳にも入り易い議論です。しかし、それは三つの点で問題があるということを、是非皆さんにも考えていただきたいと思います。

第一に、裁判官の政治的中立性というものは、そもそも現実に実体としてイメージできるものだろうか。政治的中立性とは、政治的に何も発言しない、何も行動しないということのようですが、しかし政治的に無色透明な人などそもそもいる筈がありません。それなのに裁判官は政治的行動をしてはならないというのでは、半分の市民、「半市民」に過ぎません。果たしてそんなものが実在するのだろうか。そういう問題をまず考えさせられます。

第二に、裁判官は中立を守らなければならないというとき、その中立性は「訴訟上の中立性」を意味すべきものであるということです。裁判官というものは、訴訟上は訴訟当事者から中立でなければならない。ところが、政治的中立性という理論は、訴訟上の中立性を実は蔑ろにしてしまう危険があるのではないか。どうしてかと言いますと、政治的中立性の理論というものは、実は裁判官はどんな政治的意見を持ってもよいがそれを外に表してはいけないというものです。しかし、中身を持っていること迄は否定できません。

中身は持っているが、黙して語らない。そういう裁判官に対して、訴訟当事者はどうやってチェックできるでしょうか。これは不可能です。訴訟上の中立性というのは、訴訟当事者の両方から、裁判官に対してチェックすることによって初めて成り立つものです。それなのに結局のところ、訴訟上の中立性というものを当事者として確保することが難しくなる。政治的中立性論はそういう結果をもたらすのではないか。

第三に、この政治的中立性論の持っている最大の問題は、裁判官の市民的自由というものを半分否定する、つまり外観的なレベルでのみ否定するかのごとく見えるのですが、実はそうではなくて全面的に否定するところまで赴く論理を持っているということです。何故なら政治的な中立性というのですが、「政治的」ということは限定できないからです。例えば盗聴立法に反対するのは、果たして決定のいうように政治的な行動でしょうか。私はそうではないと思う。私も実は盗聴立法に反対なのですが、盗聴は人権を侵害するので反対なのです。どこかの党派に利益だから、不利益だから、反対だというのではなく、およそ一般の市民や社会にとって有害であり人権を侵害するから反対なのです。寺西さんも同じです。ところが、こういうことが政治的だということになってしまいますと、およそ政党政派がこれに関心を持ち問題化すれば、裁判官は発言できないことになってしまう。そうしますと、政治的中立性というのは、あらゆることについて意見表明をしてはならないということになりかねない、そういう論理を含んでいるわけです。ここに大問題があるように思われます。

以上のように考えてきますと、政治的中立性論というものは、一見わかり易い理論のように見えながら、およそ価値に関わるもの、人権とか民主とか平和とか、そういう憲法が守ろうとしている価値に関わるものについて考えようとしない裁判官を作り上げてしまう危険を持つのではないか。市民的自由を制限するということはそういう裁判官を作りはしないか。そこに一番の問題があるというふうに考えます。

裁判官の自由・独立を守ることの意味

大分時間が経ってしまいました。はじめのほうのおしゃべりが少し過ぎたことを後悔していますが、実は、話の段取りとしては、私は、裁判官の自由・独立の問題が、現在の司法の全状況とどう関わるのかをお話するつもりでした。皆さんはあまり聞いたことがないと思いますけれども、現在日本の司法は大きく変えられようとしています。これ迄政治改革があり行政改革があったわけですが、今度は司法改革だというのが財界や政権党の掛け声です。日本の司法は大きく変えられようとしています。その変わり方、つまりどういう方向に変えられようとしてるかということとの関連で寺西問題の持つ意味を述べて締め括りにしようとしたのですが、とてもその時間はありません。

ただ一言だけ言いますと、国や大企業の利益を守る司法とするため、司法から人権擁護とか独立とか、そういったものを一切除去し骨抜きにしようとするのが現在の政界、財界、そして法務省や最高裁判所をも含めた動きの基本だと私は思います。そのためには、日本の裁判宮から、自由とか独立とかというものを抜いてしまいたい。それだけではなくて、弁護士からも、自由とか独立とか自治とか、そういうものを骨抜きにしたい。ひっくるめて、日本の司法というものから人権擁護という骨を抜いたビジネス的なものにしてゆこうというのが、最近の動きの基本であります。先ほど松代先生からご紹介いただいたように法律時報一九九八年一一月号にこのことについて書きましたので、機会があれば是非読んでいただければと思います。

このように考えてきますと、いま日本の「裁判官の自由と独立」を考えるということは、取りも直さず司法とは何かということを考えることであり、裁判官だけではなく弁護士の自治とか弁護士の自由を守ることの意味を考えることの重大性が浮かび上がってきます。そしてこれを考えることは、単に裁判官や弁護士のために重要だというのではないのです。そうではなくて、我々が憲法に託している様々な理念や理想、つまり自由、人権、民主、平和、福祉という価値を守るためにこそ、裁判官の自由・独立、そして弁護士の自由・独立・自治が重要なのであり、だからこそ私たちはそれを守らなければならないのです。

時代とどう向き合うか

皆さんは、二十数年前の話を聞かされて、そしてまた現在についての話を聞かせられて、ではどうすればよいかと、ある意味では困惑を感じたかもしれません。ごくごく簡単にしか言う時間がありませんけれども、今のような展望がなかなか見出しがたい時代にあって、これとどう向き合うかということは本当に難しい問題であります。私たちは、自分の生きる時代を選択することはできないですよね。あなた方にとって一九八〇年頃に生まれたことはどうしようもない所与の条件です。一九八〇年代から九〇年代にかけて、あなた方は生きてきた。この時代は日本にとって決して幸福な時代だったとは私は思いません。けれども、それはあなた方にとってはかけがえのない、少年少女期、青春期を生きてきた一つの時代です。この時代、そしてこれに続く次の時代に対して、どう向き合うべきか。時代にいわば身を寄せて、その流れに添って生きるのも一つの生き方でしょう。しかし、そうではない、もう一つの生き方もあると思う。その生き方を是非皆さんは発見していただきたいと思います。

その際に大切なことは、時代は必ず動くということです。私は、一九三五年に生まれましたけれども、その当時は日本が戦争へとひたすら走りに走った時代です。しかし、そんな時代は一〇年も続きませんでした。一九四五年になれば、ちゃんと答えは出て、日本は敗戦しました。その後、様々な紆余曲折がありました。先ほど冒頭にも言いましたけれども、民主主義が伸びた時期もあれば、後退した時期もある。平和が伸びた時期もあれば、後退した時期もある。湾岸戦争が起こったのが一九八〇年です。その頃から日本では、民主主義と平和は後退していると思います。一九八〇年代からは、私の見るところでは、非常にきな臭い動きがどんどん積み重ねられている。ＰＫＯ法とか。さらには周辺事態法などというものも作られようとしている。皆さんは否応無しに戦争協力体制に巻き込まれる危険にさらされている。そういうような時代なのですが、しかし、私はこういう時代がいつまでも続くとは思いません。私のささやかな体験から言っても、必ず時代は変わります。

また今、規制緩和という動きがあって、「弱肉強食」があたかも当然のことのように罷り通ろうとしています。しかし、強者が弱者を淘汰するなどというのはとんでもないことです。弱者はお互いに連帯して強者の横暴を抑え、良い未来を作ってゆかなければならない。そういう思想と運動が必ずや日本でも力強く復活するに違いないと私は思います。ですから、時代が良い方向に変わるということを信じ、かつ変える方向に自らの持っている能力なり人生なりを賭けるというのも素晴らしい生き方ではないだろうか、と考えます。

私は第一線を退きつつあるわけですが、そうであればこそ、若いあなた方に期待する気持は大きいものがあります。

（山形大学法学会主催一九九八年度講演会（一九九八年一一月一一日）における講演。山形大学法政論叢一五号、一九九九年五月）

第三章　裁判官の良心を衰弱させる最高裁寺西事件決定

一　裁判官を「半市民」にする最高裁決定

昨年（一九九八年）一二月一日、最高裁の大法廷は、寺西和史裁判官（仙台地裁事補、三四歳）に対し、抗告を棄却し仙台高裁の懲戒決定（戒告）を支持する決定を下した（以下、本決定という）。

本決定は、一五名中一〇名の多数意見によるものであるが、五名の少数意見がこれに強く反対している。このことだけでも多数意見の権威は大幅に低下している。それだけでなく、多数意見は、その全員が官僚的出自を持つことを反映してか、事実認定の面でも法の解釈・適用の面でも官僚特有の強引さと視野の偏りを強く感じさせ、理論的水準の低いものである。もともと原決定の仙台高裁決定（昨年七月二四日）も杜撰なものであるとして強い批判を浴びたが（小田中ほか『自由のない日本の裁判官』日本評論社）、今回の多数意見も同様の感想を抱かせる。

とはいえ、本決定が裁判官の市民的自由、その中核をなす思想表現の自由を大幅に制限し、およそ政治的意味を持つ可能性のある社会的営為を禁じ、これに対し懲戒という強権的な措置をとったことにより、裁判官を自由のない無権利的状態に置く思想統制策がこれ迄以上に強化され、裁判官が半人前の「半市民」

と化する危険が生じたことは否定できない。

かつて最高裁は、司法行政を掌握する立場から、「裁判官はその公平さにつき国民から信頼されるためには政治的中立性を保持しなければならず、政治的色彩を持つ団体への加入は慎むべきである」というモラル論を打ち出し、裁判官の団体加入の自由を事実上否定した。そして自主的な研究・交流の動きを抑圧し、その意に従わないとみる裁判官や司法修習生に対し、再任拒否、不利益処遇、さらには新任拒否などの処分をもって臨んだ。その結果生じている裁判所内の悲惨な「酸欠状態」は、一般市民の想像を超えるものがある。（秋山賢三「元裁判官から見た寺西裁判官懲戒事件」法と民主主義三三二号）。

そして今回の最高裁決定は、モラル論を職務上の義務論へと一気にかさ上げした。異様ともいうべき最高裁（多数意見）のこの権力的姿勢は、人権の府、憲法の府としての最高裁のイメージを大きく裏切るものといわざるを得ないように思う。

二　不適正な事実認定

では寺西裁判官が懲戒される原因となった事実（懲戒事件）はどんなものだったのか。寺西裁判官は市民団体が開く盗聴立法反対の市民集会（昨年四月一八日、於東京）のシンポジウム「盗聴法と令状主義」にパネリストとして招かれ出席するつもりでいたところ、このことを知った仙台地裁所長から、もし出席すれば懲戒処分もあり得るとの警告を受けた。そこで寺西裁判官は、当日一般参加者席からこの事情を述べ、

「自分としては、仮に法案に反対の立場で発表しても、裁判所法に定める積極的な政治運動に当たるとは考えないが、パネリストとしての発言は辞退する」旨の発言をした。この寺西発言が懲戒事実とされたのである。

だが、この事実をそれ自体としてみるとき、これを政治運動、ましてや裁判所法の禁ずる積極的な政治運動とみることはできない。パネリスト辞退の事情を裁判所法の解釈論を織り交ぜながら説明するとともに、盗聴立法については解釈論展開の脈絡で仮定的な形で述べたに過ぎないからである。

それなのに本決定は、なぜ、どのようにして寺西発言を積極的な政治運動だとしたのだろうか。この点について本決定は、盗聴法案の取扱いが政治問題化しているとしたうえで、次のようにいう。

寺西発言は、参加者に対し、"盗聴法案は令状主義に照らし問題があり、その廃案を求めることは正当だ"という意見を伝え、廃案運動を支援、推進する役割を果たした。これは積極的な政治運動に当たる、と。

しかし、令状主義と盗聴立法との関係については発言せず、裁判所法の解釈・適用との関連、脈絡で仮定的、間接的、傍論的にのみ盗聴立法の当否を述べたにとどまる寺西発言が、なぜ前記のような意見を参加者に伝えたことになるのか。論証に飛躍があり一向に判然としないのだが、本決定は、①集会は廃案を目的とするものであり、寺西裁判官にパネリストの依頼をしたのは、同裁判官が以前に、令状が検察官等の言いなりに発付されている現実を指摘し、盗聴令状の適正発付を前提とする濫用杞憂論を批判する投書を朝日新聞にしたことに注目をしたからであること、②寺西裁判官も集会の目的を認識し、③また参加者は寺西裁判官の発言予定内容を予備知識に基づき予想・認識していたこと、④寺西発言の本意がパネリストとして発言することにあるという訴えを含んでおり、⑤それを参加者も理解したこと、などを指摘し、これらの点を踏まえると寺西発言は廃案意見を参加者に伝える効果があった、とする。

しかし、③以下は単なる憶測に憶測を重ねたものに過ぎず、表現の自由を制限し懲戒する根拠とは到底なり得ない。そもそも人間の意見及び表明行為は、流動的、状況対応的な性格があり、事前の言動等からその内容を憶測し、これを懲戒事実とすることは法的に許されないからである。この点で本決定には事実認定上の致命的な不適正さがあるといわなければならない。

三　すり替えられた中立と公正

このように最高裁の多数意見は、憶測に憶測を重ねた上で寺西発言が「積極的な政治運動」に当たるとしているが、この点の解釈、適用を行うに当たり、裁判官の思想表現の自由を制限すべき根拠として、第一に司法の中立公正さに対する国民の信頼を確保するための「外見上の中立公正」の保持の点と、第二に三権分立主義とを持ち出し、政治勢力から一線を画すべきことを説く。

まず前者の外見的中立公正論を検討してみよう。たしかに裁判官は公正で独立かつ中立的な存在でなければならないが、司法にとって要求される公正とは、究極的には近代法の原理的価値である人権を守るということに尽きるし、独立とは、行政権、立法権及びこれを掌握する権力層の干渉、圧迫、介入に屈せず良心と法の命ずるところに従うということを意味する。そして中立とは、裁判するに当たり裁判官は両当事者の言い分を予断や偏見を持たず公平に聞いて、ひたすら法と事実（証拠）に基づき良心に従い判断する姿勢をとらなければならない、ということを指すのである。

ところが最高裁の多数意見は、同じく中立・公正の重要性を説きつつも三つの重大な修正を持ち込んでいる。

その第一は、実質的な中立・公正を外見的な中立・公正にすり替えていることである。「裁判官は、独立して中立・公正な立場に立ってその職務を行わなければならないのであるが、外見上も中立・公正を害さないように自律、自制すべきことが要請される。司法に対する国民の信頼は、具体的な裁判の内容の公正、裁判運営の適正はもとより当然のこととして、外見的にも中立・公正な裁判官の態度によって支えられるからである」（本決定）、というのである。

しかし、実質的な中立・公正が前述のように法的価値によって裏づけられた概念であり捕捉可能なものであるのに対し、外見的中立・公正なるものは、他律的で不明確・曖昧なものであり、社会的常識論のレベルではいざ知らず、およそ法的概念として構成することの不可能なものであって、これを根拠として裁判官の職務義務やモラルを論ずることは適切でない。

第二は、中立を政治的中立にすり替えていることである。

そもそも裁判官に要求されるのは裁判の場における訴訟上の中立性なのであり、その実体は前述のように予断・偏見なしに両当事者の主張・立証に耳を傾けるということであり、かつこれに尽きる。これに対し政治的中立なるものは、およそ法的に定義することの極めて困難なものであり、恣意的解釈を許す。従って裁判官に政治的中立を要求することは、裁判官の人間としてのあらゆる思想的、社会的、文化的営みを行う自由を剥奪する結果を生じさせる。このことは寺西裁判官の前述のような言動ですら政治運動（しかも積極的な！）とされたことが何よりもよく示している。

第三は、中立・公正を維持するに当たって果たす良心の重要な役割、意義を無視していることである。憲法は「すべて裁判官は、その良心に従ひ独立してその職権を行ひ…」（第七六条）と規定し、良心の役割、意義を高く評価している。このことは、法というものが正義という規範的価値を担うものである以上、その担い手の良心にその実現を託さざるを得ないという事理を表わしている。

そして重要なことは、その良心が、市民としての自由な社会的コミュニケーションを通じて形成され維持されていくものだということである。即ち、裁判官は、市民社会の中で一般市民との自由で人間的な思想・言論の交流を通じて人間性、市民感覚、人権意識、民主主義精神を形成、維持し、「市民社会の良心」を自らの良心として身につけ、一般市民の人権の法的守り手としての識見をもって裁判に当たることができるようになる。このように良心の重要性を認識、評価する憲法の立場に立つ限り、裁判官の市民的自由、とりわけその中核をなす思想表現の自由を制限せよという論理が出てくることはあり得ない。

四　「積極的な政治運動」禁止の歪曲

次に三権分立を根拠とする中立・公正論について検討してみよう。そもそも三権分立主義が司法に要求することは何かといえば、裁判官が行政・立法からの介入、干渉、圧迫に屈してはならないことと、裁判官が行政・立法の権力と人的にも機構的にも癒着し一体化してはならないということであって、裁判官が思想表現の自由を持たない非政治的「半市民」となることを要求するものでは全くない。

このことは、裁判所法が裁判官の政治運動の自由を基本的に認め、例外的に国会議員等の立法業務に携わることと及びこれに準ずるような「積極的」な政治運動を禁止するにとどまっていることによく表われており、かつては最高裁（事務総局）の認めるところでもあった（最高裁事務総局『裁判所逐条解説』中巻一七八頁）。

ところが本決定は、ひたすら外見的中立公正論を根拠として、積極的な政治運動とは「組織的、計画的又は継続的な政治上の活動を能動的に行う行為であって、裁判官の独立及び中立、公正を害するおそれがあるもの」との無限定的な解釈論を打ち出し、寺西発言がこれに該ると強引に結論したのである。

多数意見の下したこの強権的な決定に対し、少数意見はこもごもに、多数意見が「若年の裁判官が……自主、独立、積極的な気概を持つ裁判官に育つのを阻害すること」を危惧している。

これら少数意見には、多数意見により裁判官の精神的萎縮、良心の衰弱化がこれ迄以上に進行し、司法権が固有の存在意義を失いかねない事態に陥ることへの深い憂慮がこめられているように思う。

私たちは、この憂慮を共有しつつ、多数意見の権力的貫徹に歯止めをかけるよう努力しなければならない。これは、実は裁判官のためというよりは己れのために、つまり裁判官をして市民の自由・人権を守らしめるために必要な努力なのである。

（世界一九九九年二月号）

第四章　連帯としての人権、連帯としての民主主義

一　はじめに――同時代的証言として

本年（一九九九年）三月末をもって私は東北大学を定年退職することになりました。皆さんの仲間に入れていただいて、仙台で二三年間、人生のいちばん充実した時期を送らせていただきました。皆さんに元気づけられ啓発されて、曲がりなりにも民主主義、人権、平和を考え、皆さんと一緒に、一生懸命歩んでくることができました。心よりお礼を申し上げたいと思います。

私は司法修習を終えたあと、法律実務家としての道をとらずに研究者の道に入り、東京都立大学で一〇年間、東北大学で二三年間、法律の分野で言えば刑事訴訟法、裁判法、司法制度論といった分野を中心にして研究・教育に携わってまいりました。

過ぎてしまえば本当に長かったようであり、一瞬だったという感じもします。いずれにしても私は安保闘争の余熱が冷めていない一九六〇年代半ば頃から研究者の道に入ったわけです。それからリストラの厳しい嵐の吹き荒れる一九九〇年代末に至るまでを振り返ってみますと、時代の動きの激しさに驚くばかりです。

私の研究・教育の営みはとるに足らないものだったと思いますが、大きな時代の激動と重ね合わせてみれば、それなりに一つの意味を持つものだったのではないかとも思います。

私は、「人身の自由なくして思想の自由なし」、「思想の自由なくして平和なし」という歴史的な教訓の示すところに従って、人身の自由を研究テーマに選びました。人身の自由と申しますと一寸分りにくいかもしれませんが、捜査から始まって裁判、最後には冤罪の人を救う再審に至るまでの手続において、市民はいかなる人権を持つか、というのが私の研究テーマでした。

具体的には日本の刑事手続の持っている深刻な構造的な糾問的性格、被疑者や被告人に人権を認めず、もっぱら取調の対象、糾問の対象とするような手続、その糾問性を克服することが、つまり人身の自由を守ることが、思想の自由を守ることになり、平和にもつながるということを考えながら、研究し教育する営みを続けてきました。

その第一歩として、人身の自由を強化しようとする人々の営み（その大きな一翼を担ったのは弁護士、在野法曹ですが、在野法曹の後ろには多くの日本人民の運動があったわけです）、そういう営みの歴史を掘り起こすことによって、人身の自由保障の歴史的な正当性を論証しようとしました。

それと同時に冤罪事件の問題、弁護権強化の問題、捜査改革の問題。さらには何度もかたちを変え品を変えて立ち現れてくる治安立法の動き。例えば刑法改正の動き、弁護人抜き法案の動き、拘禁二法の動き、国家秘密法の動き、破防法活性化の動き、さらに最近の盗聴立法。そういう動きを阻止しなければならない。また司法の官僚化にも歯止めをかけなければならない。そういった現実的な課題に、私は研究者の立場で取り組んで、志を同じくする弁護士の方々、一般市民の方々とともに力を尽くしてきました。

その営みを、先ほど申したような時代の動きの中でどのように位置づけ、どう評価すべきか。これはもちろん私の仕事ではなくて、私よりもずっと若い方々の仕事であります。

ただ、あえて同時代的な証言として一言いえば、次のようになるのではないか。

一九六〇年代の中葉以降、全体状況をみれば憲法的な思考が次第に後退し相対化してきたことは否めない事実です。人身の自由をめぐる様々な営み、戦い、理論、実践もその例外ではあり得なかったのですが、しかし、その根本、いちばんの基本的なところでは後退、相対化を押し止めることができたのではないか。そして次の世代に、戦後民主主義の貴重な遺産として、日本社会の民主的、自律的な発展の基盤となるものを残し得たのではないか。

とはいっても現実は厳しく、果たして本当にそうなるのかどうか、私の言う歴史的な評価に向けての同時代的な証言が果たして正しいかどうかはまだ分りません。現在、盗聴立法の動きや少年法改正の動きなど、様々な動きがあり、また冤罪救済の動きも困難に直面していることを考えますと、歴史的な評価を下すには時期が早いだけではなくて、本当のところはその帰趨はまだ決せられていないというべきでしょう。

そういう状況の中にあって、私自身は冒頭にも申しましたように定年ということで一つの区切りを迎えるわけですが、私としてはこれからもできるだけ、少し下がったポジションではありますけれども、自分なりの任務を果たしていきたいと考えています。

そういう心境にある私が、民主主義、人権、平和の発展のために、本当に長い間、献身的に努力をしてこられた皆さんを前にしてお話しできることは極めて限られていることを自覚せざるを得ません。皆さんにこそ語るべきことがあり、私にはそれを聞くべきことが沢山あるという思いでいっぱいです。

しかし皆さんの前でこうしてお話しする機会を与えられたことは、皆さんの友情であり励ましであるとありがたく受け止めて、私が現在考えていることの一端を申し述べることとしたいと思います。

私がまずお話したいのは、二〇世紀末という現時点において、現在統治層というか支配層が仕掛けてきている統治戦略、統治政策がどういうものなのか、それによって人権、平和、民主主義といった基本的な理念や運動がどういう矛盾的状況に置かれているのかということです。そして、その局面をどう打開していくべきかは、私たちが日夜考えざるを得ないテーマですが、その方向を探るためにも、歴史的な教訓としての戦後民主主義を確認、検討してみたいと考えます。

二　現在の統治政策と平和・民主・人権の状況

もちろん私にはそのすべてを語れる能力も知識もないのですが、さし当たり三つの分野を選んで、先ほど申した課題にアプローチしてみたいと思います。第一は経済、社会、国家という分野です。第二は軍事、第三は治安、司法という分野です。

考えてみればこの三つの分野は統治戦略、統治政策の基本をなす分野であり、この三つの分野について考えることは、支配層の統治戦略、統治政策の全動向を考える上で重要な資料になり得るだろうと考えます。

1　経済、社会、国家の分野

まず経済、社会、国家という分野ですが、この分野では統治層の戦略的なプランを示す基本的な文書があります。それは経済戦略会議の中間とりまとめという文書であります。この経済戦略会議なるものは昨年（一九九八年）八月に小渕総理大臣の下に設置されたものでありまして、一二月に中間のとりまとめをしました。間もなく最終報告書を確定する予定だそうです。

その中間的なとりまとめが昨年一二月二三日に発表された「日本経済再生への戦略」と題する文書です。その概要は新聞でもかなり大きく報道されましたが、改めてそれを読んでみますと、いま統治層がいかなる戦略を組み立てているのか、よくわかるのであります。

この文書はまず現状認識として、日本的なシステムが破綻した、と強調しています。具体的に言えば、第一に、雇用や年金への不安、財政赤字への不安が国民の中に根強く深刻なものがあって、先行き不安感が蔓延している、としています。第二に、規制・保護や護送船団方式に代表されるようなシステムが日本経済を非効率化へと導き、日本経済から活力を失わせている、としています。第三に、日本的な含み経営は非効率的なものである、としています。そして健全で創造的な競争社会に向けて、経済再生への戦略を組まなければならない、といっています。

それに向けての基本的な方策として打ち出しているのは、まず経済回復あるいは財政再建に向けての方策であり、その具体策として経済の構造改革をうたっています。具体的には雇用の流動化であり、リストラ、首切りです。それによって失業率は上昇するだろう、それは不可避である、と断言してます。

それと同時にこの文書は、「健全で創造的な競争社会」の構築をうたい、そのためにまず「小さな政府」の実現を打ち出しています。

その方策の具体的なこととして何をうたっているかというと、第一に、公務員の削減です。一〇年間で二〇％削減し、それに伴う公務の縮小を全部民間へのアウトソーシング、つまり業務委託によって補う、といっています。その一方で高級官僚については政治的任命制度、つまり政治的な人事を行う、民間との人事交流を行う、というのです。

第二に、規制撤廃の推進です。

第三に、国有財産の売却です。

第四に、財政投融資制度の改革で、年金、簡保、郵便貯金などの四五〇兆円に上る資産についての財政投融資の運用をもっと効率的なものにしていく、具体的には郵政三事業を変えていく、といっています。

さらに第五に、司法改革をあげています。これまでは行政指導による裁量的で非透明な事前的調整が社会の基本であった。が、今後は透明なルールに基づいて事後的に司法がチェックする社会にしていかなければならない。そのためには司法能力の大幅な拡充が必要であり、そのために司法改革をしなければならない。そして新たな法治国家を作らなければならない、というのです。

具体的には法曹人口を拡大するというのです。法曹人口といえば裁判官、弁護士、検察官ですが、いちばん増やそうとしているのは弁護士です。毎年二千人ぐらいの司法試験合格者を出させようと、具体的な数字をあげて主張しています。

そういう司法改革をスムーズに行うために、弁護士会、裁判所、法務省の三者の合意がなければ司法改革には手を着けないという「法曹三者合意」を廃棄して、政府・財界主導型の司法改革をぐんぐん押し進めていくことをうたっています。

さらには公正取引委員会を強化して、これを司法機関化していく。つまり公正取引委員会を司法機関化することによって、独占の行き過ぎをチェックしようというのです。

それから税制改革です。消費税を上げることや納税者番号制度の導入を打ち出しています。

さらには「小さな政府」の実現の一環として地方主権の確立を打ち出しています。具体的には地方自治体の自主的な財源を増やしていくというのですが、これはとりもなおさず地方交付税を一方では縮小し、他方においては地方自治体に財源を与えることにより地方自治体による地方税増税を行わせようというわけです。

それから年金・医療・介護への競争原理の導入、雇用の流動化、リストラ化、さらには教育改革まで述べています。

教育改革としては、教育現場で自律性を持たせて、教師間や学校間に競争原理を導入することを打ち出しています。つまり教育という、これまでは競争原理とは無縁な領域とされていたところへ競争原理を導入することによって教育を活性化させるというわけですが、同じような考え方は司法にもみられます。

司法も教育もこれまでは競争原理、つまり利潤追求の市場競争の原理とはまったく無縁の領域とされてきました。人権や教育など、人格ないし人間の尊厳に直接にかかわるような領域については、これまでは、いかに資本主義社会と言えども利潤追求の競争原理に任せておいてはならないというのが、固い原理・原則でありました。それを二一世紀には突き破っていこうというのであります。

教師間や学校間に競争原理を導入し、具体的には複数学校選択制を導入することにより、生徒あるいは父兄に学校選択の自由を与え、学校を多様化していこうというのですが、その帰結は学校間格差の増大と、公教育の衰退になるでしょう。

競争原理の導入は、義務教育だけではなくて大学についても同様です。大学の研究教育に競争原理を導入する、具体的には第三者評価機関を作る、というのです。自己評価ではだめだ、第三者的な常設の評価機関を設けて、そこで研究者・教育者の査定をする、そしてその査定に基づいて研究教育費を配分する、というのであります。

しかし、大学の先生方の研究や教育をどうやって査定するのか、自分がもしも査定する側に立ったら何を尺度にすべきか、途方に暮れるよりほかはないでしょう。

そして国立大学の教員を非公務員化し、兼業を自由化し、産学協同体制を推進し、ひいては国立大学を独立法人化ないし民営化していくことを打ち出しています。

そのほか、この報告書は、たとえば第三章ではバブル経済の本格的な清算と、二一世紀型の金融システムを構築しなければならないとか、第四章では産業再生への枠組みとプランなどを打ち出しています。また第五章では二一世紀への戦略的インフラ投資と、公的・私的パートナーシップとして公共投資の見直しを打ち出しています。

そして最後に「おわりに」という結論部分がありますが、これが傑作な文章なので、ぜひ紹介しておきたいと思います。もともとこの報告書は、新聞の報道によりますと、珍しくも官僚が作文したのではなくて、経済戦略会議のメンバーが自ら筆を執って書いたものだそうです。たしかに「おわりに」という部分を読むと、格調高いと言えば高いのですが、うさんくさいといえばうさんくさいものです。こんなことをいっています。

「日本経済はいま、『海図なき新たな航海』に旅立とうとしている。しかし、その眼前に広がる光景は決して暗黒の海ではなく、希望と活力に満ちた輝かしい未来である。

第一章から第五章にかけて提言してきた数々の構造改革を断行した暁の日本経済は、従来とは全く異なる新しい姿を見せるだろう。スリムで効率的な政府のもとで自由闊達な競争が展開され、新しいビジネスや新規産業が次々と勃興する。

国民一人一人が保護や規則から一人立ちし、自己責任と自助努力をベースとして自由な発想と創造性を遺憾なく発揮することによって自らの生み出す付加価値を高めることが成長の源泉となる。新しい価値を生み出そうとする一人一人の意欲と熱意、創意工夫の積み重ねが豊かさと競争力の源泉になる。個々人が個性や独創性を持ってリスクに果敢に挑戦する姿勢が高く評価され、その成果に対して正当な報酬が与えられる。そして次の世代を担う若者や今日の日本の発展を築き上げてきた高齢者も生き生きと希望を持って豊かな生活を営める……。そうした社会が実現するはずである。」

そのように述べたあとで、報告書は、ともすればいままではそういうことにはならずに、急激な変化を嫌い、弱者保護の名のもとに既得権益の維持を優先した結果として経済の活力が喪失してきた、これをこのまま続ければ将来への希望も失わせかねない、アメリカにならい「日本も従来の過度に公平や平等を重視する社会風土を『効率と公正』を機軸とした透明で納得性の高い社会に変革して行かねばならない」、というのであります。

そして最後に経済戦略会議は、日本経済が安定的な成長軌道に復帰し、力強く再生する日も近い、と断言しています。

この戦略会議の中間報告書はまもなく最終報告書に練り上げられていくことになっていますが、その特徴の骨子をここで改めて確認しておくと、財政再建策としては歳出削減、民間業務委託、民活化、そして増税です。消費税をアップし、低所得者に対する課税を上げていく。これが大きな柱です。

それから「小さな政府」の実現策としては、公務員の削減、司法改革、地方税増税、年金民営化等が続きます。

さらに民間企業のレベルでは、首切りの自由化をうたい、人的資源調達のための競争原理の教育への導入をうたい、競争社会に適応していく人材の養成を狙っています。

要するに報告書は、リスク、競争、挑戦、自己責任などのコンセプトを駆使して人々を競争に駆り立て、敗者に自己責任を負わせる。そうすることによって、企業にリスクを回避させ、日本が陥っている社会的な危機、破綻的な状況の原因をすべて「悪平等」の日本的システムになすりつけ、「弱肉強食」を一層推進しようとしている。そういうふうに総括することができるのではないかと思います。

では、このような戦略下において市民はいったいどういう立場に置かれるかを次に確認してみたいと思います。

それは結局のところ、大企業による利潤追求、そしてそれから生ずる様々な社会的矛盾、負担を被る存在にすぎないのです。そして市民に負担を強いるイデオロギーとして使われているのが、市民の自己決定、自己責任という概念です。市民というものは自己決定すべき存在であり、自己決定によってやったことについては自己責任を負うべきである、という論理です。

そこで想定されている市民は、実はいろいろな特徴を持っています。

まず第一に、政治意思の形成過程から阻害された存在です。「小さな政府」の論理とはとりもなおさず国民をいかにして政治的合意形成から阻害していくか、遠ざけていくかということにほかならないからです。その意味では非政治的な個人、これが市民の第一の性格です。

第二に、社会的連帯から疎外された非社会的な個人です。つまり自己決定、自己責任というイデオロギーによってばらばらにされ、人と人との連帯的な契機をまったく奪われた、非社会的な個人です。

第三に、そこでいう市民とは、自己責任の主体、つまり大企業の利潤追求の犠牲となり負担を被る主体ではあっても、人権の主体、人権の担い手としての市民ではありません。

総じてこのように社会的な連帯から切り離され、自己決定、自己責任のイデオロギーの下に大企業の支配する市場の「弱肉強食」のメカニズムに服する個人、これを報告書は市民と称し、その市民を支配し統治することに二一世紀の活路を見出そうというのです。

2 日米軍事一体化の進展

次に軍事の問題です。この問題については、経済戦略と裏腹の関係にあるものとして、アメリカの多国籍企業の日本市場制覇の動きがあり、これとアメリカの軍事戦略とは密接につながっていて、日本の軍事、外交を金縛りにしていることは周知のとおりです。

そしてアメリカの軍事戦略に基づいて作られたのが一九九七年の新ガイドラインであり、その具体化のための法案として現在国会に提出され、審議されているのが周辺事態法案であります。この法案の持っている問題点については、ここで詳しく述べる必要がないほどに皆さんはよくご存じだと思いますが、周辺事態という曖昧な概念を使いながら、アメリカの一方的な軍事力発動に日本が自動的に参加し、後方地域支援、捜索救助活動、船舶検査活動その他の形で参戦していくことにしようというのです。

しかし、例えば後方地域支援なるものは、弾薬を運び、兵員を運ぶという戦争行為そのものであります。しかも、そのような参戦が国会の承認を経ずに内閣の一方的な決定によって行われるしくみになっています。そして自衛隊が出動するのみならず、地方公共団体や、さらには一般の民間企業までもが、事実上強制的な協力義務を負わせられます。その意味では、まさに戦前にあった、戦争への国家総動員体制そのものの実現が目論まれているのであります。

現在アメリカは世界の中で最も強大な軍事大国であり、一方的な軍事力発動の自由を事実上キープしていますが、その軍事力発動は非常に無軌道で、一方的なものであります。

例えば、本年（一九九九年）二月に出されたアメリカの国防報告は、アメリカが並ぶもののない軍事的能力を依然として持っていることを誇示するとともに、国家的利益を守るために軍事力の行使を辞さないということを公然と宣言しています。国家的利益を守るためというのですが、具体的には死活的な国家利益、死活的な国家利益ではないが重要な利益、さらには人道的な利益、そのいずれを守るためにもアメリカは軍事力発動の自由裁量権をキープするということを宣言しています。

しかも、ある国で起きた内乱とか紛争とかをも含めて、アメリカの国家利益にかかわるものだ、といっています。これは大変重大で危険なことです。

このようなアメリカの一方的で無軌道な軍事力行使に、日本は閣議決定のみで協力して参戦し、戦闘行為そのものを行うことになるわけですから、これが憲法第九条に違反することは明々白々です。いかなる論理をもってしても、自衛権の発動と呼ぶことはできないものだからです。それだけでなく、こういう言い方はちょっと誤解を招くおそれもありますが、憲法のみならず、日米安保条約にすら反し、その枠を大きく超えるものです。

日米安保条約というものは、基本的には日本が武力攻撃を受けるという事態を想定しているものです。ところがこの周辺事態法案なるものは、日本に武力攻撃が加えられるかどうかということを一切問題にしません。ですから最近の国会審議の中でも、たとえばインドネシアで仮に内乱状態が起きた場合にはどうなるか、台湾でもしもそういう事態が起きたらどうなるかとか、あるいは北朝鮮の場合はどうなんだ、そういうことが取り上げられ問題にされているわけです。

要するにアメリカが一方的に軍事力を発動した場合に、日本はそれにほとんど自動的に追随し参戦するというのですから、もはや憲法などという問題ではない。それどころか、日米安保条約の枠をさえ遥かに超えるものといわざるを得ません。

3　治安と司法――その逆改革

次に、治安と司法の分野に目を向けていきたいと思います。経済戦略というもの、さらには軍事戦略というものと、治安および司法とが密接に関連していることは、詳しく申し述べる必要がないほど明らかなことだと思います。

たとえば規制緩和、競争原理というものがどういう社会的状況を生み出すかというと、それは具体的には大量の失業であり、所得格差の増大です。このような状況が社会的な対立構造を激化していくことは容易に予想される事態ですが、そういう事態の下で様々な逸脱的な行為（これは抵抗行為という意味合いをも持ちます）や、ドロップアウト的な行動が、これからかなり深刻化していくだろうと思われます。

そういう社会状況を想定した場合、これが深刻な治安上の危機的状況をもたらす危険が十分に予想されます。そうであるだけに、統治層、統治戦略の側はこれに対して次のような二つの特徴を持った政策を用意しているように思われます。

一つは予防主義であり、もう一つは厳罰主義です。

予防主義というのはそういう紛争が起こる前のところで、できるだけ警察力を早期に発動して抑え込むという政策です。その役割を果たすのはもちろん固有の意味での治安立法なのですが、その中でも重要なのは、犯罪が発生する前に警察が強制権限を発動するシステムの構築です。

たとえば最近盗聴立法の問題が国会で審議されています。私たち刑事法学者は、その危険性を訴える声明を三度出し、人々の関心を喚起しようと努めてきました。そのためもあってか、最近では、新聞の論調も含め、世論は盗聴に対して厳しい見方をするようになっています。

この盗聴立法というのは、表向きはテロ対策、あるいは組織犯罪対策という形をとっています。しかし、作られた法案の中身を見ると、これは決してテロとか組織犯罪だけではなくて、かなり広い範囲の一般の犯罪をも対象にしたものなのであります。それだけではなく、犯罪が起こる前に警察が盗聴という強制捜査をすることができるようにしようとしているのです。このように犯罪が起こる前に盗聴するということは、予防主義の最たるものといっていいでしょう。

それからもう一つ、予防主義の現れとして行政警察活動の活発化があります。警察活動というものは、ある危険な事態が発生したときにはじめて発動されるというのがこれまでの古典的な考え方でした。ところが最近警察は、危険が発生する以前においても、市民の生活の安全を守るという名目の下に、警察力を活発に行使して市民の生活を日常的に監視する体制を強めています。

その例として注目されるのは、一九九四年に警察法が改正され、その中に生活安全局という部局が設置されたことです。これは組織法改正の形をとってはいますが、警察理念の大転換です。なぜなら、これまでは市民の生命、身体、財産等について危険が発生しない限りは、警察は権力的な活動をすべきではないと考えられてきました。ところがこの改正により、警察は、市民の生活安全を守るために、危険がなくても日常的に市民の生活上の情報を収集し、予防、安全の措置を講じておくべきだということになったわけですから、これは大転換です。

次に、厳罰主義です。これには様々な例がありますが、比較的皆さんの注目を引きにくい問題として、条例制定の動きがあります。地方自治体のレベルで作られる条例の中には、ほとんどその効果を期待できないにもかかわらず、刑罰を盛り込んだ条例がたくさんあります。この宮城県でも、騒音防止とか、環境美化に向けての条例が作られている地域があることはご存じの通りです。これらは、刑罰にまで及ぶことはほとんど想定していない。にもかかわらず、一罰百戒的に刑罰権を発動し、厳しい処罰を加える裁量権を警察に与えているのです。

そういう意味では、この種の条例制定の動きには無批判かつ無条件に賛成することのできない危険な芽を持ったものがかなりあることに注意を払う必要があります。それに加えて最近問題になっている少年法の動きがあります。

本年（一九九九年）一月二一日、法制審議会は少年法改正についての答申をまとめました。この答申の基本的なねらいは、第一に検察官を少年審判に関与させることです。第二に検察官に不服申し立ての権限を与えることです（たとえば非行事実がないとして不処分になった少年に対して、非行事実があるとして不服の申し立てをするとか、あるいは、家庭裁判所が保護観察処分の決定をしたのに対して、少年院に送ってもらいたいとして不服申立をする権限を検察官に与える）。

それに加えて、自由民主党を中心として刑事処分年齢の引き下げをする法案も用意されています。これは法制審議会を経ないで、議員提出法案という形をとるのではないかと思います。現在は一六歳以上でなければ成人と同じような刑事処分に付されることはないという仕組みを少年法は用意しているのですが、この法案はそれを一四歳に切り下げようというものです。

これら二つの案は作られ方は違いますが、合体される危険性がつきまとっています。

このような改正によって、今までは、非行事実があったのか、どういう処分が適切なのかということについて、裁判官が調査官や鑑別所の人たちの協力を得ながら、科学的所見を踏まえて決定してきた仕組みが変えられ、そういう仕組みの中に検察官が入ってくることになります。

この検察官関与の持っている重大性をここで私は強調したいと思います。一体どういう事件に検察官を関与させようとしているのか。答申は、死刑とか無期とか、長期三年を超える事件、といっております。これらは一見例外的で重大な事件のようなイメージを与えます。しかし、少年事件で非常に多いのは窃盗、傷害、恐喝事件ですが、そういう日常的な事件が検察官関与の対象となるのです。ですから検察官が関与する事件の範囲は非常に広いということが分ります。

しかもその関与する手続の範囲はかなり広いものです。もっとも、「非行事実」の認定というように一応は限定されています。しかし、実際には「非行事実」には単に人を殺したとかだけではなくて、なぜ殺すに至ったのか、その背景や動機、共犯で行った場合には共犯関係など（だれが首謀者だったのかというようなな）、事件に関わりのある事実の全部が入ると法務省は主張しています。そしておそらく解釈としてもそうなるだろうと私は思います。もちろん解釈でそれを限定することは不可能ではないのですが、なかなか難しいのではないかと思います。

しかも検察官を関与させるかどうかは裁判官の自由裁量とされています。

ですから、たとえば、ある少年が恐喝事件を起こしたとします。事件としては日常的でとるに足らない事件だとしても、その少年が「自分はやっていない。ほかの者がやったのだ。自分は現場にいたけれど、一切手は出していない。」と弁解し争ったとします。これは少年事件にはよくありがちなケースです。

ところが取り調べに当たった警察や検察官が、おれは関係していないという弁解に手を焼いて、裁判官に対し、この少年はけしからぬ悪質な少年だというインフォメーションを与え、検察官を関与させるよう促したとします。すると裁判所は少年の弁解を聞くでしょう。その弁解においても少年は、「おれは現場にいたけれど、やっていない」と主張したとします。そうすると、先ほどの基準に合わせて考えますと、長期三年を超える事件ですから、これはクリアします。やったかやらなかったかという事実の認定の問題ですから、この点もクリアします。しかも少年の強い態度を見て、これは反抗的、悪質でなかなか手強いぞと思えば、裁判所としては、検察官の関与が必要だと判断することが可能な仕組みになっています。

その結果として、検察官が審判廷に出てきます。彼は、少年本人や証人に対して尋問する権限を持っていますし、証拠閲覧権も持っています。さらには補充捜査をする権限も持っています。つまり、いま出されている証拠だけでは少年の有罪を認定するのは無理だという場合、改めて補充的な捜査をして有罪証拠を集め家裁に提出する権限を検察官は持ちます。しかも、どういうふうに事実を認定すべきかということについての意見を述べる権限も持ちます。

それだけではなくて、その事実の認定や、処分の内容について不服がある場合には抗告を申し立てて徹底的に追及することができます。

ですから検察官関与の審判に立たされた少年は、犯罪を犯したかどうかを検察官に徹底的に追求される一般の大人と同じ立場に立つわけです。

しかし、少年法の考え方というのは基本的に違うのです。少年というものは、可塑性に富み、人格形成過程にあるわけで、人格的に未だ成熟していない段階にあります。したがって成人の犯罪とは違い、立ち直りのチャンスが広くあり得るし、また社会は立ち直りのチャンスを与えるべきである、というのが少年法の考え方です。一口にいえば保護主義という考え方でできています。

ですからいまの少年法では、少年に対して裁判官は、調査官という専門家（これは心理学、社会学、教育学などの人間科学を勉強した専門家ですが）の力をフルに活用しながら、少年の人格に働きかけながら事実認定を行い、処遇を決定するのです。従って事実認定するに当たって、裁判官は、人格をかけて少年と向き合うとともに、少年をして事実に向き合わせなければなりません。

少年からじっくりと弁解を聞いて、その少年が否認する場合にせよ、自白する場合にせよ、そのことによって少年が自分の置かれている状況をよく認識、判断し、人格形成にプラスになるようなシチュエーションを用意しながら、慎重に事実を認定し、処分を決定していく。これが現在の少年法の基本的な考え方であり、仕組みです。

もっともこの仕組みが必ずしもうまくいっていないという残念な現実があります。何よりも少年法を担うべき裁判官や調査官が、少年法の理念を十分に体得し、かつ情熱的に実践しようとしているかといえば、かつてはそういう情熱を持った裁判官や調査官が多かったのですが、現在の家庭裁判所には少なくなっています。

しかし、そうだからといって、もし検察官を審判に関与させたときに、どういう状況が起こるか。少年は、審判廷で検察官の糾問にさらされる危険があります。教育的、保護的雰囲気は維持しがたいでしょう。事実認定というものは教育的、保護的なこととは無関係な、およそ中立的、中性的なものだという考え方がありますが、しかし少年がある事実を犯したとされる場合でも、その事実に対し少年を向き合わせどう対応させるかということ自体が教育なのです。保護なのです。少年法の考え方では、事実認定のしかたそれ自体が少年を保護し、人格形成を助長させるようなものでなければなりません。糾問的なやり方はおよそ教育的、保護的意味を持たず、少年非行の事実認定のしかたとして絶対に認めることはできません。

このように検察官の審判関与は、審判を糾問的なものに変える危険を持っており、少年法の保護理念にそむくものであります。

それだけでなく、検察官関与は、少年事件の捜査にも大きな弊害をもたらす危険性があります。なぜなら、少年側としては、捜査当局の想定に合わない供述をすると、審判段階での検察官関与の事態を招き、さらには不服申立の危険にさらされます。これは少年側にとって非常に重い負担となるわけですから、少年側が事実を争うよりも警察の見込みにそう対応をしたほうがむしろ得策だという判断をせざるを得ないことがあり得ましょう。それは、教育上好ましいことではありません。

そう考えてくると検察官の審判関与は、少年法の基本理念を変える、大変危険なものといわざるを得ません。なお、くわしいことは『法学セミナー』一九九八年五月号で述べていますので、それをお読み下さるようお願いします。

さて、その次に最近の政財界による司法改革の動きについて述べなければなりませんが、時間の都合上一切省略することにし、その本質が「司法を軍事、警察、大企業の補完装置化する逆改革であること」を指摘するにとどめたいと思います。くわしいことは、近く出版する私の『人身の自由の存在構造』(信山社)を読んで下さるようお願いします。

三　統治戦略の矛盾と異議中立

さて、このようにみてくると、現代の統治戦略がパブリックなるものを基本とする分野、つまり人間が社会を形成し、共存していくために、「弱肉強食」の原理で運営してはならない分野を「弱肉強食」の競争原理に委ねることによって解体し、社会的な連帯を破壊していく、そういう本質を持つことは明らかだと思います。

最初に財界筋が規制緩和と言い出したとき、それが利権構造を打破し自由と人権につながるもののように考える人が多かったように思います。

ですから、たとえば規制緩和、市場原理というものが高々とうたわれるようになった一九九〇年代初頭には、規制緩和、市場原理、競争原理に反対することが難しい雰囲気がありました。そんなことをいう者は官僚に加担する保守反動であるといわんばかりの世論作りが行われ、新聞の論調も規制緩和賛美論一色だったのであります。

ところが現在ではどうでしょうか。規制緩和論がいかに市民的公共性を解体し、社会連帯や人権を破壊し、私たちを奈落の底、地獄へと追い込んでいく悪魔の理論だということを新聞も指摘し始めています。世論も変わりつつあります。変えたのは現実の矛盾の厳しさです。

規制緩和とは大企業の市場制覇の自由であり、首切りの自由です。そういう現実の実態が明らかになり、それに気がつき始めたのです。現実の矛盾の厳しさがそれを教えたのです。それと同時に、私たちがうまずたゆまずその実態を訴えたことの成果でもあると私は思う。

その声は経済学者をも動かし、規制緩和に対して異議申立てをし始めていることに注目する必要があります。

例えば『世界』の本年（一九九九年）一月号に注目すべき文書が載っています。「経済再生への対抗提案」という題の四人の経済学者の共同提案であり、経済戦略会議路線への批判文書です。その末尾の結論部分を皆さんに紹介したいと思います。

この提案は、「危機の時代には、危機に陥った歴史的責任を追及しなければ、時代閉塞状況から脱出する糸口は見出せない」ことを正当にもまず強調しています。そして次のようにいいます。

経済戦略会議が掲げる「小さな政府」、規制緩和、税制上の優遇措置、税率引き下げなどの政策目標は、グローバル化に対応する条件作りであり、選択の余地のない不可避的な政策課題として位置づけられている。しかし〝経済が苦境に陥っているのは、政府が市場経済に規制を加えているからであり、規制緩和しさえすれば幸福になれる〟という夢物語に対する国民の不信感は、いまや頂点に達している。規制を緩和しても、グローバルに活動する企業には競争の激化など訪れなかった。むしろ合併吸収による競争の低下が生じる結果になっている。皮肉にも規制緩和による競争の激化は、グローバルに活動しない企業同士で発生することになってしまったのである。結果は幕間のない悲劇の開演となった、と。

その上でこの提案は、次のような指摘をしています。

経済戦略会議の致命的な欠陥は、その提言が経済システムの危機ばかりでなく、社会システムの危機をも招く危険性に目を閉じている点にある。経済システムの危機によって生じている大量失業、所得格差の拡大は、ただちに社会的対立、抗争、逸脱行為の拡大という社会システムの危機に飛び火してしまうだろう、と。

そう指摘した上で提案は、希望へのオルタナティブ、代案として「政治システムや社会システムという『非市場領域』との相補関係を市場経済の突出的拡大に対応させて組み替え、『社会全体』の再編成を目指す改革」を提示しています。

競争原理、利潤追求という原理とはまったく別個の領域として、われわれが二、三百年の間、資本の利潤追求の運動から守り抜いてきた領域としては、とくに学問、教育、文化、宗教、それから福祉などがあります。司法もそうです。これらの市場とは違う非市場領域でのシステムは、本来どれも人間の生命と人格を再生産し維持する上で必要不可欠な根源的なものであり、企業の利潤追求の手段とされてはなりません。このことを考えるとき、この提案は極めて説得的だと思います。

提案は、この道理を踏まえつつ、非市場領域での社会的セーフティネットの張り替えこそが、希望へのオルタナティブであるとし、公的扶助、社会保障を大事にすべきだということを力説しています。そして社会保障の体系化は社会的連帯という協力原理で一貫して体系づけられなければいけない、連帯・協力が重要である、と力説しています。

私たちは、これまで基本的人権という規範的な概念を駆使しながら、規制緩和戦略について批判を組立ててきたのですが、これは、経済学者たちが提示している結論と見事な一致を見せています。このことに私は感動し、大きな知的な刺激を受けました。

このことを確認したうえで、歴史としての二〇世紀、戦後民主主義についてみてみたい。それは、歴史的教訓を歴史から学ぶことなしに、未来へのオルタナティブを発見することはできないと考えるからです。

四　二〇世紀の歴史的教訓

過去になりつつある、私たちが生きてきた世紀、この二〇世紀は、その前半は戦争、恐慌、ファシズム、植民地、そしてその矛盾を打ち破るための社会主義の誕生ということでありました。

　そしてこのような動きの中で第二次世界大戦が起こり、その悲惨な犠牲の上に立って戦後世界が築かれました。そして、戦争に対しては、非同盟、中立、反戦平和が対置されました。恐慌に対しては、修正資本主義、社会主義、そして福祉国家が対置されました。ファシズムに対しては、民主主義、人権が対置されました。植民地主義に対しては、民族独立、民族自決権が対置されました。

　しかし、このような戦後世界を作った理念が、二〇世紀末の現在にあってどういう対抗状況にさらされているかといえば、非同盟、中立、反戦平和に対しては、アメリカの一極軍事支配であります。修正資本主義、社会主義、福祉国家に対しては、新自由主義、市場原理、競争原理による多国籍企業の跳梁・制覇であり、公共性、社会的連帯、福祉の廃棄であります。

　民主主義、人権に対しては、その形骸化であります。これは、先ほど紹介しましたように、警察権力の肥大化と司法の変質とによって完成に向かおうとしています。

　こういう状況の中で二一世紀が幕を開けようとしているわけです。しかし、私たちがここで注目すべきなのは、先ほども確認しましたように、決して統治戦略がなだらかに遂行されているわけではなく、それどころか大きな矛盾、抵抗に突き当たっているという現実であります。

　そうだとすると、私たちの学ぶべき教訓は、第二次世界大戦後の世界理念、その実現の優れた法的形態としての日本国憲法にこそあるというべきではないでしょうか。改めて確認するならば、民主主義、人権、平和、福祉であります。それを現実化するのは私たちの闘いであり、運動だと思います。

　しかし、運動には理念が必要です。運動は理念なしには決して発展できないからであります。

　では人と人とを結びつけ、人を真の変革へと駆り立てる理念はいったい何か。私たちはそれを発見しなければならない。それを発見できれば、運動は発展し、先ほどの矛盾は私たちの目指す方向に自ずと展開していくでしょう。

そのような脈絡で、私は、大理念として、連帯、もう少し正確に言えば社会的連帯ということをあげたい。これこそ二一世紀の大理念であるべきだと思います。

先ほども言いましたように、二〇世紀は反戦平和をはじめとして様々な優れた理念を生み出しました。そしてその理念がいま脅かされようとしています。その脅かそうとしているイデオロギー、とりわけ自由競争とか自己責任というイデオロギーに対抗できる理念は連帯以外にはないと思います。平和も連帯でありますo福祉も連帯であります。民主主義もまた、人と人とが討論を通じて結びつく連帯関係であります。人権もそうです。

このようにして考えてきますと、現在、統治戦略が連帯を破壊しているのに対して抵抗するために、社会的連帯を二〇世紀の歴史的教訓として学びとりながら再構築しなければならない。

この観点から憲法を見るときに、その優れた本質が浮かび上がってきます。まさに戦後民主主義とは連帯の理念であり、日本国憲法とは連帯の法思想だからであります。

それではこのような思想を大理念とする場合に、この大理念が二一世紀において果たして現実的な基礎を持ち得るだろうかということが私への最後の問いでなければなりません。私はこれに対しては次のように答えたい。

たしかに、一見、今私たちは様々なイデオロギーによって分断され孤立化させられ、連帯性を失いつつある。しかし、逆に現実の厳しさは人々に連帯の必要を教えているではないか。この矛盾にこそ私たちは未来構築の鍵を見出すことができるのではないか。そうであればこそ、私たちは確信を持って連帯をこそ二〇世紀の歴史的教訓として学びとりつつ、これを二一世紀へと引き渡す必要があるのではないか、と。

そして、そのために、私は現在の統治戦略に対して徹底的な批判を加え、その上に立って連帯を強化・拡大することが重要であることを強調したい。現在の統治戦略の動きに対して曖昧な幻想、期待を持たずに、その実体をリアルに徹底的に分析し批判するところからしか二一世紀の展望は切り開けないと思うからです。その意味で私は批判の重要性を強調したい。

先ほど紹介した経済学者たちの提案でも、なぜこの危機に至ったかについての冷静な分析がまず必要だと強調されていましたが、まさにそうです。統治戦略に対する冷静でリアルな分析に基づく批判がまず必要です。その意味で私は、安易な対案主義の落し穴にはまることを警戒すべきだと言いたい。

なぜ対案主義が危険な落し穴にはまる側面を持っているかということについては、時間があればかなり詳しく述べたいと思ったのですが、時間がありませんので省略し、第一に既成の「土俵」の共有化に至る危険、第二に情報の不平等性からくる危険、第三に政治的攻防・かけひきに陥る危険などを指摘したいと思います。いずれにせよ、今私たちがまずなすべきは安易な対案作りではなくて批判です。そして、批判は、私たち相互の間にも向けられる必要があります。

私たちは、批判を通じ、討議を通じ、啓蒙された理性と勇気に基づく連帯とをもって、二一世紀に立ち向かっていこうではありませんか。その可能性を信じようではありませんか。歴史の中に働く理性がある。歴史こそ理性です。そのことを肝に銘じながら、二〇世紀の歴史的教訓を踏まえ、二一世紀に向けて平和、人権、民主の運動を拡げていこうではありませんか。

最後のところが、時間の関係もあり、また私の思考が十分に練れていないところもあって、問題提起としては舌足らずなものに終わってしまいましたが、以上が定年を迎えた私のモノローグのようなものであります。

（小田中聰樹先生東北大学定年退官記念講演会実行委員会主催市民講演会（一九九九年二月一三日）における講演。法と民主主義三三七号、一九九九年）

第四篇　司法制度改革審議会「中間報告」を批判する

第一章　司法改革と学者の姿勢 ——「中間報告」に接して——

二一世紀を迎える

一　いま二〇世紀が過ぎ、二一世紀を迎える —— このことへの感慨はひとさまざまであろう。とはいっても、身の廻りをみながら考えてみれば、二一世紀になったからといって特に何かが変わるわけではない。いまこの原稿を書いている日の新聞を開いてみると、環境悪化と社会的矛盾はますます深刻化する一方であり、政治腐敗はとめどなくその度合いを深めている。この状況は二一世紀に入ってもすぐには変化しないだろう。

とはいえ、人間は一定の期間生存して活動し、一定の社会的、時代的役割を果たしながら、それを意味づけて後世に伝達していこうとする存在であり、その意味で歴史的存在であるように思う。

そう考えるとき、二〇世紀が終わり二一世紀が始まるこのときに当たり、私たちが生きているこの時代の抱えている課題との絡みで学者の存在意義やあり方について考えてみることは、意味のあることのように思えてくる。

そこで、本稿で私は、二一世紀の人権と司法に対し大きな影響を及ぼすと思われる司法改革の動きを取り上げ、その本質を考察するとともに、この動きに向き合う際に立脚すべき学者固有の役割と姿勢について私の考えを記してみたいと考える。

「中間報告」の思想と論理

二　周知のように昨年一一月二〇日、司法制度改革審議会（以下、改革審という）は「中間報告」を取りまとめて発表した。この報告は、「二一世紀の『この国のかたち』」「法の支配」「自由で公正な社会と個性の実現」「公共性の空間の再構築」「『国民の社会生活上の医師』としての法曹」「国民が支える司法」などのコンセプトを駆使しながら、改革の基本的理念及び方向と、具体的改革案とを打ち出している。

本稿では紙数の関係もあり、主としてその基本的理念及び方向について述べている総論部分について検討を加えることとし、その各論部分については別稿に譲ることとしたい（拙稿「中間報告の全体像――司法改革審議会の思想と論理の発現・貫徹状況――」法の科学三〇号記念増刊・特集『だれのための「司法改革」か――「司法制度改革審議会中間報告」の批判的検討』）。

「中間報告」は、その冒頭部分で、司法改革を、行政改革など諸改革の「最後のかなめ」であると位置づけて、大要次のように主張している。司法改革は、行政改革等に続く「この国のかたち」の再構築の一つの支柱であって、「法の支配」が「この国のかたち」となる課題を背負っており、財政赤字と経済的諸困難とを抱え社会的閉塞感の中で国の活力が枯渇する事態になることを防ぎ、国が創造性とエネルギーを取り戻すための諸改革の「最後のかなめ」だ、と。

「中間報告」のこのような発想ないし基本思想は、司法とは異質な国家主義的、政治主義的なものであって、司法改革の出発点として共有し難いものである。

第一に、ここには積年の政策的失敗により財政的赤字を作り出しながら、その後始末を一般国民に転嫁して切り抜けようとしている政治的・経済的支配権力層の問題意識（しかも逆立ちの!!）の、ストレートで一方的な開陳があるのみであり、その下で一般市民の人権や生活利益がどのような状態に置かれているかについての問題意識が全くみられない。このことは、司法が憲法上、一般市民の人権や生活利益の法的保障を第一義的な使命、任務としていることを考えるとき、強い違和感を抱かせるが、それだけでなく、「中間報告」が、行政改革をはじめとする諸改革を行ってきた支配権力層の国家主義的発想をそっくりそのまま引き継いでいることを表わしている。

第二に、「中間報告」が司法改革を、「この国のかたち」の再構築の手段だと明言することの政治性である。このような政治主義的発想に立つ場合、司法の現状について丹念かつ誠実に理論的分析と現状分析とを施し、どこに問題点があるかを憲法的司法原則に即しつつ確認し、その問題点について打開、克服、改善の方策を探り当てるという、司法内在的でオーソドックスな検討手段をとらず、いきなり諸改革に適合的、補完的な司法の構築をめざすという司法外在的、政治主義的手法に必然的に赴くことになるが、この手法は不当である。

第三に、「中間報告」がめざす「この国のかたち」なるものの実体の持つ露骨な反人権性である。このことは、政治改革、規制緩和、行政改革、地方分権など、司法改革に先行する諸改革が、新自由主義をベースとする市場原理、競争原理の貫徹による大企業の直接的社会支配と国家機構簒奪・強化とを試みる動きであり、経済、社会、政治の全面で「弱肉強食」「弱者淘汰」「強者支配」の統治構造への再編・強化をめざす動きであることを考えれば、容易に理解できることである。そして司法改革をこれら諸改革の「最後のかなめ」とすることは、「弱肉強食」「弱者淘汰」「強者支配」のスムーズな実現・貫徹に向けて司法は法的保証人の立場に立つべし、とすることに外ならないのである。

三　このようにして「中間報告」が支配権力層と全く同一の国家主義的、政治主義的な発想に立ち、司法改革を統治構造変革、「この国のかたち」再構築の手段として位置づけていることは明白であるが、その一方で中間報告は、一見市民主義的にもみえる次のような見解を表明している。財政赤字などの経済的諸困難や社会的閉塞感が生じたのは、個人の尊重と国民主権とが徹底せず、国民の間に統治客体意識と横並び的・集団主義的意識とを背景とする国家（行政）依存体質があり、これに基づく国家規制・因襲と、柔軟・強力な国政運用への阻害状態とが生じているからだ。従って国民の統治客体意識からの脱却、統治主体化が必要であり、司法改革はそのための諸改革の「最後のかなめ」なのだ、と。

しかし、この見解も二重、三重に巧妙にマヌーバー的な論点移動を施された、疑問の多いものである。

第一に、いうところの経済的諸困難にせよ社会的閉塞感にせよ、それらは支配権力層（司法官僚を含む）の政策的失敗の所産であって、国民の政治客体意識や行政依存体質に帰因せしめられるべきものではない。

第二に、このような見解は、国民ないし一般市民の間で活発に展開されてきた人権、民主主義、平和、福祉を要求する運動や闘いを抑止してきた支配権力層の、顚倒的意識の口移し的表現である。

さらに注目すべきは、「中間報告」が司法を次のように位置づけていることである。司法部門は、違法行為是正、権利救済、刑罰実現を通じて、「自由で公正な社会」を維持する上で不可欠であり、政治部門と並んで「公共性の空間」の支柱であり、政治部門との機能的調和が不可欠だ、と。

司法のこのような位置づけの特徴は、司法固有の任務である人権保障を抜きにして実定法秩序の維持に任務を限定、矮小化した上で、政治部門との機能的調和を強調している点である。「公共性の空間」なる概念も、実はここでは政治部門と司法部門との権力間の機能的調和を導き出すための、便宜的な中間概念の意味しか与えられていない。しかも、この機能的調和という捉え方には、司法が本来持つべき立法・行政への抑制機能強化の契機が極めて弱い。この特徴は、「中間報告」が措定する法曹の役割論にも表われている。

「中間報告」は、法曹の役割について「国民の社会生活上の医師」論を次のように展開している。規制緩和後の社会では、それによって被害を受けた者の適切な救済、紛争発生の防止、法的ルールによる活動に向けての指導監督、紛争の解決・救済、自己責任社会に必要なセーフティネットの整備、政治部門行過ぎの是正等のため、「憲法を頂点とする法秩序の維持、貫徹に直接責任を負う司法（法曹）」「社会生活上の医師」としての役割が一層大きくなる、と。

このような「医師」論の特徴と本質は、法曹（司法）固有の役割であり存在意義として強調されてきた人権保障性と権力対抗性を、「医師」という権力関係性のない役割規定を通じて稀薄化、後退化させるとともに、法曹、とくに弁護士の活動を、規制緩和を中心とする統治の枠組を崩さない範囲での部分的、個別的救済と行過ぎ是正とに限局することにより、「自己責任」原理の貫徹に奉仕させようとする点にある。

四　以上にみてきた「中間報告」の思想と論理は、市民主義的な外装で粉飾された国家主義的、政治主義的な傾向を強く持つものであり、ここにこそその本質があるように私は思う。司法の人権保障性、権力対抗性の稀薄化、後退化に収斂していく「中間報告」の具体的改革構想の淵源は、この本質にこそあるのである。

このような思想と論理が、具体的な改革策の各論的レベルにどのように持ち込まれどの程度貫徹されているかについての総括的検討は、前掲拙稿に譲ることとし、ここでは具体的改革策の骨組と特徴とについて概括的、項目的に述べるにとどめたい。「中間報告」の具体的改革策の骨組は次の六点である。

①司法官僚制の温存・再編（法曹一元の否定。裁判官給源の「多様化・多元化」による補強。任命・人事制度の「透明化・客観化」の名の下の裁判官統制新システムの導入。限定的参審導入の模索など）

②弁護士の人権擁護性＝権力対抗性の稀薄化・後退化と、支配権力層への統合（人口大幅増大及び市場競争原理導入によるビジネス性強化。「公益性」強調による弁護士自治の弱体化など）

③法曹教育・養成の一元的統制システムの作出（文部省及び第三者評価認定機関の管理統制を受ける法科大学院による、一元的・独占的法曹養成システムの新設。実務重視（追随？）型法曹教育への傾斜。理論的、現状批判的法律学の力能低下。人権教育の後退化など）

④民事紛争処理の迅速化・効率化とアウトソーシングの推進（ADR活用）

⑤刑事司法の効率化と強権性・糾問性の温存（争点整理手続の強化。公的弁護拡大に伴う弁護活動管理統制体制の強化。刑事弁護の「公営化」。捜査権限拡大強化の追求。代用監獄制度存続。被疑者取調の録音・録画・弁護人立会の否定など）

⑥行政訴訟改革、陪審導入に対する消極的姿勢

「中間報告」の各論的な具体的改革方策をこのように解析し整理してみると、そこに「中間報告」の思想と論理がほぼ貫徹されている状況を看取することができる。

このことを確認した上で、なぜこのような状況が生じているかを、主として学者の姿勢との関連で考えてみたいと思う。

危機の時代の「支配のイデオロギー」

五　先にみた「中間報告」の総論部分のベースとなっているのは改革審の「論点整理」（一九九九年一二月二一日）であるが、これらの文書が改革審の会長を務める憲法学者佐藤幸治氏の司法権論をほぼそのまま取り入れたものであることは、紛れもない事実である。

現に改革審では夏の集中審議第二日午後（二〇〇〇年八月八日）に法曹一元問題に関連する形で、同氏の独特の司法権論が開陳されている。それによれば、司法部門（法のフォーラム）は政治的部門（政治のフォーラム）と並び「公共性の空間」を支える柱であり、「法の支配」の主要な実現者であって、国民を平等・対等の地位に置き、公平な第三者が適正手続により公正・透明なルールに基づいて理と事実とによる判断を下すことにより、自律的な秩序を形成することを本質とし理想としている、というのである。そして、司法部門を支える制度として、「医師」としての法曹の存在、適正・迅速な司法救済と犯罪の的確な検挙・処罰、法曹の厚い層の存在、国民の司法参加等を挙げている（同日付議事録参照）。

もっともこれだけで佐藤氏の所説の真意を把握することは困難だが、同氏がその他の機会に論文やインタビューなどで述べていることと併せて考えてみると、その所説の真意ないし核心的特徴は、次の二点にあるように思われる。

①まず司法部門と政治部門とを共に「公共性の空間」なるものを支える一つの柱とすることにより、「公

共性」を国家権力構築に独占的に帰属せしめたうえで、この二つの部門を同一の価値（公共性＝秩序形成）に奉仕する等質的存在とし、司法の人権保障性を消去ないし相対化する。

②政治部門を国民・国会・内閣の三者一体的なものとして構成し、しかも内閣（総理大臣）の統治機能（指導性）の強化による力の支配を主張する一方、司法部門については、国民が対等な立場で参加し、事実と理とに基づき自律的に秩序を形成する場だとすることにより、裁判所の権力性の問題を捨象し、しかも司法部門の特質を専ら秩序形成のしかた、その手続面に求め、司法の扱う「秩序」なるものの本質的特徴（人権保障）には目を向けない。

このように核心的特徴を整理してみれば、佐藤氏の所説は、支配権力層の統治機能強化と、その枠組内での司法的紛争解決機能整序ということに帰着するのであり、その国家主義的思考への傾斜は明らかである。もっともその所説は、「国民」「統治主体意識」「自律性」などのコンセプトを駆使して司法部門の役割論を展開しているため、それをも国家主義的思考への傾斜とみるのは当を得ていないかのような印象を与える。しかし、それらは、政治部門の強力な統治・秩序形成の枠組内でのみ意味づけられたものにすぎないことに注意しなければならない。このことは民事司法を念頭におけば一目瞭然であって、所説では司法は一般市民に「自己責任」の名で責任・負担を負わせる場として設定されているのである。また、刑事司法や行政訴訟については、右のコンセプトに基づく司法の役割論がもともとそのままは妥当し得ない。

このようにして「中間報告」のベースとなっている佐藤氏の所説、その思想と論理には疑問があり、とりわけ人権論的発想の弱さ（これは権力対抗的発想の欠如と同義である）は、司法改革を構想するに当っては致命的欠陥というべきである。そしてこの欠陥こそ、同氏や改革審をして司法の人権保障機能の不全状態の現実についての分析を怠らせ、内閣の統治機能強化をめざす行政改革や大企業の社会支配強化をもたらす規制緩和などの諸改革の補完としての司法改革へと赴かせているのである。

このことを確認した上で、私は、このような司法改革の思想と論理が、独り佐藤氏の所説に止まらず、支配権力層のみならず学者層（及び弁護士層）のある部分によってもほとんど無批判的に受容され、ついには「中間報告」の形をとるに至っていることに注目し、そのモメントは何かを問題としてみたい。

六　右の問題についてさし当たり私が思いつくのは、次の三点である。

第一に、その所説が「危機の時代」にふさわしい「支配のイデオロギー」としての特徴を具備していることである。危機の深刻さを煽る。その実状と原因・責任の真の所在とを隠蔽し、逸らす。逆に被害者たる国民の主体的自覚の欠如に原因を帰着させる。そして責任を国民に認めさせ、犠牲・負担を進んで引き受けさせようとする。そのため、国民に主体的自覚の覚醒を促し（自律性、自己責任、統治主体意識!!）、統治参加の道を形式的に一定程度開くことにより統合を図る。——このようなイデオロギー的統治技術は、総力戦遂行に向け戦時下の支配権力層が採ったものであるが、佐藤氏の所説もこれとほとんど同一のイデオロギー的構造を持っているように思う。

それは正しく「危機の時代の支配のイデオロギー」なのであるが、それ故に危機意識をかきたてられた一般市民には浸透しやすく、この状況が学者層（及び弁護士層）のある部分の意識にも深い影響を与えているように思われるのである。

第二に、「危機の時代」における生き残り的対応の必要が、学者層（及び弁護士層）にとっても具体的現実性を帯びて迫ってきていることである。例えば、一般的にいって、大学に押し寄せている独立法人化の動きや少子化傾向などは、学者層が依拠している各大学の存続や各人の存立の基盤そのものを掘り崩し危うくし始めている。この状況にどう対応していくべきかを模索するなかで支配権力層への順応的対応を促迫されている現実があり、この現実が学者層のある部分の意識及び姿勢に影響を与えているのではないか。

しかも法学者にとって司法改革は、法科大学院構想との関わりで、学問的関心の対象となる以前に大学（法学部）の存続に関わる大問題として立ち現れている。そのため法学者は、ともすれば改革の動きに対する現実的、順応的対応に赴くことを余儀なくされ、批判的姿勢をとる余地が事実上制約され狭められる状況が生じ始めているように思う。

第三に、これまで大学（及び弁護士会）を支えてきた自治の原則・気風の衰退化傾向である。これに伴い、相互批判による理論的、実践的、職業倫理的レベルの維持・向上に代えて、他者（権力機関や社会組織など）が管理、監督、評価を加えるメカニズムの発達と、これを積極的に受容する順応的気風の一般化とが生じており、これが学者層のある部分に影響し始めているように思われるのである。

以上のようなことが複合的、重層的に作用する結果として、学者層（及び弁護士層）の間に、支配権力層（国家権力層と社会権力層とを問わず）に対する批判的、警戒的姿勢が後退し、むしろ進んで順応していこうとする意識傾向が強くなり始めているのではないだろうか。

もちろん、以上のことは、各人のレベルでは自覚的に進行しているというわけでは必ずしもないだろう。一人ひとりの学者（及び弁護士）をとってみれば、主観的には人権、民主主義、平和、福祉の価値にコミットしようとし、その発展を願いつつ営みを続けているのであろう。佐藤氏とてもその例外ではないのかもしれないのである。

それにも拘わらず「危機の時代の支配のイデオロギー」は、一人ひとりの営みの存立基盤を掘り崩し、その姿勢、その理論、その学問的・社会的営為の変容・変質、批判的姿勢の後退を迫りつつあるように思われる。

学者の姿勢

七　しかし、よく考えてみれば、学者の最後のよりどころ、究極の存在意義は、その社会、その時代の良心をレプレゼンテーションし、権力を批判することにある。支配権力層によって掌握、運用されている権力機構やイデオロギーの抑圧の下にあって、日々黙々と働き生活し社会を支えているひとびとの奥底にひそむ良心の声、批判の声に耳を傾け、それを汲み取りながら、学問的・社会的営為を通じて社会の良心を表象し表現することにあるのである。

そのことを自覚し行動した二〇世紀の知識人の一人に、ロマン・ロランがいる。彼は、一九一七年第一次大戦の最中に小説『クレランボー』を発表した。当時戦争熱に浮かされた群衆や知識人に抗し敢然として戦争に反対したロマン・ロランは、この小説のはしがきに次のようなことばを記し、権力の濫用に対抗して良心と知性を擁護することの重要性を説いた。

「真に人間である人は、万人のなかでもひとりであり得ること、万人のためにひとりで考え――そして必要な場合には、万人に反対して考えうることを学び知るべきである。真摯に考えるということは、たとえそれが万人に反対することであっても、やはり万人のためである。……あなたたちの良心や、あなたたちの知性を曲げ、人類に媚びへつらうことによって人類に奉仕するのでなく、権力の濫用に対抗して良心と知性の完璧を擁護することによって仕えるのである。けだし良心と知性は人類の声の一つだからである。そしてあなたたちは人類を裏切るのである。もしあなたたちが自己を裏切るならば。」（宮本正清訳）

ロマン・ロランのこの声は、時代、国、状況、立場の違いを越え、心の奥に響き、学者としての姿勢、あり方を深く考えさせる。

新しい世紀における日本の人権と司法の状況に直接、間接に深い影響を与える司法改革について、その本質をどのようなものとして洞察し、これにどう対処すべきか。

二一世紀の人権と司法のあり方に対し責任を負う学者は、いまこそ歴史に学び、現実を深く分析し、「危機の時代の支配のイデオロギー」の陥穽にはまることを自覚的に拒みつつ、改革審の思想と論理を客観的に分析し検討するとともに、人権保障の強化をめざし、民主的司法改革の課題を追求すべきだと私は考える。

（法律時報二〇〇一年一月号。原題「学者の姿勢」）

〔追 記〕

「中間報告」の全体像については、本書はしがきや本章二にも記した通り民主主義科学者協会法律部会（民科法律部会）司法特別研究会が批判的検討を加えており、その一環として私も「中間報告の全体像 ―― 司法制度改革審議会の思想と論理の発現・貫徹状況 ――」を執筆している（法の科学三〇号記念増刊・特集『だれのための「司法改革」か ―― 「司法制度改革審議会中間報告」の批判的検討』日本評論社）。本章と併せて読んで下さるよう特にお願いする。

第二章　人権擁護か公益性か ――「中間報告」の弁護士像 ――

はじめに

昨年（二〇〇〇年）一一月二〇日、司法制度改革審議会（以下、改革審という）は、「中間報告」を発表した。改革審は、その後も審議を重ねており、本年七月の期限迄に最終報告をとりまとめる作業を進めている。

このようにしてその全貌・全容を次第に現しつつある改革審の司法改革構想は、「二一世紀の『この国のかたち』」「法の支配」「自由で公正な社会と個性の実現」「公共性の空間の再構築」「『国民の社会生活上の医師』としての法曹」「国民が支える司法」「諸改革の最後のかなめ」などのコンセプトをモザイク風に組み合わせながら、司法の人権保障、権力抑制、憲法保障の機能を弱め、三権一体型の統治構造への転換及び規制緩和型社会の出現に適合的な司法を構築しようとするものである。その詳しい論証は、本書でこれ迄述べたところと、拙稿「中間報告の全体像 ―― 司法制度改革審議会の思想と論理の発現・貫徹状況 ――」（法の科学三〇号記念増刊・特集『だれのための「司法改革」か ――「司法制度改革審議会中間報告」の批判的検討』、日本評論社）で行ったところとに譲ることとするが、ここで私がとくに指摘しておきたいのは、

「中間報告」が、改革目的の政治主義的、国家主義的な性格（本質）と、改革手段の市場原理主義的、市民主義的な性格（外装）との奇妙な「混合」だということである。

いま改革審の進める司法改革の方向や「中間報告」についてはさまざまな評価や見方が飛び交っているが、積極的評価を加えるものには総じて本質軽視、外装重視の主観的、願望的な傾向がつよいように思う。この奇妙な「混合」が最も端的な形をとり、それだけに評価の分岐を生んでいるのは、弁護士改革問題である。そこで本稿は、この問題に焦点を当て、弁護士の基本理念について改革審がいかなる変更を施そうとしているのかを検証するとともに、併せて今村力三郎氏をはじめとする戦前・戦後の弁護士層の優れた遺産たる「基本的人権擁護」（以下、人権擁護ともいう）及びこれを表裏一体の「在野精神」＝権力対抗性の理念の持つ現代的意義についても論及してみたいと考える。

一　司法改革の全体構想と弁護士改革の位置

一　「中間報告」の弁護士改革策の具体的検討に入る前に、「中間報告」における司法改革の全体構想と、そこにおける弁護士改革の位置づけについて確認しておきたいと思う。

(1)　「中間報告」は、総論部分の冒頭で、司法改革を、行政改革など一連の諸改革の「最後のかなめ」として位置づけ、およそ次のように主張している。

〝司法改革は、行政改革等に続く「この国のかたち」の再構築の一つの支柱であり、「法の支配」が「この国のかたち」となる課題を背負っている。それは、財政赤字と経済的諸困難とを抱え社会的閉塞感の中で、国の活力が枯渇する事態になることを防ぎ、国が創造性とエネルギーとを取り戻すための諸改革の「最後のかなめ」なのだ〝、と。

このように、政策的失敗への自らの責任を不問に付した政財官界流の危機意識、危機感をそっくり引き写したうえで、「中間報告」は、危機突破の方途を、突如として国民の統治客体意識脱却、統治主体化に求め、およそ次のように主張している。

〝財政赤字などの経済的困難や社会的閉塞感が生じたのは、国民の間に統治客体意識と横並び的・集団主義的意識とを背景とする国家（行政）依存体質があり、これに基づく国家規制・因襲と、柔軟・強力な国政運用への阻害状態とが生じているからである。従って国民の統治客体意識からの脱却と統治主体化とが必要であり、司法改革はそのための諸改革の「最後のかなめ」なのだ〝、と。

このような危機原因論は、大企業保護一辺倒の政策的失敗を蔽い隠し、その責任を被害者たる一般市民に転嫁しようとする政財官界の常套的なイデオロギー的手法であって、特に目新しいものではない。目新しいのは、次に述べる司法・法曹の役割論である。

(2)　「中間報告」は、司法部門を次のように位置づけている。

〝司法部門は、違法行為是正、権利救済、刑罰権実現を通じて「自由で公正な社会」を維持するうえで不可欠であり、政治部門と並んで「公共性の空間」の支柱であり、政治部門との機能的調和が不可欠だ〝、と。

ここで「中間報告」がいおうとすることを、一切のレトリカルな粉飾を剥いで捉えるならば、〝司法部門は政治部門と共に「秩序」の形成・維持を任務とする権力機構の一部であり、政治部門との機能的調和が不可欠だ〟ということである。この機能的調和なるものを導き出すための中間概念的役割を与えられて用いられているのが「公共性の空間」なる概念であるが、その内実は、「中間報告」の当該部分の実質的起草者と目される改革審会長佐藤幸治氏の論文や発言で補って理解する限りでは、〝秩序形成の場〟、しかも〝権力的秩序形成の場〟と殆ど同義のもののように思われるからである(1)。

そう捉えてみると、「中間報告」が、司法部門の位置づけに当たりなぜ権力抑制的機能や独立性の意義を無視ないし捨象するのか、という根本的疑問が解けていくように思う。そして、このような司法部門の位置づけは、〝支配層の統治機能強化と、この枠組内における司法紛争解決による秩序維持機能強化〟という改革構想の土台を形成するものであるが、それにしてもこのような憲法的原理と相反すると思われる司法権論がなぜ一憲法学者の所説であるにとどまらず改革審レベルでオーソライズされるに至ったのであろうかという疑問を禁じ得ない。

この疑問を抱きつつ「中間報告」の説く法曹（弁護士）の役割論に読み進んでいくと、その大要は次の通りである。

〝規制緩和後の自律的個人を基礎とする社会では、それによって被害を受けた者の適切な救済、紛争発生の防止、法的ルールによる法活動に向けての指導監督、紛争の解決、救済、自己責任社会に必要なセーフティネットの整備、政治部門行過ぎの是正等のため「憲法を頂点とする法秩序の維持、貫徹に直接責任を負う司法（法曹）」の「国民の社会生活上の医師」としての役割が大きくなる〟、と。

このような「医師」論の特徴ないし本質は、弁護士の人権保障機能及びその発現としての権力対抗性（在野精神）の捨象であり、その活動を、規制緩和後の自己責任システムの枠組内での自己責任負担と部分的救済及び行過ぎ是正とに限局することにそのねらいがあることである。

(3)　以上にみてきた「中間報告」の基本的な発想ないし思想は、裁判所改革や民刑事訴訟改革をはじめとする各論部分の具体的改革の構想にほぼ一貫して貫徹・発現している。その詳しい論証は前掲拙稿「中間報告の全体像――司法制度改革審議会の思想と論理の発現・貫徹状況――」に譲ることとし、本稿のテーマに即してその重要部分を摘記すれば次の通りである。

①弁護士の人権擁護理念と権力対抗性の弱化と、支配層への弁護士の統合――弁護士人口の増大。市場原理の導入。弁護士のビジネス性強化と「公益性」の強調。弁護士自治の制限など。

②法曹養成の一元化と新統制システム作出――法学部教育の教養化。文部省及び第三者評価認定機関（法曹三者が主体?）の管理統制を受ける法科大学院による一元的・独占的な法曹養成。実務重視的（実務追随的?）法曹教育への傾斜（現状批判的法学教育・人権教育の後退化?）など。

③司法官僚制の温存・再編――法曹一元の否定。裁判官給源の多様化・多元化。裁判官任命・人事制度の客観化・透明化（新統制システムの導入?）、限定的参審導入の模索など。

なお、右の三点の外に、「中間報告」は、④民事紛争の迅速化、効率化とアウトソーシング推進（ＡＤＲ活用など）、⑤刑事司法の効率化と強権性・糺問性維持（争点整理手続の強化。公的弁護制度拡大を契機とする弁護活動管理統制システムの強化。刑事弁護の「公営化」。捜査権限拡大強化の追求。代用監獄制度・糺問的取調の温存など）をも打ち出している。

これらの各論的具体策のうち、際立って詳細で具体的なのは①と②である。このことは、改革審の最大の眼目が弁護士改革（及びこれと表裏一体的な法曹養成改革）にあることを端的に示している。このことを確認したうえで、より立ち入って弁護士改革の内容と本質とについて考察してみたいと思う。

二　「中間報告」は、人的基盤の拡充策として、まず法科大学院制度新設、法曹人口増大（年間新規法曹三〇〇〇人程度）、裁判所・検察庁の人的充実を打ち出し、その上で「弁護士制度の改革」の項目を立て、①弁護士像と②改革視点及び具体策検討の方向性とを提示している。

(1)　「中間報告」が提示する弁護士像は、およそ次の通りである。

〝弁護士の役割は、「国民の社会生活上の医師」として、「基本的人権を擁護し、社会主義を実現する」（弁護士法第一条第一項）との使命に基づき、国民にとって「頼もしい権利の護り手」「信頼し得る正義の担い手」として高質の法的サービスを提供することにあり、この役割を果たすため「統治主体としての国民の社会生活上の諸活動の伴侶」「国家・社会の公的部門の担い手」などの姿で国民に奉仕する存在であるべきだ〟、と。

このように使命、役割、姿の三次元で組み立てられている「中間報告」の弁護士像の特徴は、使命論としては弁護士法上の「人権擁護、社会主義実現の理念」を一応は掲げながら、これを役割・姿のレベルに具体化する際には巧妙に抹消しようとする点にある。

この点をもう少し解析的にいえば、①使命論のレベルでは、弁護士法が人権擁護を通じて社会正義を実現することを弁護士理念として捉える立場（これを統一的理解と呼ぶことにする）に立つのに対し、「中間報告」は人権擁護と社会主義とを別々のものとして捉える立場（これを分割的理解と呼ぶことにする）をとる。②その上で「中間報告」は、役割論のレベルでは、「基本的人権」を「権利」に、「社会正義」を「正義」に置き換える。③そして弁護士の姿論のレベルでは、「権利の護り手」を「統治主体としての国民」の社会生活上の諸活動の伴侶、「企業」の経済活動のパートナー、「国家・社会の公的部門」の担い手、というふうに具体化する。しかし、これらの置き換えや具体化は、換骨奪胎的な歪曲的操作である。

第一に、弁護士法第一条第一項は、「人権擁護」による「社会正義」の実現を弁護士の使命として統一的に捉えており、両者を別々のものとして捉えてはいない。このことは、文理上明らかである。実質的に考えても、若し人権擁護を離れた社会正義一般の実現を弁護士の使命とする場合、それは法律家たる弁護士固有の存在意義、存在根拠と結びつき難い。このことからみても統一的理解が正当である。

第二に、「基本的人権」を「権利」に置き換えるのは、「基本的人権」概念の歴史性、社会性、運動性、権力抵抗性などを含む豊富な発展的内容を捨象し矮小化するものである。また「社会正義」を「正義」に置き換えるのは、人権との対立的契機を含む「国家的正義」の混入を許すものであって不当である。

第三に、弁護士を「企業」や「国家、社会（の公的部分）」のパートナー・担い手とする点は、「基本的人権」擁護の使命からはおよそ理解できない。それだけでなく、「権利」の主体たる「国民」についても、中間報告は、「統治主体としての」という限定を付けていることが注目される。この限定を、前述のような総論部分の考え方、すなわち〝国家（行政）依存意識＝統治客体意識から脱却し統治主体化した、自律的で自己責任を負う国民の育成〟という考え方と照らし合わせてみるとき、この限定の意味するところは「弁護士は自律的で自己責任を負う国民の伴侶たるべきである」ということであり、逆にみれば統治客体意識から脱却しない国民の伴侶ではないという含意を持つのである。ここには、国家や大企業などによって基本的人権を侵害されている一般市民の厳しい現実への関心もなければ人権擁護の使命感も見当らない。

要するにここで描かれているのは、「統治主体たる国民」「企業」「国家・社会（の公的部門）」に奉仕する「統治奉仕型」の弁護士像なのであり、人権擁護理念を抹消された弁護士像なのである。

(2)　その上で「中間報告」は、改革の視点と基本方向とをおよそ次のように打ち出している。

第一に、「公益性」に基づく社会的責務の実践強化である（プロ・ボノ活動、国民の法的サービスへのアクセスの保障、公務就任、後継者養成関与など）。

第二に、弁護士の活動領域の拡大である（公職就任制限および営業許可制の自由化など）。

第三に、弁護士倫理の強化に向け、弁護士会の自律的権能行使における手続の透明化、国民への説明責任の実行、その運営・運用への国民参加、弁護士会の苦情処理の適正化などである。

右の三点のうち、注目すべきは「公益性」なる概念の登場である。「中間報告」によれば、これは「正義の担い手」としての役割であって、この公益的役割に由来する社会的責務とは、弁護士が「公共性の空間」において正義の実現に責任を負うことであって、プロ・ボノ活動の責務がその例だというのである。しかもこの「公共性」は、「権利の護り手」としての訴訟活動を通じても正義の実現により具現化するというのであるから、「権利の護り手」「正義の担い手」双方にまたがって弁護士の活動を規制するものとしての意味を与えられているのである。

このようにして「公益性の空間」における「正義の護り手」たることに渕源を持つ「公益性」こそ「基本的人権擁護」にとって代わるべき弁護士理念であるとするのが「中間報告」の考え方なのである。しかし、「正義」にせよ、「公共空間」にせよ、そして「公益性」にせよ、それは多義的かつ一般的な概念であって、弁護士の固有の存在意義、存在根拠を基礎づけ得るものでない。このことは説明を要しないほど自明のことである。それだけではない。これらは、いずれも国家的、権力的なるものへの親和性を持つ。そうしてみると、「公益性」に基づく社会的責務なるものは、実は「統治奉仕義務」の謂なのである。このことは、人権擁護と接点を持つかに一見みえるプロ・ボノ活動なるものの内容や質を規定するであろう。

なお、「中間報告」は、弁護士へのアクセス拡充策として、弁護士人口の大幅増加、法律相談センター・公設事務所の設置、弁護士費用（報酬）の透明化・合理化、弁護士情報の公開、弁護士執務態勢の強化

（事務所の法人化、協働化、総合事務所化など）、隣接業種の活用、国際化等についても提言している。

(3)　以上のようにみてくると、弁護士改革策は、「人口増」「自由化」を縦糸とし、「公益性」を横糸としつつ、弁護士層のビジネス化、統治奉仕者化、自治制限をはかり、究極的には人権擁護理念の否定へと収斂していくように思われる。

二　弁護士改革の背景と経緯

一　既にみたように、「中間報告」は、弁護士改革に最大の力点を置き、その人権擁護理念、権力対抗性、在野性の消去を試みているが、この事態は、改革審設置から「中間報告」確定をめぐる経緯を具さに辿れば、ある意味では必然的成行だというべきなのである。その詳しい論証はここでは省略することとし、ここではとくに次のことを指摘するにとどめたい（なお、拙著『人身の自由の存在構造』所収の論文「現代弁護士論の陥穴――戦後最大の岐路に直面して――」（同書三六一頁以下）を参照のこと）。

そもそも今回の司法改革の動きは、アメリカの市場開放・規制緩和の要求に応ずる形で政財官界が総力を挙げて強行した一九九〇年代の一連の諸改革（政治改革、行政改革、規制緩和、地方分権改革など）に端を発しているが、(2) この動きが弁護士層をも巻き込んで一気に政治問題化するきっかけを提供したのは、一九九四年の経済同友会文書『日本社会の病理と処方』であった。この文書は、「個人にとって身近な司法」を作り自己責任社会へ転換すべしとする方向を提示し、法曹人口増大を軸とする司法改革を提言するものであった。[3]

この提言に直ちに敏感に反応したのは、法曹養成制度等改革協議会であり、翌年（一九九五年）の意見書に「年間一五〇〇人」を中期目標とする多数意見を盛り込んだ。また行政改革委員会も同年暮の第一次意見書の中で「司法は規制緩和後の世界の基本インフラ」だとして司法の充実・強化を打ち出し、法曹人口の大幅増員（年間一五〇〇人）、と弁護士改革とを主張した。

経済団体連合会も、一九九六年秋に「規制の撤廃、緩和等に関する要望」をとりまとめた。さらに一九九七年一月には経済同友会も「グローバル化に対応する企業法制の整備を目指して――民間主導の市場経済に向けた法制度と立法、司法の改革――」[4]を発表し、司法改革への具体的提言を行った。

財界団体を中心とするこのような動きに前後する形で、法曹界内外でも弁護士論が盛んに論議されるようになった。その論議は、弁護士の人権擁護理念、権力対抗性、在野精神、弁護士自治を、時代遅れでギルド的なものと攻撃し、弁護士業務への市場原理導入、弁護士人口の大幅増員、弁護士業務規制の緩和等を主張するトーンが圧倒的に強かった。[5]

そして弁護士層を主たるターゲットに据えて始まった司法改革への動きは、政界、とりわけ自民党によって素早く掬い上げられ、一九九七年夏自民党司法制度特別調査会設置、一九九七年秋同調査会「司法制度改革の基本方針」[6]策定、一九九八年夏同調査会報告「21世紀の司法の確かな指針」[7]発表などの動きが生じた。この二つの文書で打ち出した自民党の司法改革構想は、拙著『人身の自由の存在構造』（信山社、一九九九年）（四一〇頁以下）において詳しく検討したように、市場原理に基づく「透明なルールと自己責任」の貫徹の場として司法を捉える立場に立ち、「弱肉強食」の大企業、「弱者切捨て」の行政、取締り強化・厳罰志向の警察の諸活動を補充・補完する司法を構築する方向を鮮明に打ち出し、その主なターゲットを弁護士改革に据えるものであったのである。

二　では、日本の政治的・経済的支配層はなぜ弁護士層に改革のターゲットを据えたのか。その問題意識をあけすけに語っているのは鈴木良男氏である。国鉄民営化、土光臨調、第三次行政改革審専門委員、行革本部専門委員、行政改革委員会参与、法曹養成制度等改革協議会協議員など、行政改革、規制緩和、法曹養成制度改革に深く関与してきた鈴木氏は、その著書『日本の司法、ここが問題　弁護士改造計画』（東洋経済新報社、一九九五年）において、弁護士法第一条のうたう基本的人権擁護・社会正義実現を、"時代遅れであり、競争を否定し、法律業務独占、外国弁護士参入拒否、自治という名の規制を擁護するものだ"として激しく非難した。

要するに、規制緩和、行政改革後の日本にとって、人権擁護理念に立ち自治権を持つ弁護士層は政策貫徹にとって阻害要因となる、というのが彼ら政治的・経済的支配層の偽らざるところである。この阻害要因を取り除き、弁護士層を統治システムに組み込み活用すること——これこそ政治的・経済的支配層の弁護士改革戦略なのである。(8)

三　人権擁護理念の歴史的・現実的基礎

一　わが国の弁護士層は、これ迄人権擁護こそ弁護士の基本理念であり、存在意義、存在根拠をなすものと自己認識してきた。その直接の根拠は弁護士法第一条にある。しかし、それ以上にこの理念を根拠づけてきたのは、歴史認識であり現実認識であると私は考える。

周知のように、わが国の弁護士層は、明治以来、自由民権運動、足尾鉱毒事件に関わる社会運動、憲政擁護運動、労働運動、小作争議、社会主義運動などをはじめとする各種の社会的な営みに人権擁護の理念を掲げて深くコミットし、権力の非違、人権侵害を糾弾し、治安維持法など悪法の立法・運用と闘ってきた。この闘いは、明治期から、大正期、昭和前期（戦前・戦時期）にかけて、休むことなく続けられた。

もちろんこの闘いは、時期によって盛衰、消長があり、しかも自由法曹団など一部の層にとどまる傾向があった。とはいえ、この闘いを多くの一般弁護士も支え、包み込み、その問題提起を受けて自らも人権蹂躙の根絶に向け司法制度改善に取り組んだ。とくに一九二八年の三・一五事件（治安維持法事件）や、一九三四年の帝人事件（贈収賄事件）を契機として法曹界及び帝国議会等で巻き起こった人権蹂躙糾弾、検察ファッショ糾弾、司法制度改善の動きは、ファッショ体制、戦争体制の構築をめざす支配層の動きに対しブレーキをかけようとしたものであったのである。[9]

しかし、このような動きも、満州事変、日中戦争、そして太平洋戦争へと、戦争体制の構築・整備が進展する中で、支配層の目指す「皇道翼賛司法」へと呑み込まれていった。[10]この悲劇的な動きに対し、足尾鉱毒事件、大逆事件、京都学連事件、虎の門事件、帝人事件などに弁護人として関与し、人権擁護の論陣を張った今村力三郎弁護士は、紀元二千六百年奉祝全国弁護士大会（一九四〇年）における功労者表彰に対する挨拶の中で、「人権蹂躙の跡を断ちて、初めて新体制始まる」と絶叫して満場を粛然たらしめた。その様子を法律新聞は次のように伝えている。[11]

「この表彰に対し被表彰者総代として今村力三郎氏登壇挨拶、其の挨拶の終りに加へて、自分は人権蹂躙問題で数十年闘ひ続けたが、皇紀二千六百年を慶祝する今日尚其の痕跡を絶たないのは、確かに弁護士として敗北者である。恰も借金を遺して隠居する先代と同様で非常な負債を後人に遺すに等しきに拘らずこの表彰に接し、衷心忸怩たるものあり云々。と述べ、尚列席の司法高官に人権蹂躙の跡を断ちて、初めて臣道実践の新体制始まると絶叫して満場を粛然たらしめた。」

今村力三郎のこの「絶叫」は、人権蹂躙根絶の旗を下ろし「皇道翼賛司法」へと雪崩を打って潰走する当時の弁護士層に対する鋭い警鐘、告発であったが、それも空しく、弁護士層は戦時ファシズム体制に積極的に参加していった。その無慚ともいうべき軌跡を克明にトレースした松井康治弁護士は、その先頭に立って指導的役割を果たした弁護士の戦争責任を鋭く告発しているが、私も同じ考えを持つ(12)。

とはいえ、日本の弁護士層のすぐれた部分が明治以降昭和前期にあっても人権擁護理念と権力対抗的な在野精神を持ってほぼ一貫して活動し、その他の大多数の弁護士層も全体としてみればこの部分を包み込み、この理念、この精神を戦後に引き渡すことに辛うじて成功したことは、戦後司法と基本的人権とにとって幸いなことであった。そうであればこそ第二次大戦後、日本の弁護士層は、人権擁護理念を弁護士法第一条に自からの手で誇らかに書き込み、社会もまた人権擁護の使命を弁護士に託したのである(13)。

二　人権擁護理念は、半世紀以上に及ぶ戦後史の中で、人権、民主、平和、福祉の憲法価値を一般市民の日常的な権利と生活利益として守り発展させる闘いの武器へ錬冶され、数々の優れた裁判成果や憲法判例を生み出すことに成功してきた。その全容をここで語ることはできないが、その一端は自由法曹団編『憲法判例をつくる』（日本評論社、一九九八年）を一読するだけでも捕捉することができる。

もし戦後日本の社会が人権擁護理念と権力対抗的な在野精神とを持つ弁護士層を持たなかったとしたら、

果たしてこれほど迄に憲法的価値が日本社会に深く浸透し得たであろうか。答が否であることは、環境問題や情報公開問題を例にとって考えるだけで明らかである。

三

このようにして弁護士の人権擁護理念は、戦前・戦後の歴史そのものに基礎を持つ。では二一世紀に入った現在の社会においては時代遅れのものとなり、現実的意義を失いつつあるのだろうか。私は否と答えたい。

既に簡単にではあったが触れたように、いま日本の政治的・経済的支配層は一連の諸改革を通じて統治構造変革を行いつつあるが、その実質は、憲法改正に等しい構造的変革であって、大企業の直接的な国家・社会支配体制の確立・強化であり、三権一体化であり、人権、民主、平和、福祉などの憲法的価値の抑圧・形骸化である(14)。

このような統治構造の転換動向の下で、人権擁護理念を固持する弁護士層に対する一般市民の期待と要請は極めて強い。このことは、司法改革市民会議の記録を読むだけでも明らかである(15)。

勿論、人権擁護の任務を持つ職業層は、弁護士層以外にもある。そもそも法律家は、裁判官であると検察官であるとを問わず人権擁護の責務を負っているし、法律家以外でもその責務を負うべき者は数多くいる。しかし、人権擁護を自己の存在意義、存在根拠そのものとして捉えて理念とし、使命とし、しかもこの使命を遂行し得る組織原理として自治権を持つ職業層は、弁護士層しかいない。そうであればこそ、この職業層に対し一般市民は自己の人権を託そうとするのである。

四　人権擁護か公益性か

以上にみてきたように、「中間報告」は、人権擁護理念や権力対抗的な在野精神に代えて「正義」「公共空間」「公益性」といった概念を弁護士像の理念的中心に据えようとしている。そのねらいが人権擁護理念の否定にある以上、この概念操作は当然のことながら弁護士法第一条の改正へと赴かざるを得ない。現に司法制度改革審議会において「弁護士はまず自己改革が必要である」として弁護士改革プランを自ら策定し、それを「中間報告」に盛り込むことに成功した中坊公平委員（弁護士）は、その審議過程で、「公益性」を弁護士像の中心に据えることを主張するとともに、弁護士法第一条第二項に「社会的責務の履践」「公衆の利益の増進」なる責務を附加（挿入）することを提唱している⑯。

日弁連執行部には、さらに進んで、弁護士の「公共性」を説き、その明確化のため弁護士法第一条第一項（人権擁護規定）そのものの見直しに向かおうとする動きさえあるという。

しかし、この方向は、弁護士層の存在意義、存在根拠を自から否定するものといわざるを得ないが、それだけでなく、弁護士層に人権擁護の使命を託している一般市民の期待と信頼とに背くものとして厳しく批判されなければならない。

(1)　佐藤幸治氏の所説については、佐藤「自由の法秩序」佐藤ほか『憲法五十年の展望Ⅱ』（有斐閣、一九九八年）、同「日本国憲法と行政権」『京都大学法学部創立百周年記念論文集第二巻』（有斐閣、一九九九年）、改革審における発言（二〇〇〇年八月八日付議事録）などを参照せよ。この所説に対する批判として、小沢隆一「『国家改造』と『司法改革』の憲法論——佐藤幸治氏の所説をめぐって」法律時報二〇〇〇年一月号、今関源成「『法の支配』と憲法学」法律時報二〇〇一年一月号をみよ。

なお、「中間報告」のいう「公共性の空間」なるものは、市民社会論をベースとする近時の市民的公共性論ないし市民的公共圏論とは、その発想においても論理においても似て非なるものがある。この点につき、本英紀「『市民的公共圏』と憲法学・序説」法律時報二〇〇一年一月号が示唆的である。

(2)　久保田穣「市場経済推進の司法改革の問題性」法律時報二〇〇〇年一月号参照。その政治的・経済的背景については渡辺治「新自由主義戦略としての司法改革・大学改革」法律時報二〇〇〇年一一月号をみよ。なお、その後の動きについては、佐藤岩夫「年表　一九九〇年代司法改革の軌跡」法の科学三〇号記念増刊・特集『だれのための「司法改革」か——「司法制度改革審議会中間報告」の批判的検討』（日本評論社、二〇〇一年）を参照のこと。

(3)　拙著『現代司法と刑事訴訟の改革課題』（日本評論社、一九九五年）第四章参照。

(4)　法律時報『シリーズ司法改革I』三三九頁以下収録。その批判的検討として拙著『人身の自由の存在構造』（日本評論社、一九九九年）三三八頁以下参照。

(5)　一九九〇年代の弁護士論関係の文献は多数に上るが、ここでは主に弁護士界のものとして、宮川光治ほか『変革の中の弁護士（上下）』（有斐閣、一九九二年）、日本弁護士連合会編集委員会編『あたらしい世紀への弁護士像』（有斐閣、一九九七年）、日本弁護士連合会編『二一世紀弁護士論』（有斐閣、二〇〇〇年）、特集「とべ！　弁護士自己改革の現状と期待」月刊司法改革二〇〇〇年一〇月号と、この流れに屹立して対抗する松井康浩『日本弁護士論』（日本評論社、一九九〇年）、同『法曹一元論』（日本評論社、一九九三年）とを挙げるにとどめる。

(6)
(7)　前掲『シリーズ司法改革Ⅰ』三三〇頁、三三三頁以下収録。
(8)　この根本的視点を欠く傾向のある弁護士論分析は、今日の事態の核心に迫るものとはなり得ないと思う（棚瀬孝雄「司法改革の視点 ―― モダン・ポストモダン」法社会学五三号（二〇〇〇年）や常木淳「司法の規則緩和と弁護活動の理念」同上にもその傾向があるように思う）。
(9)　前掲松井『日本弁護士論』を参照せよ。
(10)　拙著『刑事訴訟法の史的構造』（有斐閣、一九八六年）にその詳しい分析がある。
(11)　法律新聞四六三〇号（一九四〇年）。
(12)　前掲松井『日本弁護士論』二五〇頁以下をみよ。
(13)　潮見俊隆「日本の司法制度改革」東京大学社会科学研究所編『戦後改革4　司法改革』（東京大学出版会、一九七五年）、上野登子「弁護士自治の歴史」第二東京弁護士会編『弁護士自治の研究』（日本評論社、一九七六年）参照。なお、拙著『続現代司法の構造と思想』（日本評論社、一九八一年）二五二頁以下も参照せよ。
(14)　森英樹「転機に立つ憲法構造と憲法学」法律時報二〇〇一年一月号参照。
(15)　法と民主主義三四七、三四八、三五〇、三五三、三五四、三五五号掲載の司法改革市民会議記録及び同意見書をみよ。
(16)　中坊氏の弁護士法第一条改正私案は次の通りである（二〇〇〇年二月二二日第一三回改革審議事録参照）。

第一条　弁護士は、基本的人権を擁護し、社会正義を実現することを使命とする。

弁護士は、前項の使命に基づき、その職務の誠実な遂行をとおして、社会的責務を履践するとともに、公衆の利益の増進、社会秩序の維持及び法律制度の改善に努力しなければならない。

（専修大学今村法律研究室報三五号、二〇〇一年。原題「人権擁護か公益性か――司法制度改革審議会の弁護士像――」）

第三章　補足的コメント

I　人権保障を弱めるもの

裁判官統制が強いなど、司法に問題があるのは確かだ。それを改め、司法の独立と人権保障機能とを活性化させることが重要なのに、「中間報告」は目を覆っている。

そもそも、法曹人口の拡大は、データに基づいてニーズの動向や分布状態を見極めながら慎重に処理すべき問題だ。ところが、「中間報告」はまず数ありきで、三〇〇〇人という数が一体どこから出てきたのか分からない。

また、法科大学院を、法曹養成や法学教育にプラスだと本気で考えている大学人が本当にいるだろうか。確かに法曹養成の実態には問題が多い。司法試験はさまつな知識を問い、修習生は過密スケジュールと管理強化で萎縮している。

しかし、これらは法科大学院にしなくても改善できる。例えば研修所を全国に複数つくり、法曹三者と大学人とで民主的に運営し、もっと自由な雰囲気にすれば、法科大学院にする必要は全くない。むしろ、実務重視の法科大学院は、法曹教育の理論的水準を低くする。実務の指針となるべき法律学それ自体を衰退させる危険もはらんでいる。

一部のエリート裁判官が人事や裁判の面で一般裁判官を支配する司法官僚制や代用監獄など、本来メスを入れるべき大問題にはノータッチで、陪参審についても「中間報告」はあいまいで中途半端だ。民事、刑事、行政訴訟の部分にも問題が多い。

「中間報告」は全体として、本当に改革すべき点は避け、司法とは異質な財界流の市場原理を持ち込み、人権保障機能を弱めるものだ。

（朝日新聞二〇〇〇年一一月二一日。原題「人権保障を弱める」）

Ⅱ　刑事司法改悪の毒素

1　第一部で山田善二郎さんの大変すぐれた報告、それから会場からのリアルな訴えなどがあり、日本の刑事裁判の抱えている問題性の認識は共有できたと思います。

いろいろな言い方がありますけれども、「人質司法」と言われるような状況、身柄拘束がほとんど令状主義のチェックなしに自由自在に行われている状況がある。また代用監獄制度の下において大変厳しい、過酷な取調が行われ、自白追求がなされている。その結果として人権侵害は言うに及ばず、誤判・冤罪が構造的に作り出されている。こういう恐るべき実態があります。

ところがいま高橋利明さんの発言にもありましたけれども、司法制度改革審議会がこの問題に目を向けているのかといいますと、議事録を読んでもほとんどと言っていいほど向けていません。全体の流れとしては、いかにして刑事裁判を迅速かつ効率的に行うか、この関心に尽きていると言っていいと思います。冤罪という問題関心は影を潜め、あらゆる問題が、迅速、効率的な処理という観点から、手品のように導き出されています。例えば、弁護体制を強化しよう。なぜそれが必要か。それは迅速、効率的な裁判を進める上で必要だ、というわけです。公的弁護についても同じです。

私たちの発想とは逆で、人権を守るための公的弁護ではないのです。証拠開示も、迅速な処理をする上で必要だから。訴訟指揮権強化も、迅速な処理をするために必要だから。そして法廷侮辱罪を作ろうという意見すら出ています。

いずれにしても、刑事裁判が抱えている問題については何一つ目を向けず、いま以上に刑事裁判を迅速に処理していこうとしている。

迅速に処理するということは、実際には、ほとんど被疑者の言い分を聞かず、弁護活動を適当なところで切り捨てることにほかなりません。これが、いま動いている改革審議会の基本的な考えだと言っていいように思います。

この考えに立って、改革審議会は、代用監獄のあり方、起訴前保釈、被疑者・弁護人の接見交通のあり方、令状主義、保釈請求に対する判断のあり方などの問題点について、「現状の評価についても種々の異った見方があり、個々の論点につき結論を得ることは困難であった」、つまり改革しないと、はっきり言っています。「人質司法」は続ける、というのです。

そのほか改革審議会は、例えば審理期間を法律で何カ月と決めるとか、法廷侮辱罪を作り裁判官の権限を強くするとか、参考人出頭を強制する制度を作るなど、さまざまなことを打ち出してきましたが、これらについては検討を要するという態度を取っています。世論の動きを見て、最終報告に駆け込んで入れるか、あるいは次の機会に先送りするか、これからよく考えようというわけでしょう。

2　公的弁護についても、改革審議会が狙っている方向には本当に危険な面があります。

公的な資金を出すに当たり、どういう出し方をするのか、どういう運営をするのか、どういう弁護人がどういう弁護活動をするのかという点について、改革審議会はいろいろな注文をつけています。

この点については、お手元の刑事司法のあり方に関する審議結果の「とりまとめ」（二〇〇〇年九月二六日）のなかにいろいろなことが書いてあります。具体的制度について「大方の意見の一致が見られた」ということで、あまり差し障りのないことも書いてありますが、実は注のところが本音です。これは議事録を読んでみるとよくわかります。「次のような意見があった」と、さり気なく書いてありますが、最終段階でこれが一気に本文化される危険がかなり大きいと私は考えています。

「運営主体は公正・中立な組織でなければならない」。これは一見そのとおりだと思う方が多いと思いますが、そのことの持っている実際の意味は、次のところで明らかになってきます。「公的資金を導入することに伴って経理面、組織面へのチェックは当然必要になる」。だれがどうチェックするのかということは一切伏せられています。

「弁護活動の水準・適正の確保については弁護士会の弁護士自治に委ねるべきである」。これはおそらく弁護士会の強い主張もあり、外から口は出さないということになる筈です。ところがその後に次のようになっています。「弁護活動の水準・適正を保つための準則を設ける必要があり、また、その準則に国民の声を反映するとともに、その遵守状況のチェックにつき国民が参加できるような仕組みも整備しなければならない」。これも一見そのとおりだと思う方が多いと思います。弁護士にもう少し刑事弁護についての意欲と人権意識とを持ってもらいたい。いい加減な弁護活動をしてもらっては困る。外部のチェックが必要だ。これはもっともな意見なのですが、問題なのは、チェックの仕組みの作り方如何によっては、弁護士自治に委ねるべきであるという趣旨が空文化していく危険があることです。

私は、基本的には、刑事弁護は個々の弁護士が良心に従ってすべきものだと思う。その良心というものは、市民の、あるいは市民社会の良心を反映したものであるべきであり、弁護士の間の厳しい相互批判、自主的研修、市民からの言論による批判や提言などにより活性化を図る必要があります。その上で、弁護士の良心に従って、さまざまなレベルで弁護の発展が試みられなければならないと思います。しかし、それが、制度化された外部チェックというものに果たしてなじむかは疑問です。

私自身は、この点については、制度的なチェックは最小限度にすべきものと考えます。国民の声という名の下に、警察の声とか、自覚的でないマスコミの声とか、その他いろいろなものが制度的なチェックの形をとって入ってくるのは、弁護活動にとってはむしろマイナスではないか、と考えるからです。

もちろん違う考え方もあるでしょう。いずれにせよ、どのようにして人権擁護に向け弁護を発展させるかということについてはもっと議論が必要なのであり、安易にチェックシステムを作ることは有害無益ではないか。

3　刑事司法については、もっと根本的には、基本的な発想にも問題があります。治安維持のために効率的な司法を作る。この基本発想にいちばん大きな問題があり、ここに私たちとしては本当の意味で批判を加えていく必要があるように思います。

証拠開示の問題にせよ、公的弁護の問題にせよ、一見、これはいいのではないかと思わせる部分の中に、一般市民の人権にとって決して好ましくない毒素が埋め込まれている。そのことに注意し、このような毒素を取り除き、冤罪を防止し、人権侵害を防ぐような、本当の意味での刑事司法改革にしていくために、まだまだ討議が必要だと思います。

そもそも私は二年間で司法改革案を作るのに反対です。いま国民の中に司法についての議論が巻き起こったところですから、もっと私たちの声を強め、司法改革審に反映させるためには時間が必要です。しかし残念なことに間もなく中間報告が出され、おそらくあれやこれやと手直しや化粧が施されていくでしょう。少しはよくなる部分があるかもしれませんが、いまはサイドに置かれている改悪策が一気に浮上してくる危険もあるのではないかと思います。自民党の圧力とか、財界や官僚の圧力とか、さまざまあるでしょうから、そういう可能性がある。その意味でも私たちにとって本番はこれからだと思います。

（第五回司法改革市民会議「あるべき刑事司法について」（二〇〇〇年一一月八日）における発言。法と民主主義三五四号、二〇〇〇年）

Ⅲ　司法官僚制肥大化の危険

1　いままでの討論（第二部）のまとめをせよということですが、この「中間報告」が裁判所改革についてはほとんど取り上げていないという発言が相次いだと思います。

私は「中間報告」の内容を早々と予測し先取りするようなかたちで、お手元の論文（「司法制度改革審議会中間報告の評価基準」）（本書収録）にありますように「中間報告」の評価基準をテーゼのようなかたちにして何項目か掲げています。その一番最初に「司法官僚制の権力的支配構造の根幹を解体しようとしているか」という項目を立てています。

先ほどからの発言にもありましたように、実は司法官僚制というものは単なるキャリアシステムではありません。キャリアシステムを利用してつくられた、裁判官と裁判とに対する権力的支配構造であり、国民支配の構造なのです。これは非常に複雑なメカニズムの総体なのです。ここにメスを当てなければ、日本の裁判所を改革することはできない。

私は、そういう問題意識で、不十分なものですけれどもさらに何項目か評価基準を掲げておきました。これをずっと追って見ていただくと、その評価基準に照らしてみる場合、「中間報告」は何一つ答えていない。答えていないどころか、このような問題意識自体を否定するような、そういう中間報告になっています。このことは、「中間報告」を丹念に読めばすぐにわかることです。

例えば、私は「裁判官会議の権限回復と活性化に向けて具体的な方策を打ち出しているか」という評価基準を立てておいたのですが、その点についてはいっさい言及がない。あるいは裁判官の市民的自由についてもまったく言及がない等々。つまり中間報告は、裁判所改革については殆どまったく取り上げないことを明らかにしているのです。

2　それだけではありません。「中間報告」の中にある裁判官の給源、人事・任用手続の透明化といったようなものは、先ほどからの発言にもありますように、むしろ逆向きに働く危険さえあります。給源の多様化というものは、これまでの判検交流のいわば制度化ですし、人事・任用手続の透明化もこれまでの人事・任官差別の制度化であり勤務評定の制度化でもあるというように。つまり抽象的に考えると改革のように見えるものが、実はまったく違う文脈の中で新たな統制手段として位置づけられようとしているのです。

そういう目で見ると、むしろ給源の多様化等によって裁判所が良いほうに変わるというのではなくて、むしろ逆の方向にますます変質していく、いっそう変質の度を強めていく危険すらあるということに警戒しなければならないと思います。

特に、裁判所の中で、裁判官の職権の独立や身分保障が憲法的原則として重要視されず、裁判所自治とか裁判官の市民的な自由といったものもまったく無視される状況をそのままにして、いま述べたような改革が行われた場合には、むしろ司法官僚制が肥大化する危険性さえあるのではないかと思います。単純に考えても、これから人員が増え、しかも多様な裁判官を抱えていこうというときに、いったいどうやって裁判所は事務的に管理し束ねていくのだろうかと官僚的な頭で考えますと、それは事務局権限の強化しかありません。これから裁判所は必死になって、新しい統制手段をいろいろな形で生み出していくだろうと思います。

つまり私が言いたいのは、裁判所を覆い、国民を覆っている司法官僚制というものについては、これを改革するどころか、逆に新たな統制手段を生み出そうとする危険さえ中間報告は示しているのではないか、ということです。

3　もう一つ最後に言いたいのは、「中間報告」を評価をするときに、司法官僚制の権力的支配構造の根幹を解体しているかどうかということと並んで、弁護士の人権擁護性及び自治制を擁護・強化する方向に向かっているかどうかということが鍵ではないか。この二つの点をクリアしないような改革案は、改革の名に値せず、逆改革であるというべきだということです。

今日のいままでの発言にもそういうトーンが強く、この点の認識、見方はお互いに共有できるのではないだろうかと感じました。

（日本民主法律家協会主催司法制度研究集会「司法改革の方向は、これでよいのか」（二〇〇〇年一一月二五日）第二部における発言。法と民主主義三五五号、二〇〇一年）

収録論稿初出一覧（原題）

〈序　章〉

二〇世紀の日本の司法　書斎の窓二〇〇〇年一一月号

〈第一篇〉

司法制度改革論議の基本的視点と方法論（覚書）　井戸田侃先生古稀祝賀論文集『転換期の刑事法学』（現代人文社、一九九九年一〇月）

司法制度改革審議会の思想と論理――「論点整理」についての批判的覚書――　梶田英雄判事・守屋克彦判事退官記念論文集『刑事・少年司法の再生』（現代人文社、二〇〇〇年一一月）

司法制度改革審議会「中間報告」の評価基準　渡部保夫先生古稀祝賀論文集『誤判救済と刑事司法の課題』（日本評論社、二〇〇〇年一二月）

〈第二篇〉

日本民主法律家協会主催第三一回司法制度研究集会「司法制度は今、どう変えられようとしているか、どう変えたら良いのか――自民党司法制度特別調査会報告の分析・対応を中心に――」（一九九八年一一月二八日）における発言　法と民主主義三三五号（一九九九年一月）

書評・東京弁護士会司法改革推進センター編『裁判官がたりない日本』（本の時遊社、一九九八年一一月）　東京弁護士会司法改革推進センターニュース「羅針盤」二号（一九九九年三月）

札幌弁護士会主催司法改革徹底討論会（一九九九年三月二日）における発言　札幌弁護士会「これでいいのか日本の裁判」市民シンポジウム・司法改革徹底討論記録第一弾（一九九九年七月）

法曹人口増員論とその背景　名古屋弁護士会主催シンポジウム「徹底討論『日本の司法』――パート1　弁護士人口問題と法曹養成制度（一九九九年九月四日）」における発言　名古屋弁護士会・徹底討論『日本の司法』一九九九年九月四日のシンポジウムの記録（一九九九年一二月）

司法制度改革論議への一視点　東北法学会報一八号（二〇〇〇年五月）

憲法的司法の充実・強化を　日本民主法律家協会主催第三二回司法制度研究集会「市民が主体の司法改革を」（一九九九年一一月二七日）における基調報告　法と民主主義三四五号（二〇〇〇年一月）

第一回司法改革市民会議「裁判の現状とあるべき司法改革」（二〇〇〇年二月二六日）における発言　法と民主主義三四七号（二〇〇〇年四月）

第二回司法改革市民会議「官僚司法制度の弊害とは何か、どう変えるか」（二〇〇〇年四月二七日）における二つの発言　法と民主主義三五〇号（二〇〇〇年七月）

憲法と人権の日弁連をめざす会主催「憲法と人権の会・東日本集会」（二〇〇〇年九月二日）における講演「司法制度改革審議会の思想と論理」の速記

〈第三篇〉

一九七〇年代の司法反動　労働法律旬報二〇〇〇年一月上・下旬号

裁判官の自由と独立　山形大学法学会主催一九九八年度講演会（一九九八年一一月一一日）における講演（一九九八年一一月）　山形大学法政論叢一五号（一九九九年五月）

裁判官の良心を衰弱させる最高裁寺西事件決定　世界一九九九年二月号

連帯としての人権、連帯としての民主主義　小田中聰樹先生東北大学定年退官記念講演会実行委員会主催市民講演会（一九九九年二月一三日）における講演　法と民主主義三三七号（一九九九年四月）

〈第四篇〉

学者の姿勢　法律時報二〇〇一年一月号

人権擁護か公益性か――司法制度改革審議会の弁護士像――　専修大学今村法律研究室報三五号（二〇〇一年二月）

人権保障を弱める　朝日新聞二〇〇〇年一一月二一日

刑事司法改悪の毒素　第五回司法改革市民会議「あるべき刑事司法制度について」（二〇〇〇年一一月八日）における発言　法と民主主義三五四号（二〇〇〇年一二月）

日本民主法律家協会主催第三三回司法制度研究集会「司法改革の方向はこれでよいのか」（二〇〇〇年一一月二五日）における発言　法と民主主義三五五号（二〇〇一年一月）

著者紹介

小田中 聰樹　（おだなか としき）

1935年盛岡生れ
専修大学法学部教授・東北大学名誉教授
主 著　『刑事訴訟法の歴史的分析』『現代司法の構造と思想（正・続）』『現代刑事訴訟法論』『治安政策と法の展開過程』『刑事訴訟法の史的構造』『誤判はこうして作られる』『現代司法と刑事訴訟の改革課題』『人身の自由の存在構造』『地方自治・司法改革』（共著・近刊）ほか多数

司法改革の思想と論理

2001年3月30日　初版第1刷発行

著者・小田中聰樹
装幀・小田中圭子
発行者・今井貴＝村岡侖衛
発行所・信山社出版株式会社
〒 113-0033　東京都文京区本郷 6 - 2 - 9 -102
TEL 03-3818-1019　FAX 03-3818-0344

印刷　株式会社エーヴィスシステムズ
製本・渋谷文泉閣

ISBN4-7972-5250-2　C3032